Erlebnisorientierte Konfirmandenarbeit

Bildnachweis

S. 61, 106 f., 108, 110 f., 113, 117, 275 ff., 280 ff., 284, 288, 290, 298, 300:
Karikaturen von Jörg Peter
S. 9, 112, 134 f.:
Karikaturen von Werner „Tiki" Küstenmacher, aus: ders., Himmlische Bilderbögen,
S. 33 oben und S. 45 oben; und aus: ders., Wo ist der verlorene Sohn, S. 18 f.;
© Claudius Verlag München

© 1999 Patmos Verlag Düsseldorf
Alle Rechte vorbehalten
3. Auflage 2003

Umschlagfotos/Innenfotos: MÖMO / Sven-Olaf Lütz; bis auf S. 213: Peter Wirtz
Umschlaggestaltung: Volker Butenschön
Satz und Layout: Hermann-Josef Frisch, Lohmar
Druck und Verarbeitung: Lengericher Handelsdruckerei, Lengerich
Printed in Germany
ISBN 3–491–70312–3
www.patmos.de

Sven-Olaf Lütz / Andreas Quattlender

Erlebnisorientierte Konfirmandenarbeit

Konzeption und Gestaltung

Patmos

Vorwort

„... Markieren, malen und schreiben Sie ruhig in diesem Buch herum." Wer dieser Einladung folgt, wird schnell bemerken, dass er es mit einem höchst lohnenden, aber auch anspruchsvollen Buch zu tun hat.

Die Autoren Sven-Olaf Lütz und Andreas Quattlender leisten mutig Widerstand gegen jede Resignation auf dem schwierigen Feld der Konfirmandenarbeit und gegen jedes Verbleiben in ausgefahrenen Gleisen. Man kann ihr Engagement in jedem Abschnitt spüren. Sie nehmen die Leserin und den Leser mit auf die Reise, auf der die Grundlagen und erste didaktische Konkretionen eines zukunftsfähigen Konzeptes von Konfirmandenarbeit zu entdecken sind.

Das Ernstnehmen von Konfirmandinnen und Konfirmanden in ihren Lebenswelten und mit ihren Interessen auf der einen Seite und das deutliche Eintreten für eine lebendige Gestalt der Kirche Jesu Christi auf der anderen Seite müssen nicht in unüberwindlicher Spannung zueinander stehen, sondern können fruchtbar, mit Gewinn für beide Seiten miteinander verbunden werden. Die Autoren behaupten das nicht nur – sie demonstrieren es: im konzeptionellen Teil durch versierte Auseinandersetzung mit den Grundprinzipien der Konfirmandenarbeit, im praktischen Teil durch überzeugende, bis ins Detail hinein sorgfältig ausgearbeitete Entwürfe.

Dem Leser und der Leserin wird im Praxisteil viel Ungewöhnliches zugemutet, z.B. eine Konfirmandenpredigt mit Jonglage, auch manches Riskante, z.B. das Täter-Opfer-Spiel, das von den leitenden Personen mehr als nur viel Fingerspitzengefühl verlangt. Andere Vorschläge wirken ausgesprochen befreiend, z.B. die Ausführungen zum Gottesdienstbesuch in Kapitel 6.4: Hier wird wirklich einmal ein gangbarer Weg gezeigt, um das Elend des Gottesdienstbesuchs von Konfirmanden zu überwinden – man müsste diesen Abschnitt als kostenlosen Sonderdruck EKD-weit verteilen!

Wer dieses Buch durcharbeitet, wird sicherlich nicht überall zustimmen können, aber er wird kaum einmal gleichgültig bleiben. Mich hat die Lektüre jedenfalls angeregt und aufgeregt, oft geradezu fasziniert; sie hat mir neue Ideen gegeben, manchmal Grundsatzüberlegungen angestoßen und natürlich dann und wann auch Stirnrunzeln hervorgerufen. Ich bin sicher, anderen Leserinnen und Lesern wird es ähnlich ergehen.

Ich wünsche diesen Buch jedenfalls eine starke Resonanz – es hat sie verdient

Johann-Christoph Emmelius

(Professor Dr. J.-C. Emmelius ist Pastor und arbeitet im Fachbereich Religionspädagogik der Ev. Fachhochschule Hannover. Einer seiner Arbeitsschwerpunkte ist Konfirmandenarbeit.)

Inhalt

1. Einleitung

Die Konfirmandenarbeit ist ins Gerede gekommen – Gott sei Dank! Endlich werden – in der Württembergischen Landeskirche – neue Modelle von Konfirmandenarbeit publiziert und diskutiert. Wir möchten hier nur verweisen auf die Vorstellungen in „Mit Konfirmanden einsteigen" von Hans Veit[1]. Auffallend ist, dass viele Modelle prinzipiell am Katechismusunterricht festhalten, methodisch, didaktisch und altersmäßig jedoch neue Wege[2] gehen wollen.

Das Möckmühler-Modell bringt, so möchten wir behaupten, einen grundsätzlich neuen Ansatz, wenn Erfahrungen und Erlebnisse die Basis der Arbeit mit Konfirmanden bilden.

Bei den ersten Vorstellungen unseres Modells stießen wir auf ein lebhaftes öffentliches Interesse[3].

In anderen Landeskirchen hat das Nachdenken bereits früher eingesetzt, bzw. wird dort die Konfirmandenarbeit anders gewichtet. Der erste gesamtkirchliche Kongress für Konfirmandenarbeit im Frühjahr 1998 hat dies gezeigt.

Dieses Buch soll eine Handreichung für an der Konfirmandenarbeit Interessierte sein. Wir wollen damit Anregungen, Hilfen und Bausteine für den eigenen Weg der Leserin, des Lesers geben.

Während der Arbeit am Möckmühler-Modell ist uns immer deutlicher geworden, dass es ohne eine theoretische Grundlage, von der sich Arbeitsmethoden und Einstellung herleiten, nicht geht. So ist aus zunächst einzelnen Bausteinen ein zusammenfassendes Konzept geworden.

Dem Leser wird auffallen, dass wir nur sehr wenig Literatur hinzugezogen haben. Dies hat seinen Grund darin, dass wir unser Modell nicht auf dem Hintergrund von Literatur, sozusagen am grünen Tisch, entwickelt haben, sondern aus praktischen Erfahrungen. Auch wollen wir uns durch Vergleiche mit anderen Modellen nicht in sinnlose Konkurrenz stellen.

Es ist unser Interesse, unsere Erfahrungen und Konsequenzen wiederzugeben. Wir möchten Ihr Interesse wecken, selbst über Ihren Ansatz von Konfirmandenarbeit nachzudenken und uns als Alternative anbieten. Eine Alternative, die sicherlich auf Ihre Situation abgestimmt und um Ihre Erfahrungen ergänzt werden kann.

Bevor Sie jetzt an den eigentlichen Teil dieses Buches gehen, möchten wir Ihnen noch eine Idee von uns mit auf den Weg geben. Machen Sie schon beim Lesen den ersten praktischen Schritt in Ihr neues Konzept und markieren, malen und schreiben Sie ruhig in diesem Buch herum.

Ein Theologieprofessor hat die Studenten einmal gefragt, warum die Bibel kein praktisches Buch sei? Seine Antwort war: „Weil die Leute sich nicht trauen, darin herumzumalen."

2. Erfahrungen mit dem Konfirmandenunterricht (KU)

„Als ich Konfirmand war, mussten wir Sprüche lernen, bis wir die Kirche satt hatten. Warum soll's denen heute besser gehen?"[4]

Wenn im Folgenden von KU gesprochen wird, so ist damit der „traditionelle" Unterricht gemeint. Der Zweifel an seiner Sinnhaftigkeit findet seinen Ausdruck nicht nur in der Karikatur, sondern auch in einer teilweise karikierenden Darstellung.

Der KU findet normalerweise in einem einzigen Raum statt. Arbeitsgrundlage sind Arbeitsbücher, die es in reichlicher Auswahl gibt, und die Bibel nach der Lutherübersetzung oder als Gute Nachricht. Lernstoff sind die Teile des Katechismus, wobei der Umfang variiert.

Diese Arbeitsmaterialien verdrängen ein entscheidendes Problem, vor dem jeder Unterrichtende steht: die Konfirmanden haben ein ganz unterschiedliches Niveau. Es nehmen teilweise sowohl Förderschüler als auch preisgekrönte Gymnasiasten daran teil. Vom Problem mit Aussiedlerjugendlichen wird unter 3.2 noch die Rede sein. Die erwähnten Arbeitsmaterialien sind primär für Gymnasiasten, teilweise noch für Realschüler sinnvoll. Selbst die Arbeit an Texten der Gute Nachricht-Bibel ist für die meisten Hauptschüler heutzutage kaum zu leisten, geschweige denn das Auswendiglernen bestimmter Katechismusteile. Eine gewisse „Kopflastigkeit" der Arbeitsmaterialien werden auch Verfechter des Katechismusunterrichts nicht leugnen können.

Normalerweise findet der Konfirmandenunterricht mittwochnachmittags statt, Dauer 45 Minuten. Zum KU gehört der (kontrollierte oder freiwillige) regelmäßige Gottesdienstbesuch durch die Konfirmanden. Ein Konfirmationswochenende kurz vor der Konfirmation ist normalerweise eingeplant. Am Beginn der KUzeit und kurz vor der Konfirmation wird ein Elternabend abgehalten.

Die Unterrichtsvorbereitung wird im Laufe der Zeit minimiert, eine Nacharbeit findet normalerweise nicht statt. In jedem Jahr wird mit denselben Arbeitsmaterialien vorgegangen, aktuelle Probleme, die die Konfirmanden einbringen (wenn sie das tun!), werden berücksichtigt.

In anderen Gemeinden wird der einjährige Unterricht praktiziert, d.h. mittwochnachmittags findet eine Doppel(schul)stunde statt. Er bietet zumindest den Vorteil, dass mehr Zeit am Stück vorhanden ist und damit „zeitintensive Einlagen", wie etwa eine Meditation, eine haptische Arbeit oder Ähnliches möglich sind.

2.1 Einfluss von bzw. auf:

2.1.1 Gemeinde(-rat)

„Als ich Konfirmand war, mussten wir Sprüche lernen, bis wir die Kirche satt hatten. Warum soll's denen heute besser gehen?"

Tradition spielt in vielen, vor allem ländlichen Gebieten noch eine gewisse Rolle. Das, was früher war, sollte möglichst so bleiben und schadet im Übrigen der heutigen Jugend nicht.

Der Kirchengemeinderat, der nichts Negatives über den Konfirmandenunterricht hört, ist meist zufrieden. Hauptsache, es gibt keine Probleme mit den Eltern.

Warum sollten (zumeist ältere) Kirchengemeinderäte/innen den bisherigen Konfirmandenunterricht in Frage stellen: Was bisher so war, soll doch gefälligst so bleiben, zumal die Anmeldequoten zum Unterricht immer noch sehr hoch sind. Was die Kirchengemeinderäte/innen direkt mitbekommen, ist allerhöchstens die Form des Konfirmationsgottesdienstes. In ihm und für diesen Anlass geben Pfarrer/innen ihr Bestes und die Reaktion ist meist: „Das war schön, so viele neue Lieder und die Kinder müssen heute kaum mehr etwas auswendig lernen. Das war bei uns noch etwas anderes!"

Wenn keine Klagen kommen, warum irgendetwas tun? Dass die Konfirmanden/innen nach der Konfirmation kaum noch in der Gemeinde anzutreffen sind, war früher nicht anders – und wer dachte selbst als Jugendlicher an einen Gottesdienstbesuch? Das war eine kurze Analyse dessen, was jahrelang in den Gemeinden galt, sicher nicht in allen! Glücklicherweise tut sich etwas, nicht nur unter Fachleuten, sondern auch in der Literatur (siehe die Vielzahl von Veröffentlichungen, die sich mit der Konfirmandenarbeit beschäftigen) und auch vor Ort in den Gemeinden: Was mit den jungen Menschen geschieht in diesem kirchlichen Unterricht, interessiert immer mehr Gemeindeglieder!

2.1.2 Eltern

„Warum soll es mein Junge heutzutage besser haben als ich zu meiner Konfirmationszeit?"[5] Eine zwar selten öffentlich geäußerte Meinung, doch trifft sie die Vorstellung mancher Gemeindeglieder: „Die sollen ruhig mal was lernen!"
In vielen Gegenden ist in den Köpfen der Eltern der Mittwochnachmittag als die Konfirmandenunterrichtszeit verankert. Das führt zu manchen organisatorischen Problemen: Da die Konfirmanden aus unterschiedlichen Schulen kommen, fehlen oft einige, weil sie mit ihrer Klasse ins Landschulheim gefahren sind.
Zudem werden in den Gegenden mit einem gewissen Aussiedleranteil deren Kinder teilweise mit 15 Jahren, aber erst die 6. Klassen besuchend, zum Konfirmandenunterricht angemeldet. Diese haben teilweise Mittwochnachmittag Schulunterricht!
Zurück zu den Eltern: Welche positiven Erinnerungen haben sie an ihre eigene Konfirmandenzeit? Es sind zumeist Erlebnisse, die mit einem gemeinsamen Konfirmandenwochenende zu tun haben. Andererseits störte die Eltern als Konfirmanden, dass sie teilweise stur auswendig lernen mussten, die Stunden ziemlich langweilig waren und die Konfirmation ein wahrer Stress.[6] Trotzdem meinen viele Eltern anscheinend, dass ihre Kinder genau dieselben Erfahrungen mit Kirche machen sollten. Daraus spricht eine gewisse Gleichgültigkeit der Kirche und der Kirchengemeinde gegenüber. Die Eltern denken selten daran, aus ihren schlechten Erfahrungen mit dem eigenen KU Konsequenzen für ihre Kinder einzufordern.
Diese Gleichgültigkeit wird besonders deutlich an den Elternabenden vor der Konfirmation: All das, was Äußerliches betrifft (Blumenschmuck, Kleidung, Fotos, Video ...), ist den Eltern unwahrscheinlich wichtig. Wenn die Gottesdienste inhaltlich bei einer solchen Besprechung nicht zur Diskussion stehen, sondern allein Sache des Pfarrers sind, kommt dies den Eltern entgegen. Die meisten wollen keine inhaltliche Auseinandersetzung.
Der Einfluss des KU auf die Eltern ist im Allgemeinen weniger intensiv als der Einfluss der Schule: An der Schule interessiert zumindest die Zensur. Aus dem bisherigen (kognitiv) orientierten KU verbleiben äußerst selten Anregungen für ein Gespräch der Konfirmanden mit den Eltern. Die Konfirmanden haben ja nichts „erlebt", was sie zu Äußerungen bewegen könnte.
Die Eltern werden traditionell vom Pfarrer / von der Pfarrerin zu Hause besucht, ob sie wollen oder nicht. Hierin wird die Gelegenheit gesehen, mit ihnen in Kontakt zu treten, vor allem mit denen, die sonst im Gemeindeleben nicht auftauchen. Leider

bleibt es oft bei diesem einen Kontakt, dessen Effektivität nicht immer plausibel gemacht werden kann.

Sicher ist die Konfirmation für nicht wenige Eltern ein wichtiges Fest, teils von der eigenen Erinnerung her, teils immer noch als Art „Signal" für das Erwachsenwerden des Kindes. Daher ist auch die Attraktivität der Jugendweihe in der ehemaligen DDR zu verstehen.[7]

Konfirmation oder Jugendweihe werden von den Eltern allerdings nicht mehr als Initiationsritus verstanden, denn der Übergang ins Erwachsenenalter ist heute fließend. Was die Bereiche Freundschaft und Selbstbestimmung anlangt, sind Jugendliche heute früher „erwachsen". Nicht nur durch die Medien, in denen sie sich oftmals besser als die Erwachsenen auskennen, bekommen die Jugendlichen mit, was Erwachsensein gegenwärtig bedeutet. Was den beruflichen Bereich angeht, sind Jugendliche meist bedeutend älter als noch vor einer Generation, wenn sie ins Erwachsenenleben eintreten.

2.1.3 Konfirmanden

Ein Termin, der am Mittwochnachmittag abzuhaken ist – und der möglichst schnell dem folgenden Tennistraining weichen sollte: das ist für viele Konfirmanden der Konfirmandenunterricht. Freiwillig sollte der Entschluss sein, sich anzumelden und dann regelmäßig mitzumachen. Doch ist es nicht blödsinnig, freiwillig auf viel Geld zu verzichten, das einem am Ende der Zeit fürs Absitzen winkt?

Der Mittwochnachmittag, wenn er womöglich noch einstündig ist, wird von den Konfirmanden eher als 7. (Schul-)Stunde angesehen, nicht als gesondertes Angebot der Kirchengemeinde. Einige kommen regelmäßig zu spät, nicht aus Boshaftigkeit, sondern weil sie wenigstens eine Kleinigkeit zwischendurch essen wollen. Andere warten bereits ziemlich unruhig teilweise schon 30 Minuten lang – zu Hause ist sowieso nichts geboten. Nicht wenige schauen während des Unterrichts dauernd auf die Uhr, damit sie zum pünktlichen Ende den Absprung nicht verpassen, denn es geht ja – wie schon angesprochen – gleich weiter im Nachmittagsprogramm.

Die Nähe zum schulischen Religionsunterricht ist dadurch gegeben, dass im 45-Minutentakt gearbeitet wird und ein Buch zur Verfügung steht, dessen Inhalt zu lernen ist.

Wichtig ist, dass im KU die Hausaufgaben rationell bewältigt werden, d.h. dass man möglichst nur dann abgefragt wird, wenn man den Text auch kann. Daher ist es geradezu ein Sport, den Abfragemodus des Unterrichtenden herauszufinden, er kann nämlich nicht jedesmal alle abfragen, denn sonst wäre danach die Stunde vorbei.

Mit manchen Eltern gibt es zu Hause wegen des Abfragens „Stress". Die Mutter (wer sonst?) testet vorab, ob tatsächlich der Stoff auswendig gelernt wurde. Allerdings kümmern sich die meisten Eltern nicht darum und verfahren nach dem Motto: „Da kommst du schon irgendwie alleine durch. Wir haben das auch hinter uns gebracht (und anschließend abgehakt)!"

Welches Ziel haben die Konfirmanden vor Augen?

Die Mehrheit der Konfirmanden schielt auf die Konfirmation mit ihrer Flut von Geschenken.

Woran haben Konfirmanden Freude im KU?

Bei den Konfifreizeiten, die den Konfirmanden Raum bietet zum Kennenlernen, kommt Freude auf. Ansonsten ist Freude angesagt, wenn der KU wegen Fortbildung oder Krankheit des Pfarrers/Diakons ausfällt. Dann nämlich wird den Konfirmanden das ermöglicht, was sie dringend brauchen: eine Verschnaufpause am so vollgepackten Mittwochnachmittag. Anstelle des KU tritt, was der KU vielleicht eher sein sollte: eine Unterbrechung der Woche, Zeit zum Aufatmen und Krafttanken aus der Frohen Botschaft heraus.

Die intellektuell eingestellten Konfirmanden (vorrangig Gymnasiasten) kommen, wenn sie interessiert sind, im KU meist auf ihre Kosten. Es gibt Arbeitsblätter, Textanalysen und -vergleiche etc. Diejenigen, die gerne singen (meistens die Mädchen), können sich ebenso wohl fühlen. Alle jedoch, deren Interessen, Begabungen und Fähigkeiten eher im haptischen Bereich liegen, sind schwerlich mit Freude bei der Sache.

Zum KU gehört im Allgemeinen der sonntägliche Gottesdienstbesuch – ob nun zwangsläufig oder mehr oder weniger freiwillig. Er ist normalerweise nicht dazu geeignet, die Konfirmanden für die „Sache Jesu" zu begeistern, auch wenn manche Gottesdienstelemente (Schriftlesung, Gebet) von den Konfirmanden durchgeführt werden (müssen).

Die Konfirmanden werden immer noch größtenteils als Objekte gesehen, denen Katechismuswissen zu vermitteln ist. Ihre Erfahrungen und ihr Glaube kommen höchstens am Rande vor. Ihr Einfluss auf den KU beschränkt sich auf ihr Verhalten: Stehen sie dem KU und dem Unterrichtenden wohlwollend gegenüber, oder lassen sie den KU „hochgehen"?

Der Einfluss des traditionellen KU auf die Konfirmanden ist unterschiedlich, je nach Interesse und Begabung der Konfirmanden. Ein nicht unerheblicher Teil der Konfirmanden wird jedoch nach der KUzeit mit der Kirche und der Kirchengemeinde vor Ort nichts mehr zu tun haben (wollen) und den „Stoff" im Laufe der Zeit wie vieles aus dem Schulunterricht auch einfach vergessen.

2.1.4 Unterrichtende

In der ersten Württembergischen Kirchenordnung von 1559 heißt es sinngemäß, dass die Kirchendiener die Jugend so freundlich behandeln sollen, dass diese nicht vom Katechismus abgeschreckt werden soll, sondern dazu lustig werden, wie denn unser Herr Jesus Christus sich der Kinder auf das Freundlichste angenommen habe.

Wer nach diesem Motto KU halten möchte, muss sich gewaltig anstrengen, um Unmögliches möglich zu machen: Kindern in 60 Minuten, abzüglich aller Verzögerungen, wöchentlich Lust auf den Katechismus zu verschaffen.

Es geht manchmal schon recht lustig zu, weil einige Konfirmanden sich vor anderen produzieren müssen, nicht nur diejenigen, die durch ihren Intellekt nicht gut auf Arbeitsblätter o.ä. ansprechen. Es ist ja nun keine Neuigkeit zu sagen, dass die Konfirmanden es sich und anderen nicht immer gerade leicht machen in ihrem Alter. Allerdings wird es schwer, wo die Lust an der Sache verwechselt wird mit eine Sache ins Lustige ziehen. Manchmal reagiert der Unterrichtende dann richtiggehend verletzt: Etwas ihm sehr Wichtiges wird von einem Konfirmanden lächerlich gemacht. Ein Beispiel: Eine Konfirmandin äußert offen eine Ursache für ihr Gebet, das Alleinsein. Die Reaktion eines Konfirmanden („dann such dir doch einen Freund") erzeugt Gelächter. Der Unterrichtende ist empört, denn es handelt sich für ihn persönlich um ein elementares und ernstes Thema. Außerdem war er froh, dass eine der Konfirmandinnen darauf „ansprang" und sich traute, Intimes preiszugeben. Wäre die Reaktion des Konfirmanden nicht gekommen, hätte der Unterrichtende sicherlich von einer gelungenen Konfirmandenstunde gesprochen und sich dementsprechend gefühlt.

Jeder Unterrichtende hat zudem das Problem, alle „unter einen Hut" zu bringen. Er hat zumindest den Anspruch, alle irgendwie anzusprechen, den Förderschüler wie die Gymnasiastin. Bei der letzteren gelingt es ihm am häufigsten, auch dadurch, dass sie ihm intellektuell am nächsten liegt. Viel wird versucht! Doch die Zeit ist jedesmal knapp. Was kann in den verbleibenden 20-30 Minuten in Richtung Neigungsgruppen und Einbringen der individuellen Fähigkeiten schon geschehen?

Bastel- und Werkarbeit sind kaum durchzuführen! Die von Pädagogen geforderte Differenzierung im KU ist schwerlich möglich. Es mangelt an der Zeit oder an Räumlichkeiten. Überhaupt: Wie steht es mit der Lust des Unterrichtenden am Katechismus? Kann in dieser unterrichtsmäßigen Situation, die ja durch die Einstellung der Konfirmanden bestärkt wird (s.o.), beim Unterrichtenden Lust entstehen? Entsteht nicht Lust auch dadurch, dass von den Lebensumständen und dem Glauben der Konfirmanden etwas zu erfahren ist und zwar in einer Atmosphäre, in der jede/r jede/n akzeptiert und nicht vor den anderen bloßstellt (s. Beispiel oben)?

Weicht die Lust nicht bald dem Frust, wenn der Unterrichtende merkt, dass die Konfirmanden das, was einem selbst (religiös) wichtig ist, überhaupt nicht zu interessieren scheint?

Es stellt sich letztlich die Frage des Umgangs mit den Arbeitsmappen für den Konfirmandenunterricht. Eigentlich können sie zu jeder Stunde „herangezogen" werden, denn sie wurden schon x-mal beackert. Da ist die Versuchung riesig zu behaupten, den KU tatsächlich mit links zu schaffen, Frontalunterrricht zu verabreichen, ob nun jemand zuhört oder nicht. KU wird dann etwas, für das man nicht viel Zeit investieren muss, weder in der Vorbereitung, noch in der Durchführung. Und tatsächlich steht oft im Terminkalender unter dem kommenden Mittwoch: ... 13 Uhr Beerdigung, 14 Uhr Konfirmandenunterricht, 15 Uhr Mitarbeiterbesprechung ...

2.2 Inhalte

Die Inhalte des Konfirmandenunterrichts sind von Luthers Kleinem Katechismus abgeleitet: Taufe, Abendmahl, Gottesdienst, Gebet, Dekalog, Glaubensbekenntnis; dazu gesellen sich meistens Bibel, Gesangbuch, Ökumene, Diakonie, Reich Gottes und die Konfirmation selbst.

Die Wissensvermittlung auf der einen Seite kollidiert mit dem Religionsunterricht, denn dort ist der Ort, Wissen weiterzugeben. So kommt es zu Wiederholungen: Die Konfirmanden haben zumindest die Themen Taufe, Bibel und Gottesdienst im Religionsunterricht bereits behandelt. Andererseits steht in den Schulen auch die Stärkung der Kinder auf dem Programm. Da werden Vorbilder für Glauben und Leben (zum Beispiel: David, Jesus, Amos, Jona, Petrus, Franz von Assisi, Elija, Maria aus Magdala, Martin Luther) thematisiert, an denen sich die Kinder orientieren können. Es stellt sich schon hier die Frage, wie sinnvoll es ist, an den bisherigen Inhalten des KU gegenwärtig festzuhalten. Wünschenswert wäre eine breitere Abstimmung mit den Lehrplänen der einzelnen Schularten.

2.3 Methoden

Das Ziel bestimmt die Methoden! Als Ziel des bisherigen KU's wurden (s.o.) genannt: die Wissensvermittlung (der elementaren christlichen Hauptstücke), die Einführung in die Gemeinde und die Bereitstellung von Hilfen in Konfliktsituationen (Anfechtungen).

Drei Methoden lassen sich von den Zielen ableiten:

1. Wissensvermittlung als Vortrag oder Monolog des Unterrichtenden.
2. Zum Dialog mit den Konfirmanden kann es kommen, wenn diese zu bestimmten Taten Gottes befragt werden bzw. ihre Fragen an den Unterrichtenden stellen, der diese (unterweisend) beantwortet.
3. Schließlich haben Gebet und Gesang ihren Ort im KU, um die Konfirmanden liturgisch an den Gottesdienst oder an besondere Frömmigkeitsstile heranzuführen.

Sicherlich werden heutzutage alle drei Methoden modifiziert angewandt, aber sie sind doch vorherrschend im KU anzutreffen, neben Diskussionen im Plenum, Gruppen- und Partnerarbeit.

Ohne Zweifel sind viele der zu behandelnden Themen auch ohne Monolog des Unterrichtenden durchzunehmen. Allerdings spielen die Erlebnisse der Konfirmanden keine bedeutende Rolle. Grundsätzlich ist das Schema noch beibehalten: Da vorne sitzt ein Fachmann oder eine Fachfrau, der oder die Antworten gibt.

Auch im „Kennenlernen" von Frömmigkeitsstilen gehen die Impulse zumeist vom Unterrichtenden aus.

2.4 Ansatz und Motivation zur Veränderung des Konfirmandenunterrichts (KU) zur Konfirmandenarbeit (KA)

Bei der Begegnung mit Jugendlichen – vor allem in den letzten Jahren – machten wir die Beobachtung, dass ihre soziale Einstellung gegenüber anderen Menschen und gegenüber ihrer Umgebung zunehmend problematisch wurde. Beide Verhaltensweisen waren häufig von der Einstellung „Was bringt's mir" geprägt. Dabei ist dies nicht mit dem Slogan „Null-Bock" zu verwechseln. Im Gegenteil, das „Was bringt's mir" drückt die Suche und das positive Verlangen nach einer Perspektive, nach etwas Konkretem, nach der Person im Bezug zum Ganzen aus, während die Aussage „Null-Bock" noch die depressive Stimmung der 80-er Jahre zum Thema hat.

Dieses „Was bringt's mir" darf aber nicht ausschließlich im Sinne unserer Leistungsgesellschaft, also in Form von nachweislichen oder handfesten Leistungen verstanden werden. In dem Ausdruck schwingt auch immer die Frage nach der eigenen Anteilnahme, der Eigenerfahrung, dem sinnvollen in Bezug setzen von Handlung/Lernstoff und Person mit. Gerade dieses „in Bezug setzen" ist ein wesentliches Merkmal junger Menschen, um eine eigene, sinnerfüllte Persönlichkeit zu entwickeln.

Trotz unserer Individualgesellschaft ist der Mensch immer ein soziales Wesen und somit auf das soziale Lernen angewiesen, wenn es um die Entwicklung seiner Person geht. Allerdings ist das bei der Entwicklung der Person fast wie „selbstverständlich" ablaufende und nicht weiter ins Bewusstsein dringende soziale Lernen nicht mehr selbstverständlich. „Was bringt's mir" scheint der Ansatz zu sein, auf das soziale Lernen individuellen Einfluss auszuüben, es sich selbst wieder verständlich zu machen. Oder anders ausgedrückt, es stellt den Versuch dar, soziales Lernen und damit lebendiges (erlebendes) Lernen durch bewusstes Reflektieren aus der doch sehr funktionalisierten Umwelt herauszufiltern.

In dem bewussten Begreifenwollen, was da mit einem geschieht, was andere für wichtig halten, suchen Jugendliche auch wieder Halt in einer durch Orientierungslosigkeit geprägten Gesellschaft. „Was bringt's" fragt Standpunkte ab, um im täglichen Leben (in dem alles möglich zu sein scheint) zu überleben. Der Wandel des sozialen Lernens hat sich insoweit vollzogen, als es nun nicht mehr ausschließt und im Wesentlichen ein Produkt des sozialen Umfeldes ist, sondern dass als ergänzende Komponente das reflektierende und sensibilisierende Bewusstsein des Jugendlichen hinzukommt.

Es stellt sich die Frage, warum diese Reflexion der Persönlichkeitsprozesse, welche doch sonst von der Gruppe, den sozialen Institutionen, letztlich der Gesellschaft übernommen wurde, nun von dem Jugendlichen selbst übernommen wird, werden muss? In welchen Zusammenhängen er-lebe ich noch Lernen *in Bezug auf meine Person* oder lerne ich *meine Person in Bezug auf* kennen?

Nach unserem Eindruck vollzieht sich Lernen weitgehend in *Funktion von oder mit*, anstatt *in Bezug auf* die Person. Man könnte auch sagen, das Leben verläuft nach dem Motto: Zur richtigen Zeit, am richtigen Ort, das Richtige sagen oder tun. Nicht die Person ist wichtig, sondern die „richtigen" Funktionsvariablen Zeit, Ort und Handlung.

Innerhalb einer so funktionierenden Gesellschaft bleibt wenig Raum für Wiederholungen bzw. Zeit für Ruhe und Be-sinn-ung (Reflexion). Erleben und damit Entwicklung in Bezug auf die eigene Person muss in Nischen dieses Systems stattfinden. Diese Nischen bringen es dann mit sich, dass dort nicht ein übliches oder althergebrachtes soziales Lernen vollzogen werden kann, sondern sich eben jene Wandlung vollzieht, die geschildert wurde. Beispiele für solche Nischen stellen der Extremsport und die Modetrends dar.

Wenn Extreme erlebt und damit Grenzen getestet werden, versuchen wir, unseren persönlichen Bezugsrahmen festzustecken. Dieser Bezugsrahmen wirkt für unser Leben dann wie ein Spiegel, der uns dadurch auch mögliche Antworten auf unsere Person und unseren Standort im Leben vermitteln kann. Der Extremsport vermittelt körperliche Orientierung und damit indirekt unsere *Stellung* zu unserer Umwelt und zwar ganz konkret im Erleben und in Bezug auf die Person.

Der „run" auf Marken-Artikel ist nach wie vor ungebrochen. Selbst qualitative Einbußen werden dabei in Kauf genommen. Wer Markenartikel trägt oder benutzt, ist etwas Besonderes, „man ist wer". Die Kombination aus *dazuzugehören* zu der Masse der Träger und *sich aus der Masse hervorzuheben*, ein Individuum zu sein, scheint eine der Möglichkeiten, dem Vergessen zu entgehen. Vielleicht liegt auch der Drang zu immer rasanter wechselnden Moden und Trends in der Tatsache, dass, wenn sich zu viele aus der Masse heraus heben, diese wieder eine Masse werden und damit der Einzelne gesichtslos.

Das Leben, auch junger Menschen, vollzieht sich in unserer Gesellschaft in funktionalisierten und dadurch häufig auch differenzierten und bis in kleinste Schritte delegierten Einheiten. Der Mensch ist kein einzeln programmierbares und funktionierendes Spezialbausteinchen.

Er ist in seinem Wesen ganzheitlich ausgerichtet. Ganzheitlich meint, dass Menschen in der Lage sind, ihre körperlichen, intellektuellen *und* seelischen Ressourcen in sich und im Kontext der Lebenssituation zusammenwirken zu lassen. Zu dieser Ganzheitlichkeit gehört das theologische Verständnis der Ebenbildlichkeit. Der Mensch ist der bewusste Spiegel Gottes. Er ist in seinem Lernen über sich und andere hinaus auf Gott bezogen.

An diesem Punkt setzt die Konfirmandenarbeit an. Sie ist sozusagen ebenfalls ein Nischenangebot innerhalb dieser Gesellschaft. Allerdings mit dem Anspruch, und dadurch in Abgrenzung zu anderen Angeboten, ganzheitlich im Sinne der Persönlichkeitsentwicklung zu sein.

Mit den unmittelbar im „Unterricht" erlebten persönlichen Erfahrungen werden konkrete Glaubensfragen und religiöse Inhalte verknüpft. Um der Persönlichkeitsentwicklung religiöse Werte und Sinn-Inhalte zur Verfügung stellen zu können, wird eine Erfahrung im Kontext des Alltags mit dem konkret zu behandelnden religiösen Thema hergestellt.

2.5   Probleme erfassen und Ziele benennen

Zugegeben: Nicht weniges an der Darstellung des traditionellen KU wurde überspitzt formuliert. Es gibt bestimmt sehr viele Kollegen und Kolleginnen, die einen guten Unterricht gestalten. Doch beim Wort „Unterricht" sind wir im Zentrum des Problems. Wir meinen, dass der Unterricht in die Schule gehört, aber in der Arbeit mit Konfirmanden keinen Platz (mehr) hat. Reine Wissensvermittlung gibt es mehr als genug. Natürlich müssen mündige Christen, zu denen Konfirmanden werden sollen, über Glaubensinhalte Bescheid wissen.

Was aber ist, wenn der Versuch misslingt, von den Glaubensinhalten auf das Leben der Konfirmanden zu kommen, die Inhalte zu transferieren, um den Konfirmanden Hilfen zum Leben zu geben?

Die Verbindung von eigenen Erfahrungen mit Erfahrungen des christlichen Glaubens anderer Menschen oder mit biblischen Glaubenserfahrungen müssen hergestellt werden. Ansonsten wird die Bibel als historisches oder märchenhaftes Buch angesehen und eben nicht als Lebens- und Glaubenshilfe für die Konfirmanden.

Das zweite Problem sehen wir in der Rolle des Unterrichtenden: Wo bleibt er, der doch auch ein Lernender in Sachen Glauben und Leben bleibt? Wo hat er mit seinen ganz persönlichen Lebens- und Glaubenserfahrungen seinen Ort im Geschehen der Konfirmandenarbeit?

Der Unterrichtende, besser ausgedrückt: der Leiter, muss die Bereitschaft zur Offenheit mitbringen, um sich auch in die (Gruppen-)Prozesse einzulassen. Das erfordert natürlich eine neue Sicht der Rolle: Hier ist nicht mehr primär der Lehrer (wie im Religionsunterricht), sondern der Begleiter und Leiter der *gemeinsamen* Arbeit gefragt.

Damit zusammen hängt die Sicht, die wir von den Konfirmanden haben: Sie sind eben nicht „Objekte", die noch keine Glaubens- und kaum Lebenserfahrungen aufweisen können. Ihre Geschichte und ihre Wirklichkeit werden im KU bisher nicht in angemessener Weise thematisiert. Solange der Katechismus die Basis und seine Vermittlung das Ziel sind, werden die Konfirmanden nicht richtig ernst genommen in ihrer Lage.

Viele Pfarrer leiden unter dem KU, ohne das Problem zu thematisieren, denn wer gibt schon gerne zu, dass „es nicht läuft"?

Doch es gibt Lichtblicke: Die Reaktionen auf die Veröffentlichungen unseres Modells zeigen nicht nur Interesse von Kollegen, sondern auch von Kirchengemeinderäten. Zudem hat die Landessynode der Württembergischen Landeskirche die Konfirmandenarbeit auf dem Programm. Wenn eine „Konfirmanden-Austrittswelle" käme, wäre es ohnehin zu spät, die Konfirmandenarbeit grundlegend neu zu bedenken. Die Jugendweihe ist zwar im süddeutschen Raum noch keine Alternative zur Konfirmation und ihren Feierlichkeiten, aber das könnte sich ändern!

Ein Problem sehen wir jedoch allerorten: Immer mehr Jugendliche werden von uns aus der Kirche „hinauskonfirmiert", anstatt mit einer angemessenen Konfirmandenarbeit eine dauerhafte Bindung zwischen Pfarrern, Mitarbeitern und Jugendlichen hergestellt zu haben. Wenn sich Konfirmanden mit ihren Erfahrungen in der Kirche ernst genommen fühlen, haben sie ein positives Grunderlebnis. Ihnen bleibt, dass dort Menschen sind, die sie verstehen wollen, egal in welcher Lebenssituation sie sich befinden.

In diesem Zusammenhang sehen wir auch das Problem des Auswendiglernens. Die Grundlagen des christlichen Glaubens sollte jeder Christ kennen und wissen. Die Frage ist nur, ob die übliche Methode des Auswendiglernens, verbunden mit einer effektiven Lernkontrolle, Sinn macht. Wir halten eine Konfirmandenarbeit, die das übliche *Abfragen* enthält, für nicht mehr angemessen. Wir geben den Konfirmanden nach jeder behandelten Einheit die entsprechende Grundlage (Dekalog, Credo etc.) kopiert mit. Eine „Lernkontrolle" findet erst bei der Probe zur Konfirmation statt. Im Rahmen des Gottesdienstes wird z.B. das Glaubensbekenntnis mit der gesamten Gemeinde gesprochen, da fällt es schon peinlich auf, wenn man schweigen muss. Diese Methode der eigenverantwortlichen Arbeit wird im Übrigen schon in der Grundschule geübt (Freiarbeit). In den weiterführenden Schulen hat sie sich noch nicht durchgesetzt.

Manchen Kollegen reicht das Auswendiglernen einer minimalen Grundlage nicht. Sie wenden dagegen ein, dass viele ältere Menschen in Krankheit und Sterben ihre Kraft im Zitieren von auswendig gelernten Psalmen und Liedern erhielten und dass darum den Jugendlichen ebenfalls viel „Stoff" mitgegeben werden soll. Dagegen ist einzuwenden, dass die Zeiten sich drastisch geändert haben. Vor 50 oder mehr Jahren konnten die Kinder noch viel mehr auswendig lernen, weil es keinen Medienkonsum und auch nicht so viele Informationen zu verarbeiten gab wie heute. Wir meinen, dass die Jugendlichen im Alter sich eher an positive (Glaubens-)Erlebnisse ihrer Konfirmandenzeit erinnern als an das Glaubensbekenntnis – vorausgesetzt, sie sind kaum mehr im Gottesdienst gewesen.

Erfahrungen kann jeder machen – Texte analysieren, Tabellen ausfüllen, Fragen „richtig" beantworten nicht. Unser traditioneller Konfirmandenunterrrricht ist eher orientiert an Gymnasiasten als an Haupt- und Förderschülern!

Wir dürfen aber gerade in der kirchlichen Arbeit nicht den Eindruck vermitteln, dass einige von vornherein besser geeignet sind, andere schlechtere Voraussetzungen mitbringen. Die Konfirmanden bringen erst einmal sich selber mit – und das ist die Basis, auf der unser Modell beruht.

Natürlich werden immer wieder Unterschiede deutlich, zum Beispiel in der Fähigkeit, sich auszudrücken. Wichtig ist aber, dass die Konfirmanden einander in ihrer Verschiedenartigkeit und ihren (eventuell beschränkteren) Möglichkeiten akzeptieren und tolerieren. Ein Ziel unserer Arbeit ist daher, dass die Konfirmanden lernen, einander zuzuhören (ohne Gelächter oder Spott), und damit verbunden, den anderen ausreden zu lassen und ihn zu verstehen suchen.

Damit begegnen wir dem Problem, das viele Kollegen beklagen: das unterschiedliche intellektuelle Niveau innerhalb einer Konfirmandengruppe.

Unterricht im üblichen Stil erzeugt entweder Langeweile bei den „Intelligenteren" oder Überforderung bei den „Unbegabteren". Zudem werden Minderwertigkeitsgefühle in diesem System untermauert und nicht beseitigt.

Machen wir uns bewusst, in welchem Rahmen sich die Konfirmandenarbeit bewegt, wie sich die Situation des Lernens vollzieht und welche Faktoren hier mitwirken.

Im Verständnis des traditionellen Unterrichts geht es darum, den Konfirmanden Inhalte der biblischen Botschaft beizubringen und sie dadurch zu einem christlichen Leben in der Kirche zu bewegen – im Schaubild (Abb. 1) der linke und untere Bereich (christliche Bestandteile).

Der Lebenshintergrund und damit das Verständnis der Jugendlichen bewegt sich im rechten und oberen Bereich, setzt sich aus den alltäglichen Sorgen und Nöten, den Sachzwängen und Verhaltensnormen zusammen.

Das Problem ist, dass beide Bereiche im traditionellen Unterricht wenig miteinander verbunden sind (gestrichelte Linie). Darüber täuscht auch nicht der Versuch hinweg, Lebenssituationen von Jugendlichen in die biblische Botschaft einzubauen. Der Ausgangs- und Endpunkt, mit einem methodischen Schlenker über die Lebenssituation von Jugendlichen hinweg, ist die biblische Botschaft und das Leben in der Kirche.

Auch in der Konfirmanden*arbeit* MÖMO bilden die biblische Botschaft und die Gemeinschaft im Glauben wichtige Eckpunkte. Im Ansatz geht sie aber zuerst von den Konfirmanden und ihrer Lebenswelt aus. Wir versuchen, die Konfirmanden von dort

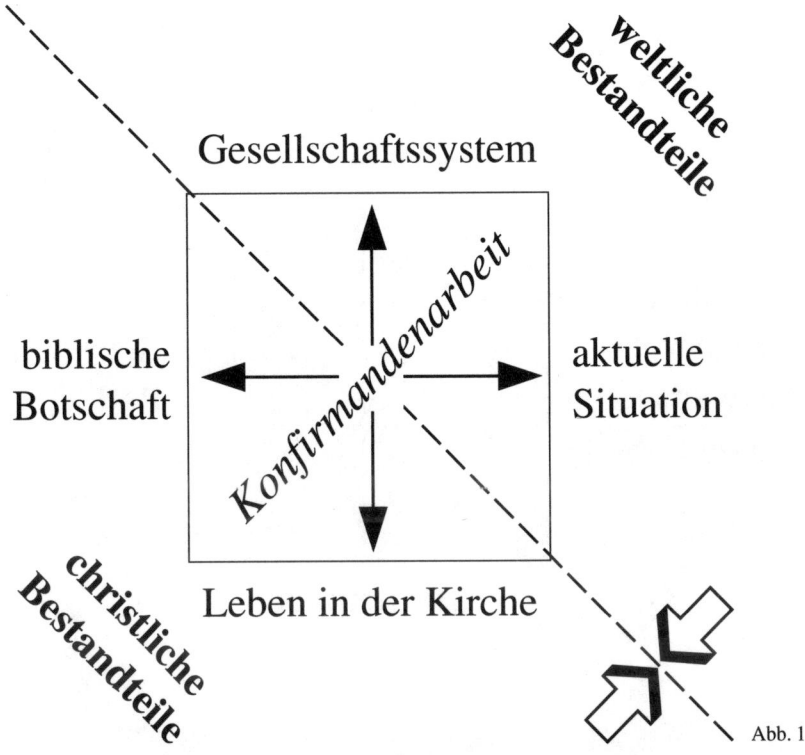

weltliche Bestandteile

Gesellschaftssystem

biblische Botschaft

Konfirmandenarbeit

aktuelle Situation

christliche Bestandteile

Leben in der Kirche

Abb. 1

abzuholen, wo sie aufgrund einer immer schwächer werdenden religiösen Sozialisation und Tradition stehen (rechter, oberer Bereich).

Dieses *Abholen* geschieht im erlebnispädagogischen Ansatz, wobei die dabei gemachten Erfahrungen und Emotionen grundsätzlicher Art sind und in Verbindung (Pfeile) gebracht werden mit Erfahrungen anderer Christen und/oder biblischen Erfahrungen bzw. Lösungen (linker, unterer Bereich).

Das Ziel in der Konfirmandenarbeit liegt darin, die Grenze zwischen den beiden „Lebenswelten" durchlässig werden zu lassen, so dass Ausgangs- und/oder Endpunkt je nach dem momentanen Entwicklungsstand auf *beiden Seiten* liegen können.

Ein ähnlicher Unterschied zwischen den Ansätzen von traditionellem Unterricht und Konfirmandenarbeit besteht in der Auffassung der Lehr- und Lernsituation (Abb. 2).

Der traditionelle Konfirmandenunterricht hat ein festgelegtes Kontingent an Themen (Kleiner Katechismus), die zu behandeln sind. Die Lehrmethoden richten sich nach dem Stoff und danach, wie dieser in seinem Lehrgehalt möglichst vollständig aufgenommen werden kann (linker, unterer Bereich).

21

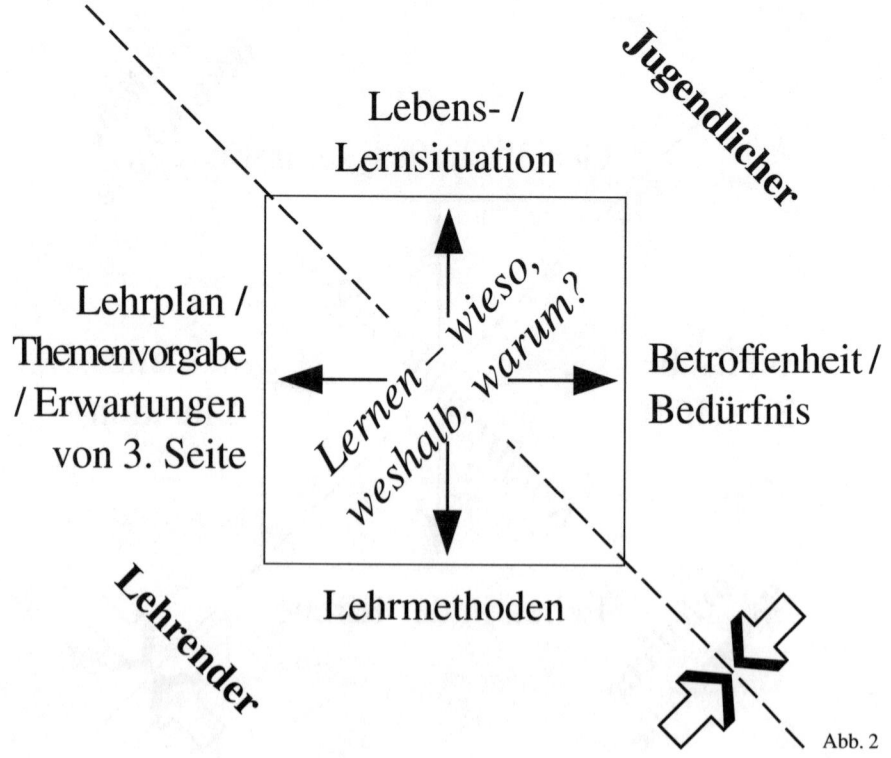

Lebens- / Lernsituation

Jugendlicher

Lehrplan / Themenvorgabe / Erwartungen von 3. Seite

Lernen – wieso, weshalb, warum?

Betroffenheit / Bedürfnis

Lehrender

Lehrmethoden

Abb. 2

Hierbei wird aber wenig darauf eingegangen, ob der Jugendliche aus einem eigenen Bedürfnis heraus den Lehrinhalt internalisiert und ob seine momentane Lebens- oder Lernsituation dies überhaupt zulässt (rechter, oberer Bereich). Signale, dass die Grenze (gestrichelte Linie) zwischen Lehrendem und Lernendem nicht überbrückt wurde, sind z.B. Störungen, das Vergessen der Hausaufgabe, Schwierigkeiten beim auswendig Aufsagen, zu spät kommen ...

Mit dem erlebnispädagogischen Ansatz in der Konfirmandenarbeit versuchen wir, wieder eine Verbindung (Pfeile) und gegenseitige Einflussnahme zwischen Vermittler (Lehrendem) und Jugendlichem herzustellen. Themen aus den Lebenssituationen der Jugendlichen bilden die nötige ergänzende Grundlage, um an zu vermittelnde Inhalte, Erfahrungen und Handlungsweisen anzuknüpfen. Dabei können zunächst Themenvorgaben des Lehrenden den Einstieg bilden, um zu neuen Themenbereichen aus der entstandenen Lernsituation zu kommen.

Das erlebnispädagogische Element greift die Ebene der Betroffenheit oder des Lernbedürfnisses des Jugendlichen auf. Die Methoden sind dabei Hilfsmittel, um einen

Erfahrungsraum bei den Jugendlichen zu erschließen, und nicht ausschließlich Transportmittel von Lehrinhalten.

In der Konfirmandenarbeit erleben wir immer wieder, wie Reaktionen der Jugendlichen uns „Lehrende" lehren, welche Themen momentan in der Entwicklung der Jugendlichen notwendig sind, um die biblische Botschaft wirklich als Hilfe zu erleben. Häufig geben uns die Jugendlichen in ihrem Verhalten Anreize zur Entwicklung neuer Methoden.

Den Erfolg eines gelungen umgesetzten Themas erleben wir in dem Verhalten der Gruppe und der Anerkennung von uns Lehrenden als Partner.

Ein rein äußerlicher Faktor gegenüber dem üblichen Konfirmandenunterricht ist die Zeit: Innerhalb 45 Minuten bzw. 90 Minuten sind Gruppenprozesse schwerlich aufzufangen, geschweige denn aufzuarbeiten. Wir wollen den Jugendlichen vermitteln: Wir haben Zeit – auch Zeit für euch. Wir nehmen uns Zeit. Bei manchen Kollegen ist unser Modell schon wegen des Zeitfaktors nicht akzeptabel, obwohl in der Endsumme nicht mehr Zeit „gebraucht" wird als beim herkömmlichen Unterricht.

Die Kollegen müssen sich von uns die Frage gefallen lassen, was ihnen denn wichtig ist, wofür sie ihre Zeit verwenden. Zudem ist natürlich eine gewisse Planung (Management) unumgänglich: Die Termine der Konfirmandenarbeit müssen über ein Jahr im Voraus geplant und die Wochenarbeit auch darauf abgestimmt werden. Wenn jemand fest auf den Samstag als Tag für das Schreiben einer Predigt fixiert ist, dann ist eine andere Konfirmandenarbeit als die am Mittwochnachmittag nicht zu machen! Unsere Konfitage (Samstage) legen wir im Übrigen vor allem in das Winterhalbjahr, damit Kollisionen mit Hochzeiten und Sport- bzw. Schulveranstaltungen möglichst nicht vorkommen.

Biblisch begründet sehen wir unser Modell im Umgang Jesu mit Menschen:

- Er hat alle, die zu ihm kamen, ernst genommen und angenommen ohne Vorbedingungen, Lehrinhalte spielten nur bei Streitgesprächen mit religiösen „Fachleuten" eine Rolle.
- Jesus hat die Menschen (außer in den Streitgesprächen mit theologischen Fachleuten) Erfahrungen machen lassen (z.B. Heilungen), er hat Beispiele aus der Lebens- und Erfahrungswelt der Menschen mit religiösen Inhalten „gefüllt".

Ausgangspunkt der Konfirmandenarbeit ist, dass die Konfirmanden Erfahrungen machen können: mit sich, mit anderen, mit den Leitern und mit Gott. Das ist ein hohes Ziel, deshalb auch der Name Konfirmanden-*Arbeit*. Die Erfahrungen, die Jesus Menschen machen ließ, waren nie bequem, sondern forderten die Menschen auf, aus den Erfahrungen zu lernen, ihr Leben auf diesen Erfahrungen aufbauend neu zu gestalten, eben „an sich zu arbeiten".

Dass Jesus selbst Erfahrungen mit Menschen machte, zeigt sehr eindrücklich die Begebenheit mit der nichtjüdischen Frau (vgl. Matthäus 15,21-28; Markus 7,24-30):

- Jesus lässt sich, anfänglich zwar widerwillig, auf die Frau ein

- und macht dadurch eine Erfahrung mit der Frau, die seine bisherige Einstellung ändert!

Jeder Unterrichtende sollte so offen sein und während des Zusammenseins mit den Konfirmanden sich auf Erfahrungen einlassen, die Veränderungen in seinem Leben hervorrufen können.

2.6 Erlebnispädagogik – lebendiger Baustein

Erlebnispädagogik – was ist das eigentlich? Eine genaue Begriffsbestimmung ist nur schwer möglich. Zu viele verschiedene Ansätze und Erfahrungen spiegeln sich darin wider, um sie auf einen bestimmten Ursprung oder Ansatz zu reduzieren. Dies stellt unter anderem Hans G. Bauer in seiner „Literaturstudie zur Erlebnis- & Abenteuerpädagogik" (Rainer Hampp Verlag) fest. Bauer behandelt Begriff und Inhalt der Erlebnispädagogik in vergleichender Literaturstudie genauer.

Danach bilden ziemlich einheitlich folgende vier Grundpfeiler den Ansatz von Erlebnispädagogik:

- Initiative, bzw. selbstständiges und verantwortliches Handeln, Handwerklichkeit (vgl. 2.6.1)
- Selbstbesinnung, Reflexion bzw. Einbeziehen der eigenen Befindlichkeiten (vgl. 2.6.2)
- körperliche Aktivität (vgl. 2.6.3)
- Hilfsbereitschaft, Rücksichtnahme, Gemeinschaft (vgl. 2.6.4).

Im MÖMO haben wir unsere thematischen Ausarbeitungen darauf abgestimmt.

2.6.1 Handlung – Methode der denkenden Erfahrung

„... Lernen ist Herstellen von Erfahrungen. Das ‚Handeln‘ ... spielt dabei eine doppelte Rolle: Zum einen erwirbt man Erfahrung, um handeln zu können ..., zum anderen erwirbt man Erfahrung durch Handlung" (Bauer 1996, S. 20)[8].

Setzen wir diesen Gedanken in die Handlungsvollzüge eines religiösen Lernfeldes um, dann bedeutet dieser Ansatz, dass Glaubenserfahrung durch Handlung, also konkret nachvollziehbares Tun, erworben und dieses nur dann für die eigene Person als relevant erachtet wird, wenn die schon bisher gewonnenen (Lebens-)Erfahrungen dafür die Grundlage bilden. Dabei ist es für jene Grundlage nicht wichtig, schon aus spirituellem oder religiösem Ursprung zu stammen.

Die Aufgabe des Konfirmandenunterrichts besteht darin, die bisher gewonnene Lebenserfahrung um die Erfahrungsdimension des Spirituellen zu erweitern. Dies braucht Zeit, Geduld und Übung. Es kann nicht erwartet werden, dass mittels der Erlebnispädagogik aus normalen Jugendlichen plötzlich tief religiös motivierte kleine Erwachsene werden.

Ziel ist also, mit Hilfe der konkret gemachten Handlungserfahrungen einen Anknüpfungspunkt zu bekommen für den nicht sichtbaren geistigen (religiösen, spirituellen) Teil einer Handlung, um dann dadurch zu einer religiösen Erfahrung zu gelangen, die durch die veränderte Handlungsweise und -sicht erst möglich wird.

Dewey folgert: „Durch Erfahrung lernen heißt: Das, was wir den Dingen tun, und das, was wir von ihnen erleiden, nach rückwärts und vorwärts miteinander in Verbindung zu bringen" (ebd., S. 21).[9] M. E. P. Seligmann beschreibt die Eigenwirksamkeit von Handlung dementsprechend, dass diese am besten durch eigene Handlungsvollzüge, an zweiter Stelle erst durch Lernen am Modell / Vorbild und am wenigsten durch sprachliche Überzeugung hergestellt wird.[10]

„... aber ein ‚pädagogisches Konzept' wird eine solche Aufgabe erst dann, wenn sie Gelegenheit gibt, nicht nur neue Fertigkeiten und Erfahrungen im praktischen Tun zu gewinnen, sondern auch die entsprechenden alten Kenntnisse anzuwenden und neue zu erwerben" (ebd., S. 18).[11]

2.6.2 Besinnung – Innenansichten einer Erfahrung

Nun ist es ein weiteres Anliegen unseres Ansatzes, die Befindlichkeit des oder der Jugendlichen mit in den Lernprozess einzubeziehen. Wir schließen uns dabei K. Hahn (einem der „Väter" der Erlebnispädagogik) an, wenn er feststellt, „dass der ‚Intensitätsgrad eines Erlebnisses' im späteren Leben bei ähnlichen Erfahrungen für die Wiedererinnerung verantwortlich ist: nicht die Dauer, sondern die Stärke eines Erlebnisses und handelnden Ansatzes sei für das spätere Verhalten entscheidend" (ebd., S. 31).[12] Andauerndes Auswendiglernen vermittelt verständlicherweise keine wirkliche Erfahrung, zumindest keine im Sinne des Inhaltes. Und ob damit ein Wissenszuwachs gewonnen wird, ist auch fraglich.

Reflexion und Besprechung der in der Konfirmandenarbeit bzw. bei den Aufgabenstellungen gemachten Erfahrungen gehören notwendigerweise zum Erfahrungslernen. Und dies erfordert ebenso notwendig einen Zeitrahmen, in dem Besinnung möglich ist. Inhalte dieser Besinnung bzw. Reflexion sind sowohl Einzelerfahrungen, wie z.B. beim Thema „Gewalt" oder „Gebet", als auch das Bewusstmachen von Gruppengefügen innerhalb von Themen wie „Schuld" oder bei handwerklichen Aufgaben.

Zur Konfirmandenarbeit gehört ein ganz bewusstes Innehalten und Besinnen auf die tieferliegenden Inhalte und Werte der Erfahrung (bzw. allgemeiner gesagt: des Lebens), die in der Handlung vollzogen werden.

Reines „Wissenslernen" berührt häufig solche Inhalte, die ja erst in der Verknüpfung mit der eigenen Person entstehen, gar nicht. Andererseits kann eine unreflektierte Handlung leicht zu einem oberflächlichen Konsum verkommen.

„Wir wissen sogar, dass viele unserer eigenen Lern- und Erlebnissituationen eher zum ‚Erlernen der Hilfslosigkeit‘ führten, weil wir in unseren eigenen Handlungsvollzügen kaum die Konsequenzen dieser unserer eigenen unmittelbaren Wirksamkeit erleben konnten“ (ebd., S. 72).[13] Reflexion bedeutet einen Teil der Konsequenzen von Handlung.

Durch Reflexion oder Besinnung werde ich auf den Anteil meiner Person an diesem Erlebnis, an dieser Handlung aufmerksam und kann dazu einen Bezug herstellen. Es ist schon bei dem Aspekt der Handlung angeklungen, dass Reflexion und Besinnung ein wesentlicher Bestandteil der Erlebnispädagogik sind und in Verbindung mit unserem Ansatz ein unverzichtbares Muss, um auf den hinter einer Handlung oder Verhaltensweise liegenden Inhalt aufmerksam zu machen. Allerdings muss dieses den Jugendlichen erst wieder nahegebracht werden – weniger für die eigene Person – wir sprachen dies schon mit dem „was bringt’s mir“ an – als für die Gruppe, für den Anteil der Person an einer Gruppe und für die Konsequenzen hinsichtlich späterer Verhaltensweisen.

Erkenntnis durch Besinnung braucht genauso ihren Zeitraum wie Erfahrung durch Handlung. Die Intensität einer Besinnung kann nicht erzwungen werden, sondern muss im Prozess des miteinander Handelns und Besinnens entstehen.

Eine der wesentlichen Grundlagen von MÖMO ist, dass zur Erarbeitung der Themen immer auch die Erfahrung gehört, sei es die der Gruppe, einzelner Konfirmanden / Konfirmandinnen oder auch des Themas selbst.

2.6.3 Körperlichkeit – handfeste Erfahrungen

Wer wie bei unserem Ansatz von Ganzheitlichkeit ausgeht, der muss auch den Körper mit einbeziehen. Ganzheitlichkeit hat nichts mit Funktionalität zu tun, wie etwa die körperliche Betätigung im Sportunterricht, die isoliert von jeglichem Sinngehalt für die Lebensbewältigung auf reine Bewegungsleistung reduziert ist. Ganzheitlichkeit verstehen wir als integrativen und wesentlichen Bestandteil zur Bewältigung von Leben und Erfahrung. Gerade in den westlichen Kulturen ist abstrahierende und intellektuelle Lebensbewältigung weit verbreitet. Dass etwas „begriffen“ wird, ist in unserem Sprachverständnis zu einem rein intellektuellen Akt verkümmert.

Wir wollen dagegen Erkenntnis und Erfahrung (wieder) nach dem Motto vermitteln: „Was ich anfassen kann, das gibt es auch und hat damit auch Bedeutung für mich.“ „‚Körperlichkeit‘ scheint der ‚Erlebnispädagogik‘ in ihren Aktionen, Expeditionen, in sämtlichen Unternehmungen ... wie eine Selbstverständlichkeit.“ Sie sorgt für „... eine gleichgewichtige (ganzheitliche) Entwicklung der Außen- und Innenseite erlebnis-/handlungsorientierten Arbeitens – in den Sinne, dass Ganzheitlichkeit weder ein ‚geistloses Körperliches‘ noch ein ‚körperlos Geistiges‘ (Kamper) bedeuten darf und kann“ (ebd., S. 63).[14]

2.6.4 Nächstenliebe – gelebte Gemeinschaft

Die Werte Rücksichtnahme, Hilfsbereitschaft und Gemeinschaft können mit dem Begriff „Nächstenliebe" zusammengefasst werden. Jede Art von Konfirmandenarbeit muss sich fragen lassen, wo und wie die Erfahrung und Einübung dieser Werte und Inhalte gewichtet werden.

Im Normalfall gehören sie gedanklich natürlich zum Unterricht. Es wird auch mehr oder weniger darauf geachtet, dass nicht allzu auffällig dagegen verstoßen wird. Aber selten werden diese Aspekte als Grundgedanken für die Erarbeitung und den Inhalt der Themen genommen. Dies würde nämlich bedeuten, dass der Gruppenprozess in den Vordergrund gerückt wird und der einzelne Konfirmand selbst Ansatzpunkt ist, „... weil der Jugendliche durch den Einsatz seiner eigenen Existenz (d.h. seiner eigenen Werte, Normen und Verhaltensweisen, Anm. d. Verf.) für das Wohl des Nächsten ein ganz neues Lebensverhältnis gewinnt" (ebd., S. 30).[15]

Nächstenliebe gewinnt nur dann an Bedeutung, wenn ich den Konfirmanden auch in die Situation bringe, wo er seine Person in Bezug auf den Nächsten und/oder die Gruppe sehen muss. Umgekehrt kann ich dies nur erreichen, wenn ich die Entwicklung der Person und der Gruppe für bedeutend erkläre und den jeweiligen Entwicklungsprozessen Raum und Zeit zur Behandlung einräume.

Hans G. Bauer hat dies, zwar in Bezug auf das Handlungsverständnis von J. Dewey, wie folgt formuliert:

„Wir setzen es ja meist als Voraussetzung, dass bestimmte Fähigkeiten und Kräfte bereits vorhanden sein müssen, um etwas auszuführen oder zu ‚können'. Dabei übersehen wir jedoch leicht die Tatsache, dass sich Kräfte und Fähigkeiten gerade auch dadurch bilden, dass sie benötigt werden" (ebd., S. 21).[16]

Dies gilt für uns auch für den Bereich der Rücksichtnahme, Hilfe und Gemeinschaft. Zusammenfassend einige grundlegende Gedanken des erlebnispädagogischen Ansatzes in der Konfirmandenarbeit:

„Grundsätzlich stellt sich im erlebnis- und handlungsorientierten Lernen als zentrales Thema immer dasjenige des Verhältnisses der lernenden und lehrenden, erziehenden und erzogenen Menschen zueinander" (ebd., S. 73).[17]

„Der geistesgeschichtliche Hintergrund der Erlebnispädagogik beinhaltet ... ein umfassendes und komplexes Menschenbild. Ein Menschenbild, das sich vor allem gegen verschiedenste Trennungen und Spaltungen wandte und wendet: gegen die Trennung von Kopf, Hand und Herz; gegen die Trennung von Lernen und Leben; gegen die Trennung von Erleben und Erkennen; gegen fachliche Abrichtung auf Kosten der Entwicklung der Persönlichkeit" (ebd., S. 16).[18]

Wenn wir Konfirmandenarbeit als das wahrnehmen, was sie unserer Meinung nach ist, nämlich die Begleitung junger Menschen in einer schwierigen Lebensphase und das Heranführen an bewusste Glaubensinhalte *und wenn möglich* auch -erfahrungen, dann handeln wir in der Verantwortung, die die Jugendlichen an uns Erwachsene stellen.

„Es ist Vergewaltigung, Kinder in Meinungen hineinzuzwingen, aber es ist Verwahrlosung, ihnen nicht zu Erlebnissen zu verhelfen, durch die sie ihrer verborgenen Kräfte (Gottes Ebenbildlichkeit, Anm. d. Verf.) gewahr werden können" (ebd., S. 26).[19]

2.7 (Erlebnis-)Pädagogik kontra Konsum

Erlebnispädagogische Maßnahmen haben „normalerweise" ihren Ort in Outdoor-Aktivitäten, die in der Freizeit stattfinden (Klettern, Paddeln etc.). „*Erlebnispädagogische Aspekte*" suggerieren vielleicht, dass die Konfirmandenarbeit von MÖMO außergewöhnlich im Sinne von spektakulär ist. Dem ist nicht so.

Natürlich bauen wir auch auf dem auf, was alle Konfirmanden einfach mitbringen: Erfahrungen. Erfahrungen machen wir täglich. Diese Alltäglichkeit wird in der Konfirmandenarbeit auf- und ernstgenommen. Zum einen steht der Konfirmand mit seinen ganz persönlichen Erfahrungen im Zentrum der Konfirmandenarbeit (s.o. zur Erlebnispädagogik). Zum anderen werden *Erfahrungen* gemacht: mit sich selbst, mit der Gruppe und mit Gott.

Das *Prinzip* von „Erlebnispädagogik" kann sich auch still und leise vollziehen. Zudem geht es nicht darum, zu allem und jedem ein „Erlebnis zu produzieren". Es geht nicht darum, in den Sog der Konsumgesellschaft zu geraten, die Erlebnisse geradezu braucht und verbraucht.[20] Nicht alle Themen lassen sich erlebnispädagogisch gestalten – woran sich die allgemeine Frage knüpft, welche Themen mit welchem Ziel, mit welcher Methode ihre Berechtigung in der Konfirmandenarbeit haben.

3. Das neue Konzept: Möckmühler-Modell

3.1 Kurzvorstellung von MÖMO

Die Arbeit des MÖMO erfolgt nicht mehr an Mittwochnachmittagen. Stattdessen wird monatlich entweder
- ein Freitagabend, „Konfiabend" von 17,30 bis 20,30 Uhr (ca. 3 h)
  oder
- ein Samstag, „Konfitag" von 10-16 Uhr (ca. 6 h) mit gemeinsamem Mittagessen veranstaltet.

Dazu kommen:
- Zwei Wochenenden (Fr – So) auswärts (am Anfang und Ende der Konfirmandenzeit), an denen thematisch gearbeitet wird und die „Frei"zeit *nicht* im Vordergrund steht.
- Ein freiwilliges, gemeindeübergreifendes „Freizeit"-Wochenende auf regionaler Basis (in Württemberg ist es der Bezirk).
- Ein Gemeindepraktikum bei haupt- neben- oder ehrenamtlichen Mitarbeitern/innen gegen Ende der Konfirmandenzeit (4-6 Wochen, mit ca. 4 h).
- Ungefähr sechs Mal ein Konfirmandenfrühstück: Verpflichtender Gottesdienstbesuch (10,30 Uhr) mit anschließender Besprechung beim gemeinsamen Frühstück bis 13 Uhr (ca. 90 min ohne Gottesdienst).

Der sonstige Gottesdienstbesuch ist erwünscht (siehe Gottesdienstprojekte 6.4.3).

Schließlich kommen noch hinzu: die „Probe" der Konfirmation und die Vorbereitung und Durchführung des Konfirmandenabendmahls, wobei dieses freiwillig ist.

Zusammengerechnet ergeben sich bei optimaler Jahresplanung 80 Schulstunden, womit wir deutlich über der geforderten Stundenzahl liegen (zwischen 60 und 70).

Zu beachten ist allerdings, dass für die Konfirmanden normalerweise bei Gottesdienstbesuchskontrolle mehr Stunden zusammenkommen.

Wir gehen davon aus, dass mehr Stunden mit Freude gehalten weniger Stress für den Leiter bedeuten. Im Übrigen können die beiden Wochenenden (wenn Zeit oder Mitarbeiter fehlen) als Konfitage abgehalten werden. Das wäre zwar schade und der Gemeinschaft nicht gerade förderlich, doch es ist besser als der „übliche" Unterricht.

Zu beachten wäre zudem, dass wir an mindestens einem Konfitag eine Exkursion veranstalten (etwa zu einer „Behindertenanstalt").

Verpflichtend ist die Teilnahme an den oben genannten Veranstaltungen. Die Eltern und die Konfirmanden bekommen daher einen Jahresplan bei der Anmeldung zur Konfirmandenarbeit ausgehändigt – rechtzeitig vor dem ersten Treffen der Konfirmanden. Dem Jahresplan angehängt ist eine Verpflichtungserklärung, die Eltern und

Konfirmanden unterschreiben müssen. Fehlzeiten sind nur mittels ärztlichen Attestes oder in wirklich begründeten Ausnahmefällen möglich.

Übergemeindliche Zusammenarbeit ist, wo möglich, dringend zu empfehlen: Konfirmanden und Eltern sollten vor die Wahl gestellt werden: entweder erlebnisorientierte KA in Gemeinde A oder traditioneller KU in Gemeinde B. Das bewirkt, dass die Konfirmandenzeit schon bewusst (und manchmal mit innerfamiliären Diskussionen) ihren Anfang nimmt. Die Konfirmandenarbeit wird endlich mit Ernst angegangen. Wer sich entscheiden kann, bestimmt ein Stück weit mit, was im kommenden Jahr auf ihn zukommt (s. 3.4.2ff).

Durch die relativ lange Dauer der Konfirmandenabende/-samstage kann sowohl ein Thema vollständig behandelt, als auch die Basis von MÖMO konsequent verfolgt werden. Die Konfirmanden haben zudem Zeit, „anzukommen": Jedes Mal beginnen wir in einem großen Halbkreis (sitzend auf dem Fußboden des Gemeindesaals) und erzählen einander, wie es uns geht und wie wir in diesen Abend bzw. diesen Tag kommen.

Meistens endet der Abend bzw. der Tag auch mit einem solchen Halbkreis, in dem dann Resümee gezogen wird: Wie erging es mir heute, was habe ich erlebt, was nehme ich mit? Für uns Leiter steht die grundsätzliche Frage am Anfang jeder Einheit, welche Vorerfahrung der Konfirmanden eignen sich zum Anknüpfen ans Thema, bzw. welche Erfahrungen im Zusammenhang mit den Themen können wir sie machen lassen. In diesem Erfahrungsbezug sehen wir den großen methodischen und pädagogischen Unterschied zum herkömmlichen Konfirmandenunterricht.

3.2 Exkurs zum Thema „Randgemeinde"

„Es ist wie in einer Kirchengemeinde: Das Zentrum verändert sich selten, ist kaum zu unterscheiden und zeigt wenig Variationen. Der Rand allerdings macht das Ganze interessant: Hier ist Vielfalt und Buntheit", sagte ein Forstamtsdirektor bei einer Waldbegehung an einer Lichtung.

Wenn wir als Pfarrer/Diakon uns – auch bei der Konfirmandenarbeit – nur um den sogenannten Kern der Gemeinde kümmern, dann ist Einfalt vorprogrammiert: Die Ränder machen die Arbeit interessant – und damit schwierig. Wie gesagt, es handelt sich um Arbeit! Wenn diese „Ränder" in der KA durch Aussiedlerjugendliche bestimmt sind, ergeben sich spezielle Probleme: Mit herkömmlichen „Mitteln" ist hier wenig bis nichts zu erreichen. Mit dem erlebnis- bzw. erfahrungspädagogischen Ansatz wird jede und jeder aber zumindest ernst genommen und damit ein Stück weit erreicht.

Vorweg etwas zum Stichwort Differenzierung: Eine Gruppe ist von Anfang an zu teilen, wenn die Unterschiede zwischen einzelnen Gruppierungen zu groß sind, etwa wenn eine Mehrzahl aus Aussiedlern auf Schüler einer Förderschule treffen. Wir befürchten dabei einen „Kampf" der Schwachen (Aussiedler) gegen die Schwächsten (Förderschüler) und würde dem einen Riegel vorschieben.

Ansonsten signalisiert MÖMO vor allem Aus(und Rand-)siedlern Folgendes:

• Wir haben für euch eine offene Tür; ihr wisst, wo ihr an diesem Abend/Tag hin dürft.

• Wir nehmen euch an, wie ihr seid. Ihr braucht erst einmal nur da zu sein und werdet so akzeptiert.

• Ihr bekommt die gleiche Behandlung wie „Einheimische", die „Vertreter der Kerngemeinde".

Alle drei Punkte sind Erfahrungen vor allem für junge Aussiedler, die erst kürzlich aus der ehemaligen Sowjetunion zu uns gekommen sind (bzw. teils gegen ihren Willen mitgebracht wurden). Sie treffen ansonsten eben auf verschlossene Türen, sie sind nicht akzeptiert, und sie werden von Einheimischen nicht wie Einheimische behandelt oder angesehen.

Auch was Schule (die große Mehrheit der Hauptschüler in unserer Gemeinde sind Aussiedler) und Beruf bzw. Berufsausbildung anlangt, erfahren die Jugendlichen meist Ablehnung. Das Gefühl ist verbreitet: Ich werde nicht gebraucht, ich bin überflüssig, keiner wartet auf mich!

Die theologische Basis von MÖMO ist das Verständnis, dass zu Jesus Menschen kommen durften in ihrem „Sosein", ohne „Aufnahmeprüfung".

Wenn wir als Kirchengemeinde diese Erfahrung den Jugendlichen vermitteln können, dann haben wir schon ein Stück weit Evangelium verbreitet, ohne einen einzigen Katechismussatz auswendig gelernt zu haben.

Wer Aussiedlerkonfirmanden betrachtet, dem wird deutlich, dass viele von ihnen im normalen Konfirmanden(Katechismus-)unterricht keine Chance hätten, auch weil hierin ein verengtes Kommunikationsverständnis herrscht: die sprachlich-intellektuelle Ebene ist primär.

Kommunikation ist aber mehr als Sprachfähigkeit und Textinterpretation. Kommunikation heißt heute auch: Da sein, sich Zeit nehmen und damit positive Signale setzen.

Die Frage des Kämmerers aus dem Morgenland (Apostelgeschichte 8,26ff) wird zur Frage der Jugendlichen aus dem Osten:

Was hindert's, dass ich konfirmiert werde?

Kirche als Volkskirche wird in Zukunft mehr von Rändern bevölkert, denn immer mehr Konfirmanden werden immer weniger „religiös sozialisiert" sein. Kirche ist der Ort, an dem Hinderungen, Behinderungen und Grenzen keine Rolle mehr spielen (dürfen). Kirche ist der Ort, an dem die Ränder (Randsiedler) nicht abbröckeln, sondern als Bereicherung und neue Erfahrungsräume angesehen werden. Kirche ist der Ort, an dem auch junge Menschen gestärkt werden in ihrer Selbstständigkeit und Sozialkompetenz.[21]

3.3 Welche Erwartungen werden an die Konfirmandenarbeit gestellt von:

3.3.1 Konfirmanden

In der MÖMO-Umfrage bei den Konfirmanden zu Beginn der Konfirmandenarbeit kennzeichnen zwei Aussagen den wichtigsten Teil der Erwartungen: „Konfirmandenarbeit soll Spaß machen." und „Ob alle nett sind?" Versucht man, dem Begriff Spaß ein wenig auf den Grund zu gehen, so finden sich weitere detailliertere Aussagen: Leute neu oder besser (von einer anderen Seite) kennenzulernen, ist mit ganz vorne in der Liste der Erwartungen anzutreffen. Unter diesem Aspekt wird auch der Anspruch auf gute Zusammenarbeit und Zusammenhalt formuliert. Ein weiteres Stichwort, das dem eher unbestimmten Begriff Spaß Konturen gibt, heißt Spiele.

Durchaus nicht selten findet sich die Frage an den thematischen Inhalt der Konfirmandenzeit. Mit Spannung und Neugierde werden der Konfirmationsgottesdienst und das Fest selbst erwartet. Auch die Erwartung, Gott, die Bibel und den Glauben besser kennenzulernen, lässt sich finden. Erwartungsvoll blicken die Konfirmanden auch den Gottesdiensten entgegen, bei denen sie selbst mitwirken können.

Auffallend ist, dass Stichworte wie Geld und Geschenke nur vereinzelt auftauchen und auch dann keine dominierende Rolle spielen, sondern durchaus im Kontext mit den genannten Erwartungen stehen.

Neben den positiv gestimmten Erwartungen spielen auch die eher negativ eingefärbten Befürchtungen der Konfirmanden eine Rolle bei ihrer Einstellung zur Konfirmandenarbeit. Bei den Befürchtungen wird im Zusammenhang mit dem Begriff Lernen am häufigsten das Wort „Auswendiglernen" genannt. Oft wird diese Befürchtung auch im Zusammenhang mit Vergessen und Hausaufgaben angeführt. Für uns sind diese Aussagen immer wieder ein Indiz dafür, wie wenig positive und nur sehr begrenzte (Leistungs-)Erfahrungen im Bereich des Lernens gemacht worden sind (s. auch 2.1.3ff).

In Bezug auf die Gruppe steht die Frage nach der Akzeptanz, sowohl der Person als auch der Einstellung gegenüber, an erster Stelle. Sensibilität herrscht hier besonders gegenüber Auseinandersetzungen, Streit bis zur Gewalt.

Die Befürchtung der Langeweile wird im Kontext mit Schule und rein verbaler (sprich inaktiver, erlebnisloser) thematischer Bearbeitung eines Themas genannt. Langeweile wird auch in Zusammenhang mit dem Stichwort Singen von (alten) Liedern gebracht.

Zusammenfassend sind folgende Ziele erkennbar:

- Ziel der Konfirmanden ist, eine „gute Zeit" zu haben. Damit verbinden sie Spaß und wenig Stress.
- Sie wünschen sich eine „gute Gemeinschaft", in der sie akzeptiert und nicht an den Rand gedrängt werden.

- Schließlich darf das Interesse nicht zu gering angesetzt werden, die Lebens- und Glaubensvollzüge anderer – auch der christlichen Gemeinde insgesamt – kennen zu lernen.

3.3.2 Eltern

Eltern wollen das Beste für ihr Kind! Eine undifferenzierte und damit schwer zu interpretierende Aussage, der vielleicht am ehesten der Wunsch nahe kommt, dass ihr Kind eine positive Entwicklung und Betreuung erfährt, auch auf religiösem Gebiet. Allerdings sollte das übrige strukturierte und geplante Leben der Familie und des Konfirmanden durch die Konfirmandenarbeit nicht sonderlich beeinträchtigt werden. Die Konfirmandenarbeit muss in den Gang des Alltäglichen gut einzuordnen sein. Nach Möglichkeit dürfen sich keine weiteren Belastungen, und damit sind in erster Linie nicht die finanziellen gemeint, für die Eltern ergeben. Hier sind vor allem die Sorge und Unsicherheit angesprochen, was passiert, wenn die/der KonfirmandIn mit gemachten Erfahrungen an die Eltern und den Familienkontext herantritt, um diese in den Prozess des Erlebens und ganzheitlichen Lernens einzubeziehen? Befürchtungen bestehen bei manchen Eltern auch hinsichtlich der Einbeziehung in die Unterrichtsgestaltung, wie z.B. die Zubereitung der Mahlzeiten an den Konfirmandentagen oder die Unterstützung bei Ausflügen durch Fahrleistungen. Soll „die Kirche" in Bezug auf Verbindlichkeit und Methodik doch nicht mehr so althergebracht (wie selbst erlebt) erscheinen, sind es auf der anderen Seite eher traditionelle Erwartungen der Eltern, in Bezug auf Themen, Werte (Auswendiglernen, Autorität) und Gestaltung des Gottesdienstes (s. unter 2.1.2). Dieses doch eher negative Spektrum der Einstellung und Erwartung gegenüber der Konfirmandenarbeit ist sicherlich in erster Linie auf Unsicherheiten und Überforderungen der Eltern zurückzuführen. Um den erlebnispädagogischen Ansatz und das ganzheitliche Lernen zu fördern, ist eine begleitende Elternarbeit notwendig, die in geeigneten Formen die unterschiedlichen Befürchtungen aufgreift und konstruktiv dem Prozess des Lernens für alle zur Verfügung stellt. Schon beim Informationsabend zur Konfirmandenarbeit bekommen die Eltern eine Einladung mit zu einem Elterngesprächsabend (genannt *Timeout* oder *Auszeit*). Die Eltern müssen zusammen mit der Anmeldung und der Verpflichtung einen Abschnitt abgeben, ob sie Interesse an dieser Elternarbeit haben. Dann bekommen sie auch weiterhin Einladungen zu diesen Treffen. Zusammenfassend können folgende Ziele der Eltern genannt werden:
- Die schwierige Entwicklungsphase ihrer Kinder soll möglichst ohne viel Reibungen verlaufen.
- Sie wollen „das Beste" für ihr Kind und sehen die KA als Hilfe in Form einer Begleitung, die sie selbst nicht geben können oder wollen.

- Den Kindern soll zumindest in der Konfirmandenarbeit eine „religiöse Erziehung" gegeben werden, was immer auch darunter zu verstehen ist.
- Die Kirche soll in Form der Konfirmandenarbeit ihre Lehre zeitgemäß und ansprechend vertreten (gerade im Gegensatz zu den selbst gemachten Erfahrungen), damit die Kinder selbst über ihren Glauben entscheiden können.
- Manche Eltern wünschen über die Konfirmandenarbeit den gegenseitigen Austausch über Probleme mit ihren Kindern (und auch mit der Kirche).
- Begleitung in schwierigen Phasen (die Eltern registrieren „ihr Alter") durch Gespräche unter vier Augen. Die Eltern bekommen beim Infoabend auch ein Blatt, auf dem sie vermerken können, ob sie den Besuch eines Leiters wünschen. Daraus entstehen oft längere Kontakte und sehr sinnvolle Gespräche.

3.3.3 Leitungsteam

Spaß und Freude sollten auch für das Leitungsteam keine Fremdwörter sein, wenn sie ihre Arbeit tun! Freude entsteht, wenn etwas gelingt, wenn Ziele von MÖMO erreicht werden.

Zudem ist ein Moment von MÖMO, dass Teamarbeit sich geradezu aufdrängt, denn dann werden auch die Leiter schon bei der Vorbereitung kommunikativ tätig.

Effektive Teamarbeit erfordert, dass die Partner sich gegenseitig 100 % aufeinander verlassen und einander vertrauen können. Delegierte Aufgaben müssen in der Umsetzung, auch über unterschiedliche Ansichten hinweg, gemeinsam getragen werden. In der Reflexion gehört zu funktionierender Teamarbeit die neidlose Anerkennung genauso wie die konstruktiv ergänzende und damit weiterführende Kritik. Dies gilt gleichermaßen für Inhalte und Durchführung als auch für die Person des/der Teamkollegen/in.

Funktionierende Teamarbeit in der Praxis beinhaltet ein gewisses Maß an Sensibilität und Intuition den Teamkollegen gegenüber. Nicht alles kann in der Vorbereitung durchgesprochen und miteinander abgestimmt werden. Ein intuitiv konformes Arbeiten in solchen Situationen setzt Kräfte frei und entlastet bei schwierigen Entscheidungen. Klare Richtlinien des Umgangs mit den Konfirmanden müssen vorab festgelegt werden, damit der/die Leiter/in nicht gegeneinander ausgespielt werden können. Teamarbeit beinhaltet dabei aber auch die eigenständige Entscheidungsfähigkeit jedes Einzelnen.

3.3.3.1 Ehrenamtliche im Leitungsteam

Gemeindeglieder, die die Konfirmandenarbeit für wichtig erachten und mitarbeiten wollen, finden sich bestimmt, sobald die Arbeit umgestellt wird. Als Voraussetzung sollten Mitarbeiter eine pädagogische Ausbildung (Erzieher, Lehrer o.ä.), möglichst mit praktischen Erfahrungen, mitbringen. Dann können sie als gleichberechtigte Partner im Leitungsteam mitarbeiten. Zudem können ehemalige, volljährige Konfirmanden mit dem Leitungsteam das Konfiteam bilden und bestimmte Aufgaben in der KA übernehmen.

3.3.3.2 Ziele des Leitungsteams gegenüber der Konfirmandenarbeit, Konfirmanden, Eltern und Kirchengemeinderäten

Aus dem bisher Gesagten ergeben sich folgende Ziele des Leitungsteams:
- Freude an der Arbeit
- Erfolgserlebnisse durch gelungene Entwürfe und Begegnungen
- Erweiterung der fachlichen Kompetenz durch Zusammenarbeit mit Mitarbeitern/innen aus anderen Bereichen (Pädagogik, Psychologie, Theologie)
- Wandlung und Anpassung von Gemeindearbeit an gesellschaftliche und kirchliche Veränderungen
- Gegenseitiges (Konfirmanden < > Leiter) Lernen und Bereichern in Bezug auf (religiöse) Erfahrungen
- Leiter stehen als verlässliche Partner den Konfirmanden zur Verfügung.
- Eine Basis zu schaffen, damit der Kontakt zueinander nach der Konfirmation nicht abreißt. D.h. nicht, dass möglichst viele Jugendmitarbeiter/innen oder Jugendgruppenteilnehmer/innen aus einem Jahrgang rekrutiert werden müssen. Wichtig ist die Aufrechterhaltung der ungezwungenen Dialogfähigkeit zwischen ehemaligen Leitern und Jugendlichen über die Konfirmationszeit hinaus – etwa auf den Pausenhöfen in den Schulen.
- Aufbau von Kontakten zu Eltern über die Konfirmandenzeit hinaus (Eltern treffen sich auch nach der Konfirmation zu thematischen Abenden).
- Anstoß einer Gemeindearbeit, die gerade die mittlere Generation (Eltern) als Zielgruppe hat
- Unterstützung der Eltern bei der religiösen Erziehung der Jugendlichen. Dabei steht die Sensibilisierung der Eltern für ihre eigene Rolle in diesem Erziehungsprozess im Vordergrund.
- Sensibilisieren der Kirchengemeinderäte für den Bereich der Konfirmandenarbeit
- Anstoß für eine Auseinandersetzung mit dem Begriff „Gemeinde" und evtl. Beginn für die Entwicklung eines Gemeindekonzeptes
- Veränderung von Arbeitsstrukturen und Grundlagen im Bereich der Konfirmandenarbeit über die Gemeindegrenzen hinaus.

3.3.4 Gemeinderat

Jugend steht für Aktivität, Innovation, Lebendigkeit und Offenheit. Diese Merkmale sollen wieder in der Kirchengemeinde sichtbar werden. Kirchengemeinde als attraktives alternatives Lebenskonzept soll wieder an Wert gewinnen, um in der Konkurrenz mit anderen Angeboten eine echte Alternative und/oder Ergänzung zu bilden. Konfirmandenarbeit wird als ein Zentrum der Gemeindearbeit angesehen und in seinen Aufgaben und Zielen auch von dort her verstanden. Eine gelungene Konfirmandenarbeit gründet die Hoffnung, dass die Konfirmanden, wenn vielleicht auch nicht sofort, so doch später weiterhin aktiv das Gemeindeleben prägen.

Konfirmandenarbeit soll verstanden werden als Impuls zur Erneuerung und zum Wandel des Gemeindebegriffs an sich, in Form von offeneren und aufgeschlosseneren Gemeinschaftsformen. Dazu gehört die Hoffnung, Gemeindeglieder zu erreichen, die bisher gar nicht oder nur wenig angesprochen worden sind.

Jede Gemeinde hat sehr differenzierte Erwartungen an die Konfirmandenarbeit, je nachdem, welcher Frömmigkeitsstruktur man sich zugehörig fühlt und/oder welches Alter das Gemeindeglied hat.

In Kurzform könnten die Ziele wie folgt beschrieben werden:

- Gemeinde und KG-Räte versuchen, den Kontakt zu den Konfirmanden zu halten.
- Vermittlung eines positiven und attraktiven Gemeindelebens. Dabei sollte die Gemeinde eine ergänzende Alternative zu den schon existierenden Lebensentwürfen und Freizeitgestaltungen der Jugendlichen bilden (und sich nicht in Konkurrenz sehen).
- Aufnehmen von Impulsen seitens der Jugendlichen bezogen auf das Gemeindebild
- Abwartende und nicht drängende Haltung bei der Aktivierung der Jugendlichen für das Gemeindeleben. Wir sollten nicht vergessen, dass die meisten Jugendlichen im Alter von (frisch) Konfirmierten noch nicht fähig und geeignet sind, eigenverantwortlich eine Gruppe zu leiten. Aus der jugendlichen Meinung, „endlich ist der Konfirmandenunterricht vorbei", sollte ein „schade, dass die Konfirmandenarbeits-Zeit so rasch vergangen ist" werden.

3.4 Äußere Gegebenheiten

3.4.1 Unsere Kirchengemeinden

Der Ansatz von MÖMO ist in jeder Gemeinde möglich. Trotzdem einige kurze Angaben zu der Gemeinde, in der MÖMO entwickelt wurde:

Die Kirchengemeinde Möckmühl umfasst insgesamt ungefähr 3800 Glieder, die von zwei Pfarrern versorgt werden. Die Stadt Möckmühl hat mit Eingemeindungen über 8000 Einwohner, wobei der Aussiedleranteil fast 2000 Einwohner (ca. 25 %) beträgt. In der Stadt finden sich Grund-, Haupt-, Werkreal- und Realschule sowie ein Gymnasium. In Möckmühl gibt es vielerlei Vereinstätigkeiten.

3.4.2 Terminplanung

Wie schon in 3. beschrieben, bekommen die Eltern und Konfirmanden einen Jahresterminplan. Dieser Plan wird vom Konfirmandenleitungsteam aufgestellt, wobei, soweit möglich, Termine vorab mit den Sportvereinen besprochen werden, damit etwa Turniere und Konfitage nicht zusammenfallen. Die Gefahr ist relativ selten, da im Sommerhalbjahr mehr Konfiabende, im Winterhalbjahr mehr Konfitage stattfinden – auch damit genügend Termine für Trauungen durch den Pfarrer bleiben.

Die Flexibilität der Hauptamtlichen bei der Terminplanung ist durch die nicht mehr von vornherein festgelegten Wochentage größer, so dass auch Überschneidungen oder eine Häufung von Terminen durch andere gemeindliche Aktivitäten vermindert werden können. Empfehlenswert ist es allerdings, die monatlich stattfindenden Termine innerhalb eines bestimmten Rhythmus zu legen (z.B. 1. Freitag im Monat). Die Terminplanung ist auch in Bezug auf die Nutzung des Gemeindehauses, sprich der Räumlichkeiten, wichtig.

Die betreffenden Schulen werden wegen Schullandheimaufenthalten angefragt, damit auch hier eine Kollision ausgeschlossen ist. Wie beim herkömmlichen Konfirmandenunterricht bleiben die Ferien frei von Terminen. Rechnerisch ergibt sich für die Konfirmanden keine wesentlich höhere Stundenzahl gegenüber dem „normalen" Konfirmandenunterricht, wenn die Wochenenden nicht als reine Arbeitszeit gewertet werden.

Eine vernünftige Terminplanung berücksichtigt auch die notwendigen Zeiten für die Vor- und Nachbereitung der Konfirmandenarbeit. In der Entwicklungszeit, in der uns also noch keine entsprechenden Arbeitsentwürfe zur Verfügung standen, war die Vorbereitungszeit beträchtlich. Im Laufe der Zeit reduzierte sich diese durch den Einsatz von bewährten Entwürfen auf ein dem Konzept angemessenes Maß.

So kann man sagen, dass die Vor- und Nachbereitungszeit für einen Konfirmandenabend oder -tag bei 3 bzw. 4 Stunden liegt. Dieser dem traditionellen KU gegenüber immer noch höhere Zeitaufwand begründet sich in der aufwendigeren Materialgestaltung. Bestehende Entwürfe müssen immer wieder auf die Gruppe abgestimmt werden.

Für die Lebendigkeit der Arbeit ist es notwendig, auch neue Entwürfe zu entwickeln, um damit auf aktuelle Themen eingehen zu können. Der Zeitaufwand verteilt sich dabei auf einen größeren Vorbereitungszeitraum.

Neben der Zeit für die reine Konfirmandenarbeit kommt noch die Vorbereitungs- und Durchführungszeit für die thematische Elternbegleitung in den Auszeit-Abenden (Time-out). Diese Abende finden ca. viermal jährlich statt. Der Zeitaufwand für Vorbereitung und Durchführung liegt je nach Thema bei bis zu vier Stunden. Schließlich kommt noch die Zeit für Besuche bei den Eltern hinzu, die einen solchen wünschen. Die Anmeldequote liegt bei ungefähr 10-20 %. Allerdings kommt es nicht selten vor, dass Eltern daraufhin öfter besucht werden wollen.

3.4.3 Gegenseitige verbindliche Verpflichtung

Wir haben die Erfahrung machen müssen, dass der Konfirmandenunterricht im Stellenwert bei Eltern und Konfirmanden häufig an letzter Stelle rangiert. Die Meinung ist weit verbreitet: „Versäumt man mal was, ist das schon nicht so schlimm. Vergessen kann ja jeder mal was!" Überspitzt formuliert ist man der Meinung, dass jede Aktivität des Vereins oder der Familie wichtiger ist als die Konfirmandenarbeit.
Wir wollten diese Abwertung von vornherein verhindern und ein deutliches Zeichen setzen:
Die Konfirmandenarbeit ist etwas wert und muss ernst genommen werden!
Schließlich muss ein Jugendlicher, wenn er in einem Verein in einer Turniermannschaft spielen will, sich auch entscheiden, ob er die Trainingstermine regelmäßig wahrnimmt oder eben nicht mitspielen kann.
Ähnlich verhält es sich mit der Konfirmation. Die Konfirmandenzeit davor ist schließlich ein Prozess, an dessen Ende die Entscheidung steht, den Glaubensweg weitergehen zu wollen.
Diese Gedanken haben uns dazu geführt, eine gegenseitige verbindliche Verpflichtung für das MÖMO voranzustellen. Die Eltern und Konfirmanden haben einen verlässlichen Überblick und Rahmen der Konfirmandenzeit in der Hand, der keine Überraschungen zulässt. Außerdem werden die Konfirmanden daran gewöhnt, abgemachte Termine zu registrieren und einzuhalten.
Wir haben unter dem Punkt 6.7 (sonstige Materialien) unseren Rahmenplan mit der Verbindlichkeitserklärung der Eltern aufgeführt. Auf die Wahlmöglichkeit (MÖMO oder traditioneller Konfirmandenunterricht in einer Nachbargemeinde) wurde bereits in 3. hingewiesen.

3.4.4 Räumlichkeiten und Ausstattung

Erlebnispädagogische Ansätze erfordern mehr als nur einen Raum, in dem sich die Konfirmanden um Arbeitstische setzen können.
Ein größerer Raum, in dem mit und ohne Tische (Stuhlkreis / Sitzkreis auf dem Boden) gesessen werden kann, ist sinnvoll.

Für manche Arbeiten ausreichend sind Nischen oder abgeschirmte Einteilungen größerer Räume oder die Nutzung von Vorzimmern, Fluren und Kammern.
Innerhalb des Gemeindehauses stehen uns für jeweils ungefähr 25 Konfirmanden zur Verfügung:
- großer Gemeindesaal (verdunkelbar, Parkettfußboden) ca. 100 qm
- kleiner Gemeindesaal (Fliesen) ca. 40 qm
- drei Räume von je ca. 20 qm
- Vorraum vor dem großen Gemeindesaal
- Küche
- großer Garten (für Spiele geeignet).

Für das Konfirmandenfrühstück und die Nachbereitung des Gottesdienstes nutzen wir die zusammenhängenden Gebäude (Kirche und Gemeindehaus) der Kirchengemeinde Ruchsen mit:
- einem Gemeindesaal (Parkett) mit ca. 40 qm und
- einer Küche.

3.4.5 Materialien

Die Materialien, die wir für die Gestaltung und Durchführung unserer Entwürfe benötigen, finden sich in allen Gemeinden. Neben den üblichen Bastelmaterialien wie z.B. Kleber, Scheren, Stifte, Lineale, Papier, Schnur, Tesakrepp ... etc. benötigen wir (je nach Einheit):
- Tageslichtprojektor
- Diaprojektor
- Videobeamer (in den Medienzentralen oder Kreisbildstellen auszuleihen)
- Kopierer (DIN A 4 und DIN A 3, vergrößern und verkleinern)
- Kassettenrecorder
- Bibel und Ordner für die Arbeitsblätter
- Kerzen
- Holzkreuze (Ständer für die Kerzen im Gottesdienst, s. 6.3.1).

Die Konfirmanden bringen in der Regel ihre eigenen Schreibutensilien mit.
Alle weiteren Arbeitsmaterialien, wie spezielle Arbeitsfolien oder -papiere sind in den Abläufen der Entwürfe aufgeführt und dort auch zu finden.

3.4.6 Finanzen

In Zeiten knapper werdender Finanzmittel spielt auch die Finanzierung neuer Konzepte eine nicht ganz unerhebliche Rolle. Wir denken, dass wir nicht über die üblicherweise anfallenden Kosten hinausgehen. Allenfalls für das zusätzliche (gegenüber dem üblichen KU) Wochenende fallen Mehrkosten für die Eltern an.

Der Eigenanteil der Eltern liegt bei 20,- DM für Bibel, Kerze und Ordner. Wir lassen die Konfirmandenbibel auch aus „pädagogischen" Gründen selbst bezahlen: Sie wird dann pfleglicher behandelt. Ein Überreichen der Bibel beim Konfirmandenvorstellungsgottesdienst entfällt damit. Dafür stellen wir jeden Konfirmanden vor, indem er/sie zum ersten Mal seine/ihre selbstverzierte Konfikerze an den Altarkerzen entzündet und in das Holzkreuz stellt.

Weiterhin entstehen für die beiden Freizeiten Kosten von ca. 100,- DM pro Freizeit.

An den Konfitagen sammeln wir 3,- DM für die Verpflegung ein.

Im Gegenzug übernimmt die Kirchengemeinde die Kosten für Kopien, Arbeits- und Bastelmaterialien, Leihgebühren für technische Geräte, Fahrtkosten des Leitungsteams. Außerdem gewährt sie auf Antrag den finanziell schwachen Familien Zuschüsse.

4. Elemente der Konfirmandenarbeit

4.1 Themen

Der erlebnispädagogische Ansatz von MÖMO hat Auswirkungen auf die Themenauswahl. Ausgangsfrage muss sein, was die Jugendlichen gegenwärtig wirklich bewegt und was den Konfirmanden vermittelt werden soll. Dieser neue Ansatz führt konsequenterweise dazu, dass andere Kriterien kaum mehr eine Rolle spielen, etwa das Kennenlernen des Katechismus.

Wenn die Konfirmanden mit ihren Erfahrungen im Zentrum stehen, bedeutet dies zwar keine generelle Absage an traditionelle christliche Themen, jedoch eine Neubewertung auf die Glaubensentwicklung des/der Konfirmanden/in hin. Hier sei nochmals auf Punkt 2.7 verwiesen.

Die kurze Themenübersicht bezieht sich auf die bisherigen Konfirmandengruppen, die mit diesem Modell gearbeitet haben. In Klammern ist jeweils (falls möglich) der Bezug zu bisherigen Katechismusthemen aufgeführt:

- „Die Gruppe selbst und ihre Erwartungen und Befürchtungen", 6.1.1, verbunden mit dem
- „Ersten Kennenlernen der Gemeinde"
- „Gewalt und Gewaltverzicht", 6.1.3 (Jesus Christus, der Versöhner), in diesem Zusammenhang das Verständnis von
- „Schuld und Vergebung", 6.2.1 und 6.3.1 (das Abendmahl)
- „Frieden und Gerechtigkeit", 6.2.1 und 6.2.4, auch im Zusammenhang mit der Eine-Welt-Problematik (1. Glaubensartikel)
- „Regeln des Zusammenlebens", 6.1.5 (3. Glaubensartikel oder die Zehn Gebote)
- „Umgang mit dem/den Fremden" – „Umgang mit Behinderten", 6.2.2 (Jesus Christus, der Heiland)
- „Gebet", 6.1.2 ist ein Thema, das in Konfirmandenäußerungen zwar direkt nicht vorkommt, trotzdem erleben wir jedesmal, wie sehr es die Jugendlichen berührt (vgl. Nipkow, Erwachsenwerden, S. 54)[22]
- „Gemeinschaft" (3. Glaubensartikel) im Zusammenhang mit dem Gemeindepraktikum, 6.4.1
- „Gottesdienst", 6.1.6 und 6.4
- „Konfirmandenabendmahl", 6.6
- „Christen und Politik". Das Thema entstand im Kontext einer Ausstellung im Landeskirchlichen Museum in Ludwigsburg, 6.2.3.

Die Themenkomplexe hängen von der jeweiligen Gruppe und den Leitern ab. Es muss sich ein beständiger Prozess, ein Wechselspiel, zwischen dem Leiter / den Leitern und der Gruppe vollziehen. Themen, die den letzten Jahrgang noch brennend interessiert haben, sind beim nächsten vielleicht nicht mehr relevant. Dafür fällt dem Leiter ein ganz neuer Bereich auf, der im Leben der Jugendlichen momentan eine wichtige Rolle spielt, oder die Jugendlichen bringen ihrerseits Themenvorschläge ein. Vielleicht ist es auch eine bestimmte Gruppensituation, die entsprechend aufgearbeitet werden muss.

4.2 Konfiabend

Freitagsabends noch Konfirmandenunterricht – das ist doch zuviel für die Kinder! Die Reaktion mancher Eltern beim ersten Kennenlernen von MÖMO ist verständlich: Die Woche über haben ihre Kinder viel zu tun – und dann nochmals drei Stunden Unterricht?

Die Konfirmanden erleben schnell, dass es eben kein normaler Unterricht ist, freitags von 17,30 Uhr bis 20,30 Uhr, sondern erst einmal eine Zeit, in der andere sich Zeit für sie nehmen.

Daher ist der Beginn immer gleich, im Gemeindesaal sitzend im Halbkreis. Nacheinander wird erzählt, wie es einem geht, wie man an diesem Abend ankommt, welche Gefühle bewegen. Während dieser drei Stunden werden maximal zwei Mal 10 Minuten Pause gemacht, doch auch während des Arbeitens gibt es Phasen der Entspannung (Meditation) oder der Stille.

4.3 Konfitag und Konfiwochenende

Konfirmandentage beginnen normalerweise um 10 Uhr und enden gegen 16 Uhr. Das Mittagessen mit anschließender Pause verläuft von ca. 12 - 13,30 Uhr. Diese Zeiten sind keine starren Festlegungen, sondern müssen den eigenen Bedingungen angepasst werden. Das Essen spielt an diesen Tagen eine große Rolle. Die Zubereitung des Mittagessens wird von einigen Elternteilen übernommen. Vor dem Essen werden die Konfirmanden aufgefordert, anonym auf einem Zettel einen Gedanken oder ein Gebet zu formulieren zum Vorlesen vor und nach dem Essen. Eine Jury wählt die beiden besten Texte aus und liest sie vor.

Damit der Gemeinschaftsaspekt bewahrt wird, darf kein Konfirmand sich Essen oder Trinken selber nehmen. Motto des Essens ist: „Wir geben einander und teilen dem anderen aus." Das ist für viele Konfirmanden eine neue Erfahrung, und manche Konfirmanden haben eine Einübung nötig.

Konfitage eignen sich für Themen, die mehr Zeit brauchen, die ganzheitlich (mit Essen) erfahrbar gemacht werden können oder die mit einer Exkursion (zu Ausstellungen oder einer Behindertenanstalt) verbunden werden. Eltern zum Kochen oder für Fahrten sind zu engagieren.

Sinn und Zweck eines Wochenendes mit Konfirmanden (Freitagnachmittag bis Sonntagmittag) außerhalb ist hinreichend bekannt. Beim MÖMO steht allerdings nicht der Freizeitcharakter im Vordergrund, sondern neben dem Gemeinschaftserlebnis die Arbeit an einem bestimmten Thema. Sinnvoll wäre ein Wochenende zu Beginn der Konfirmandenzeit zum Thema Kennenlernen und Gemeinschaft und eines kurz vor der Konfirmation zur Auswertung des Gemeindepraktikums (4.5 und 6.3.2) und zur Vorbereitung der Konfirmation.

4.4 Konfifrühstück

Dass Konfirmanden normalerweise nicht gerade begeistert den Sonntagsgottesdienst besuchen, ist bekannt. Ablauf und Inhalt der meisten regulären Gottesdienste sind eben weder für Jugendliche gedacht noch sonderlich geeignet.

Zwar besteht der Anspruch, dass Gottesdienste ein möglichst breites Spektrum der Gemeinde erreichen sollen. Inwieweit dies tatsächlich realisierbar ist, erscheint fraglich. Hinzu kommt die für die Jugendlichen wenig attraktive Uhrzeit, Musik und der Umstand, dass viele mit den im Gottesdienst praktizierten Ritualen nichts anfangen können. Die hier ablaufenden Traditionen haben für Jugendliche kaum mehr Gültigkeit.

In vielen Gemeinden wird immer noch der sonntägliche Gottesdienstbesuch mit Buch und Stempel/Unterschrift des Pastors überprüft. Beim MÖMO kann es nicht um einen kontrollierten Gottesdienstbesuch dieser Art gehen. Vielmehr handelt es sich um einen adäquaten Teil im Gesamtansatz, um Begleitung und Heranführung Jugendlicher an den christlichen Glauben und seine Ausdrucksform.

Gottesdienst als Ausdruck christlicher Gemeinschaft in einer Kirchengemeinde soll als solcher erlebt werden. Weiterhin ist der Gottesdienst der öffentlichste und markanteste Ort im Gemeindeleben, in dem Glaube definitiv zur Sprache kommt.

Konfirmanden sollen diese zwei Inhalte (Gemeinschaft und öffentliches Bekenntnis / Auseinandersetzung) im Gottesdienst lokalisieren lernen. Dabei sollen sie für sich prüfen können, ob die Form der Gestaltung ihnen entspricht.

Wie kann Jugendlichen etwas nahe gebracht werden, für das sie offensichtlich zunächst wenig Bereitschaft und Offenheit mitbringen? Zwei Ansätze sind hierbei sinnvoll:

Das Konfifrühstück und die Gottesdienstprojekte.

Die Konfirmanden, die den Gottesdienst (freiwillig) besuchen, zünden vor Beginn an der Altarkerze ihre Konfikerze an. So hat jeder Gottesdienstbesucher im Blick, ob Konfirmanden anwesend sind, und das Leitungsteam sieht, ob eine Kerze auch nach einem Vierteljahr noch „jungfräulich" ist. Da auf allen Kerzen der Name (6.1.1) vermerkt ist, werden deren Besitzer auf die Gründe des Fernbleibens angesprochen. Hier geht es dann nicht um moralisierende Ermahnung, sondern um tatsächliches Interesse an der Person und seiner Gründe.

Verpflichtend ist der Besuch der Konfifrühstücke (ca. alle zwei Monate): Jeder Konfirmand bekommt beim Treffen vor dem Frühstück einen Hinweis für das Lebensmittel, das er mitbringen soll. Um 10 Uhr treffen sich im Gemeindehaus einige Konfirmanden, die den Frühstücksraum herrichten. Um 10,30 Uhr besuchen alle den Gottesdienst. Anschließend werden erste Fragen beim gemeinsamen Frühstück geklärt und bis 13 Uhr die anderen Aufgaben gelöst. Eine Konfirmandengruppe besorgt das Abspülen und die sonstigen Aufräumarbeiten.

Ziel der Frühstücke ist nicht nur das Kennenlernen und Verstehen des traditionellen Gottesdienstes, sondern auch die Durchführung eines von den Konfirmanden selbst verantworteten Gottesdienstes (6.1.6), der ebenfalls zu den Pflichtveranstaltungen gehört. Bei der Vorbereitung und Durchführung des eigenen Gottesdienstes „erfahren" die Konfirmanden sehr viel darüber, was es heißt, miteinander Gottesdienst zu feiern. Bei den nächsten Konfifrühstücken sind die Konfirmanden auf diese Erfahrungen ansprechbar.

Ähnliches gilt für die Gottesdienstprojekte. Hiermit ist die freiwillige Beteiligung einzelner oder kleinerer Gruppen von Konfirmanden am regulären Gottesdienst gemeint. Sie sind als Ergänzung der Konfifrühstücke gedacht. Nähere Ausführung zu der Gestaltung findet sich unter 6.4.3.

4.5 Konfipraktikum

Christliche Gemeinde ist mehr ... als etwa die Sonntagsgemeinde. Christliche Gemeinde sind Menschen, die tun was! Wer was tut, das sollen die Konfirmanden mit dem Gemeindepraktikum kennenlernen. Ausgerüstet für die vier Wochen, in denen sie selbstständig Mitarbeiter besuchen, interviewen, deren Arbeit beobachten und die Erkenntnis in irgendeiner Weise zusammenfassen, werden die Konfirmanden an einem Konfiabend (6.1.4).

Zusätzlich zum Kennenlernen von Menschen, denen der Glaube wichtig ist und die aus dem Glauben heraus handeln, machen die Konfirmanden die für sie wichtige Erfahrung, eigenverantwortlich einen Auftrag durchzuführen, der mit Menschen zu tun hat.

Erfreulich, wenn manche Konfirmanden nach ihren Erfahrungen den Wunsch äußern, in einer kirchlichen Gruppe nach der Konfirmation mitzuarbeiten.

4.6 Konfirmation und Konfirmationsabendmahl

Die Konfirmation ist der Höhepunkt der gesamten Konfirmandenarbeit für Eltern und Verwandte und auch für die Konfirmanden und Konfirmandinnen.
Die Konfirmation soll ebenfalls ihren Ausgangspunkt bei den Konfirmanden haben. Sie bereiten diesen Festgottesdienst intensiv vor und kommen in ihm vor. Wichtig ist, die einzelnen Konfirmanden mit ihren besonderen Begabungen (Theaterspiel, Jonglage, Musikinstrumente etc.), aber auch mit ihren einfachen Gaben im Blick zu haben. Die Konfirmation ist ein außerordentliches (und einmaliges) Ereignis. Dies wird nicht nur durch die Einsegnung der Konfirmanden deutlich, sondern auch dadurch, dass sie vor sehr vielen Menschen etwas ihnen „Angemessenes leisten".
Die zentralen Katechismusteile verbinden die Konfirmanden mit der Gemeinde und mit der weltweiten Christenheit. Diese Stücke werden im Gottesdienst an den dazu vorgesehenen Orten zusammen mit der Gemeinde (auswendig) gesprochen: Taufbefehl und Credo vor Konfirmandentaufen, Zehn Gebote im Zentrum des Gottesdienstes (etwa beim Thema Zusammenleben/Gemeinschaft) und das Vaterunser wie üblich. Die Gemeinde „erfährt" dabei auch etwas über sich: Wer von den Hauptstücken, die er selber mitsprechen soll, nicht mehr viel weiß, erkennt, dass sein Konfirmandenunterricht wenig Spuren hinterlassen hat. Die Einsetzungsworte werden – wieder als gesamte Gemeinde – beim Konfirmandenabendmahl gesprochen.
Die Konfirmation beinhaltet zudem einen Beitrag der Leiter, etwa in Form eines Dialoges (Rollenspiel), mit dem die gemeinsam erlebte Zeit noch einmal in ihren Höhen und Tiefen reflektiert wird. Ebenfalls mit eingebunden sind die Eltern, die je nach Begabung und Engagement einen größeren oder kleineren Teil übernehmen.
Der Konfirmationsgottesdienst steht unter einem Motto (z.B. Gemeinschaft). Die Konfirmanden erarbeiten dazu in Kleingruppen Beiträge an einem Wochenende kurz vor der Konfirmation. Die an den einzelnen Konfieinheiten kennengelernten (und ausgeteilten) Lieder werden als „Hitparade verarbeitet": die „Tophits" werden bei der Konfirmation gesungen.
Um den Konfirmationsgottesdienst zu entlasten und gleichzeitig einen Anknüpfungspunkt für ein späteres Wiedersehen zu schaffen, findet das gemeinsame Abendmahl in einem gesonderten Gottesdienst nach der Konfirmation statt (ungefähr nach drei Monaten). Damit wird zudem signalisiert: Mit der Konfirmation ist nicht alles aus! Vor der Konfirmation werden Eltern und Konfirmanden nach deren Bereitschaft zur Mitarbeit gefragt. Das Konfirmandenabendmahl wird im Sonntagsgottesdienst ge-

feiert, der als Thema das Abendmahl selbst hat. Gemeinde, Konfirmierte und Eltern erfahren etwas über das Abendmahl und sprechen, wie erwähnt, die Einsetzungsworte gemeinsam.

4.7 Elternarbeit

Konfirmandeneltern befinden sich in einer Lebensphase, die hemmend ist für religiöse „Betätigungen" und Besinnungszeiten. „Vieles entgeht dem eigenen Blick, weil man sich nur selten auf sich selbst besinnt und auch dann noch vieles unbewusst bleibt ... Besonders auf der Höhe der eigenen Kräfte nehmen einen die Pflichten und Geschäfte so sehr in Anspruch, dass man auf seine inneren Stimmen kaum mehr hört (ebd., S. 11f)."[23] Mit verschiedenen Angeboten sollen diese inneren Stimmen hörbar gemacht werden, und den Eltern wird die Möglichkeit gegeben, sich bestimmte Zeiten zu gönnen.

4.7.1 Informierende Elternarbeit

Eltern müssen Bescheid wissen. Die meisten Eltern interessieren sich (vgl. 2.1.2 und 3.3.2) für die Rahmenbedingungen der Konfirmation. Das ist einerseits verständlich, andererseits wurde oben schon angedeutet, dass der volkskirchlichen Situation entspricht, dass reine Äußerlichkeiten (wer macht Fotos, welche Bekleidung passt ...) im Zentrum stehen. Ein Abend mit Konfirmanden und deren Eltern versucht, dieses Interesse zu befriedigen, geht aber dahingehend über reine Äußerlichkeiten hinaus, dass auch die Mitwirkung der Eltern am Gottesdienst thematisiert wird. Etwas anders verhält es sich mit dem Anmelde- und Informationsabend, bei dem sowohl MÖMO als auch die traditionelle Art der Nachbargemeinde vorgestellt werden: Die Konfirmanden und Eltern müssen sich für etwas entscheiden, das die kommenden zehn Monate beeinflusst.

4.7.2 Seesorgerliche und inhaltliche Elternarbeit

Weder wollen alle Eltern von einem Leiter besucht werden, noch wollen alle an einem Abend sich eine „Auszeit" gönnen und mit Gleichgesinnten ein Thema besprechen. Dem wird dadurch Rechnung getragen, dass mit der Anmeldung und der Verpflichtung (s. 3.4.3) ein zu unterschreibendes Blatt mitgegeben wird. Es enthält verschiedene Ankreuzmöglichkeiten, ob die Eltern einen Besuch wünschen und/oder an einem „Auszeit"-Treffen interessiert sind. Die Treffen finden ca. viermal jährlich statt, wobei die Eltern auch nach der Konfirmation ihrer Kinder weitermachen (können). Die Themen der Abende werden nicht vorgegeben, sondern gemeinsam ausgesucht, ebenso der Termin des jeweiligen nächsten Treffens. Bisher standen vor allem die Beziehungen Eltern – Kinder im Mittelpunkt, auch unter dem Aspekt des Elterngebots, der Umgang miteinander im Allgemeinen, die Beziehung zu Gott in verschiedenen Altersstufen und das Problem des Betens.

4.8 Gottes Wort im Erfahrungshorizont der Konfirmanden

Wer die Entwürfe am Ende des Buches genau studiert, wird feststellen, dass beim MÖMO nie mit einer wie auch immer gearteten „Andacht" begonnen wird. Ausgangspunkt sind die Konfirmanden. Zu Beginn sitzen – wie erwähnt – immer alle im Halbkreis und erzählen einander, wie es jedem geht bzw. (beim Konfiabend) heute tagsüber ergangen ist.

Am Ende jeder Einheit steht das heute Erlebte oder Erfahrene im Licht der christlichen Botschaft. Wiederum soll nicht „etwas über die Konfirmanden kommen". Sie kommen nicht auf kognitive Weise in Berührung mit der Botschaft. Gymnasiale Studien haben hier keinen Platz! Die Konfirmanden werden möglichst selbst mit einbezogen in den Prozess um Gottes Wort. Biblische Geschichten oder Texte werden mit eigenen Erfahrungen in Verbindung gebracht oder richtiggehend „erlebt". Dazu vier Beispiele:

– Am Ende des erlebnisreichen Konfitages „Behindert" (s. Anhang) wird eine neutestamentliche Heilungsgeschichte vorgelesen. Den Konfirmanden braucht nicht erklärt zu werden, welche Befreiung das Sehendmachen eines Blinden oder Hörendmachen eines Stummen bedeutet. Sie haben Begrenztheit erlebt, teilweise erlitten und können die Bedeutung Jesu für glaubende Menschen einschätzen.

– Erlebbar gemacht werden kann beim Thema „Gemeinschaft" das paulinische Wort vom einen Leib mit vielen Gliedern: einer ca. 20-minütigen meditativen Reise durch den eigenen Körper folgt die ruhige Verlesung des Bibeltextes (1 Korinther 12,12-28a, s. Anhang). Diese Art von Bibelarbeit braucht kein zusätzliches Diskutieren und eignet sich hervorragend für einen besinnlichen Abschluss eines Konfiabends.

– Die emotionale Ebene mitsamt der Sensibilisierung für die Lage anderer wird bei der „Besprechung" neutestamentlicher Geschichten mit Hilfe von Eglifiguren erreicht (vgl. Einheit Beten, 6.1.2). Versweise wird ein Gleichnis oder eine Erzählung vorgelesen. Die Konfirmanden verändern die Figuren dahingehend, wie die Menschen in der entsprechenden Geschichte sich wohl fühlen, wie sie anderen begegnen. Die „Diskussion" über das Gehörte erfolgt durch Veränderungen an den Figuren.

- Zum Abschluss des Themas Gewalt (vgl. 6.1.3) wird die Geschichte von Jesus mit der Ehebrecherin (Johannes 8) erzählt, wobei als Unterstützung der TLP und Symbole (Frau – Dreieck; Mann – Rechteck; Jesus – Kreis; Ältestenrat – spitze Dreiecke) gebraucht werden. Es wird bis Vers 8 gelesen. Dabei spielt Musik als Untermalung. Die Konfirmanden sollen nun durch Veränderung der Anordnung der Symbole auf dem TLP eine Lösung des Konflikts darstellen. Am Schluss wird die biblische Geschichte bis zum Ende vorgelesen.

Als Ausnahme der Methode, die biblische Botschaft als Ende einer Einheit und als „Beleuchtung des Erfahrenen" einzubringen, folgendes Beispiel:

Die Mitte der Einheit „Gerechtigkeit, Schuld und Vergebung" bildet eine vollzogene Fußwaschung: Ein gewagtes Unterfangen, denn die Wirkung ist weitaus größer als bei einer nur gehörten Fußwaschung! Die Gruppe sollte sich schon gut kennen, damit sie sich auf diesen Akt auch ernsthaft einlässt.

Das Verständnis des Wortes Gottes wird beim MÖMO nicht auf die kognitive, intellektuelle Ebene eingeengt. Der kognitive Bereich hat seinen Ort in der Predigt.

5. Methoden in der Konfirmandenarbeit bei MÖMO

Im Folgenden wird unterschieden zwischen erlebnisorientiert (5.1.) und gemeinschafts-orientiert (5.2), um diejenigen Methoden, bei denen es gezielt um ein thematisches Erlebnis geht, von denjenigen zu trennen, bei denen die Gruppe und die Gemeinschaft im Vordergrund stehen.

5.1 Erlebnisorientiert

Anhand von Beispielen soll der Charakter dieser Methoden dargestellt werden, um Anregung und Hilfe bei der Erarbeitung eigener Themen zu sein.
Zwei Beispiele folgen: Die Erarbeitungen der Themen Gebet und Gewalt. – Ein kompletter Ablauf der jeweiligen Themenentwürfe findet sich im Anhang:

Erstes Beispiel: Gebet (vgl. 6.1.2)

Jugendliche haben stark verkürzte Vorstellungen vom Gebet: Vor der Klassenarbeit wird noch schnell gebetet. Ansonsten beachten die wenigsten, dass ein Gebet einem Gespräch mit Gott ähnelt, bei dem ich meine Befindlichkeiten, Sorgen und Erfolge darstellen kann.
Reden als Ausdruck meiner Selbst, aber ohne hörbare Antwort, rückt verdächtig in die Nähe von Reden mit sich selbst – Verrücktheit. Dass jenes Reden aber auch befreien kann und Erstaunliches zum Ausdruck bringt, ist selten im Bewusstsein der Jugendlichen. Wie also diese Hemmschwelle überwinden?
Als Arbeitsmittel dienen uns dabei Bilder. Je verrückter und abwechslungsreicher in Auswahl und Ausdruck, um so besser. Die Bilder werden auf einem Tisch verstreut.
Aufgabe jedes Jugendlichen ist es, sich unter den frei zugänglichen Bildern jenes herauszusuchen, welches ihn am meisten anspricht oder ihm an meisten zuspricht.
Ist das entsprechende Bild gefunden worden, legt jeder sein Bild vor sich an seinen Platz (die Jugendlichen *stehen* um ein Viereck aus Tischen herum). Dazu bekommt er einen Zettel und einen Stift, beides wird ebenfalls an den Platz gelegt. Die Anweisung lautet folgendermaßen: „Schau dir das Bild an und schreibe ein Tunwort (Verb) oder Hauptwort (Substantiv), welches dir dazu einfällt, auf den vor dir liegenden Zettel. Danach gehe bitte rechts herum zum nächsten Bild. Nimm nichts mit. Schau dir auch dieses Bild an. Schreib nun auf den davor liegenden Zettel ein Tunwort (Verb) oder Hauptwort (Substantiv). Wichtig ist, dass du dir das Bild und nicht die schon geschriebenen Worte ansiehst. Es macht nichts, wenn dein Wort schon auf dem Zettel steht, du kannst es noch einmal dazuschreiben.

Auf diese Weise entsteht eine Sammlung von Wörtern, die in irgendeiner Weise mit dem Bild und den anwesenden Jugendlichen in Verbindung stehen. Der nächste Schritt besteht darin, aus diesen Wörtern und unter Zuhilfenahme folgender Wörter und Satzzeichen

und / oder / entweder / auch / obwohl / deswegen / für / mit / : / ? ! / , / . / –

einen Text, ein Gedicht oder ein Gebet zu schreiben. Die Jugendlichen bemerken sofort, dass damit keine vollständigen Sätze gebildet werden können. Genau dies ist eines der Ziele. Durch die abgehackte Gestaltungsform bekommt der Aspekt der Betonung und Verknüpfung einzelner Worte eine entscheidende Bedeutung. Nicht mehr die ausgefeilte und wohldurchdachte Formulierung einer Aussage steht im Vordergrund, sondern die gezwungenermaßen notwendige emotionale Darstellungsweise.

Hat jeder Jugendliche seinen „Text" fertiggestellt, liest er (die Reihenfolge wird frei bestimmt und braucht am Anfang viel Ermunterung) seinen Text vor. Dabei zeigt er noch einmal sein Bild. Die anderen Jugendlichen sind aufgefordert zuzuhören. Viele der Jugendlichen sind hinterher überrascht über die Aussagefähigkeit der Texte.

Dadurch, dass jeder mit einem eigenen Anteil am Text der anderen beteiligt ist, besteht auch Interesse an deren Texten. Bei dieser Übung wird die Erfahrung gemacht, dass es weniger auf die geschliffene Wortwahl als auf die Absicht, auf die emotionale Verbindung zu einer Aussage ankommt. Wohldurchdachte Worte besitzen nicht aus sich heraus Inhalt. Ein dahingestammeltes Wort, ein explosiver Schrei oder ein angedeutetes Fragezeichen kann durchaus mehr Inhalt transportieren und vermitteln, zumal das Gefühl mit dem „Gesagten" in Verbindung steht.

Zweites Beispiel: Gewalt (vgl. 6.1.3)

Gewalt ist eine Alltagserfahrung Jugendlicher. Die Ausprägung und Intensität der Gewalt hat zugenommen. Für viele Jugendliche ist Gegengewalt die einzige Reaktion auf Gewalt geworden. Fragt man Jugendliche direkt, ob sie Gewalt anwenden würden und zwar nicht aufgrund einer Gegenwehr, dann wird man nur in seltenen Fällen eine bejahende Antwort erhalten. Die Realität sieht aber, wie wir wissen, anders aus.

Auf diesem Hintergrund lässt sich das jesuanische Gebot der Feindesliebe nur schwer vermitteln. Ausgangsfrage der Einheit ist: Wie kann bei Jugendlichen mehr Sensibilität für ihre eigene Gewaltbereitschaft entwickelt werden?

Zu Beginn werden die Konfirmanden in Kleingruppen eingeteilt, wobei jeder Kleingruppe unbemerkt ein vorab informiertes, freiwilliges Opfer zugeteilt wird. *(Spezielle Informationen zur Auswahl und Handhabung des jugendlichen „Opfers" beim Gesamtplan unbedingt beachten!)* Außer dem „Opfer" kennt niemand der Konfirmanden den weiteren Ablauf bzw. das Thema der Einheit. Die Kleingruppen werden zunächst mit (Gesellschafts-)Spielen beschäftigt und einzeln in einen separaten Raum geführt.

Dort erwartet sie ein Leiter, der der Gruppe eröffnet, dass einer von ihnen (das Opfer) bei der Beschädigung des Gemeindehauses erwischt wurde. Da dies in letzter Zeit häufiger vorgekommen sei, müssten nun Maßnahmen zur Unterbindung solcher Zerstörungswut eingeleitet werden.

Das Opfer muss sich daraufhin auf einen Stuhl an einem Ende des Raumes setzen, während die anderen Konfirmanden am anderen Ende Aufstellung nehmen. Von diesen werden dann noch 2-3 (je nach Gruppengröße) für Kontrollaufgaben (Beobachtung) abgestellt. Die restlichen Konfirmanden („Täter") bekommen die Aufgabe, das Opfer mit nassen Schwämmen (Schwämme und Eimer mit Wasser stehen bereit) als Strafe für die begangene (angebliche) Tat zu bewerfen. Dies geschieht in zehn Vorgängen, wobei nach jedem Vorgang einen Schritt näher an das Opfer herangegangen werden muss.

Die Konfirmanden, die diesen ganzen Prozess beobachten, haben einen Beobachtungsbogen mit einer Ankreuztabelle bekommen, auf dem sie das Verhalten der „Täter" festhalten sollen. Im Folgenden werden keine weiteren Erklärungen seitens des Leiters abgegeben.

Der Versuch wird nur dann eingestellt, wenn die Konfirmanden sich vehement verweigern oder sie alle zehn Vorgänge absolviert haben. Danach wird die Gruppe vom Opfer getrennt und von den anderen Kleingruppen isoliert untergebracht, bis alle Gruppen diesen Prozess durchlaufen haben.

Im Anschluss daran versammeln sich wieder alle Konfirmanden gemeinschaftlich in einem Raum. In dem nun folgenden Prozess in der Gruppe werden die unterschiedlichen Motive und Erlebnisweisen von Opfer, Täter und Beobachter aufgearbeitet. In diesem Gespräch ist es wichtig, darauf zu achten, dass die Täter nicht in eine Außenseiterposition gedrängt werden. Dies verlangt viel Sensibilität der Gruppenleiter.

Anhand dieses konkreten Handlungserlebnisses können auch Themen wie Autoritätshörigkeit, Zwangsverhalten, Vergeltung, Rache etc. und konkrete Alternativen wie z.B. passiver Widerstand erörtert werden. *Wichtig ist die vollständige Aufarbeitung der gelaufenen Handlung*, damit kein Schaden an Einzelnen, der Gruppe oder gegenüber den Gruppenleitern zurückbleibt.

5.2   Gemeinschaftsorientiert

Es folgen zwei Beispiele für gemeinschaftsorientierte Methoden, bei denen besonders die Gruppe bzw. die Kleingruppe miteinander in Kontakt kommen und bleiben.

Der Inhalt dieser Methoden orientiert sich besonders stark an dem Gruppenverhalten. Dabei gilt wie auch schon in Kapitel 5.1, dass es hier nicht um eine vollständige Aufzählung oder Beschreibung aller MÖMO-Methoden geht, sondern um Anregungen und Hilfe bei der Erarbeitung eigener Arbeitsweisen.

Erstes Beispiel: Eine Brücke bauen (vgl. 6.1.4)

Die Konfirmanden werden in Kleingruppen von je 3-4 (max. 5) Personen eingeteilt. Jede Gruppe bekommt vorgegebenes Material (Tonpapier, 1 Schere, 1 Stift, 1 Lineal, 1 Rolle Tesafilm ...) und die Aufgabe, aus diesem innerhalb von 45 Minuten eine Brücke zu bauen. Dabei gelten bei der späteren Bewertung drei Kriterien: 1. Stabilität (Belastbarkeit), 2. Ästhetik (Kreativität), 3. Spannweite.

Die Brücke wird in die Bewertung aufgenommen, wenn sie mindestens 60 cm Abstand überbrücken kann und dabei in der Mitte die Belastung eines quergelegten Lineals aushält. Weitere Baubedingungen sind, dass kein Einzelteil der Brücke länger als 50 cm und breiter als 15 cm sein darf.

Der einsetzende Gruppenprozess bei der Abstimmung der Bauleitung, Bauweise und Gestaltung sowie bei der Klärung der Aufgaben, bedingt durch die Begrenztheit des Materials, stellt das eigentliche Ziel dieser Aufgabe dar.

Die Jugendlichen sind gezwungen, sich in der Gruppe miteinander auseinanderzusetzen, um die Aufgabe zu lösen. Dabei ist es nahezu unumgänglich, eine Aufgabenteilung vorzunehmen. Hier muss also eine Abstimmung untereinander erfolgen, die Führungsqualitäten, Kreativität, Praktikabilität berücksichtigt und die Neigungen und Fähigkeiten der einzelnen Gruppenmitglieder „ausnützt".

Nach Ablauf der Zeit wird durch die Gesamtgruppe eine Wertung nach den genannten Kriterien vorgenommen und ein Sieger gekürt. Wichtig ist, den initiierten Gruppenprozess zu reflektieren, damit die gemachten Erfahrungen von Aufgabenteilung innerhalb einer Gemeinschaft dem bewussten Umgang miteinander zur Verfügung gestellt werden.

Dies geschieht mit Hilfe einiger Karikaturen von W. Küstenmacher. In diesen kommen die verschiedensten Möglichkeiten und Verhaltensweisen innerhalb einer Gemeinschaft, die eine Aufgabe zu bewältigen hat, vor. Gleichzeitig zeigen die Bilder in einer witzigen Form die Konsequenzen der unterschiedlichen Verfahrensweisen auf.

Die Jugendlichen sollen sich und ihre Gruppe anhand der Bilder einschätzen: inwieweit sie kooperiert haben, ob einer alles alleine gemacht hat, alle sich darauf verlassen haben, dass der andere es schon machen wird etc. Danach können sie sich selbst innerhalb des gewählten Bildes einer Person zuordnen und ihr Worte (mittels Sprechblase) in den Mund legen: wie sie sich gefühlt hat, was ihr gefehlt hat, was ihr Spaß gemacht hat usw.

Dieser Gruppenprozess und die anschließende Erarbeitung bilden die Grundlage für die spätere eigenverantwortliche und selbstgestaltete Arbeit in Kleinstgruppen im Gemeindepraktikum. Zum einen sollen damit die Motivation und die Erkenntnis der Notwendigkeit für die Zusammenarbeit erhöht werden. Zum anderen werden Leitwerte bei der Einschätzung des erlebten Kirchengemeindeprofils an die Hand gegeben.

Zweites Beispiel: Planspiel (vgl. 6.2.1)

Das Planspiel gehört zum Thema Schuld. Der vielleicht einigen bekannte Inhalt wurde verändert. Ausgangsfrage ist, wie mit Jugendlichen über Schuld geredet werden und wie die übliche Einstellung nach dem Motto „Ich war's nicht, er war's!" bewusst gemacht werden kann.

Bei einem Planspiel werden die Konfirmanden grundsätzlich in so viele Kleingruppen aufgeteilt, wie es unterschiedliche Handlungspersonen oder Standpunkte zur Lösung des Problems gibt. Die verschiedenen Gruppen dürfen nur schriftlich miteinander kommunizieren und haben neben der eigenen Rollenbeschreibung einige wenige Hinweise zu den anderen Rollen und deren Verknüpfung mit dem Problem. In diesem Fall handelt es sich um unterlassene Hilfeleistung bzw. Mord an einem Bürger aus der Nachbarstadt. Deren Bürger fordern binnen der nächsten 1 $^1/_2$ Stunden die Herausgabe des Schuldigen, andernfalls werden alle Beteiligten bestraft.

Die Lösung des Problems kann nur erfolgen, wenn alle Gruppierungen eine Teilschuld eingestehen. Dem will natürlich jeder entgehen, was logischerweise zu der schon beschriebenen Handlunsgweise führt („ich nicht!").

Die letzten 20 Minuten werden zur Forcierung eines Lösungsansatzes bzw. zur Verdeutlichung der üblichen Mechanismen genutzt. Die Gruppen werden wieder in einen gemeinsamen Raum geholt. Es ist jedoch weiterhin verboten, mit den anderen Gruppen zu kommunizieren. Die einzige Ausnahme bilden die Teilnehmer (aus jeder Gruppe eine/r) am sogenannten Pool, einem Stuhlkreis, in dem es genauso viele Plätze wie Gruppierungen gibt. Jede Gruppe muss einen Vertreter entsenden. Die anderen Vertreter der Gruppe sitzen dahinter und können sich zwar miteinander, nicht jedoch mit ihrem Abgesandten abstimmen. Allerdings besteht die Möglichkeit des Auswechselns der jeweiligen Vertreter. (Wenn ein Mitglied der Gruppe ihm auf die Schulter klopft, darf dieses Mitglied in den Pool.) Durch den Zeitdruck und die nun leichter gewordene Kommunikation entsteht normalerweise eine Gruppensituation, in der nur noch blindlings von sich auf die anderen abgelenkt wird. Eine Lösung des Problems ist mit dieser Verhaltensweise noch weniger möglich. Ein Schuldiger muss ja unter Zustimmung aller genannt werden.

Nach Ablauf der Zeit herrscht im Normalfall entsetzte Stille. Im anschließenden Gespräch und nach Bekanntgabe der „Lösung" wird versucht, die abgelaufenen Prozesse und Verhaltensweisen zu analysieren und entsprechende Alternativen dazu zu entwickeln. Voraussetzung ist das Reflektieren des Miteinanders und der Motivationen zu den unterschiedlichen Verhaltensweisen und Argumentationen, um die eigene Handlung zu verstehen und mögliche Veränderungen zu benennen.

6. Praxisentwürfe der Themeneinheiten

Im folgenden Kapitel werden die einzelnen Arbeitsentwürfe ausführlich vorgestellt. Weiterhin werden auch Verläufe und Entwürfe zur Konfirmation und zum Konfirmandenabendmahl aufgeführt. Zum Schluss finden Sie einen Vorschlag zur Auswertung Ihres Konfirmandenjahres und etliche Planspiele.

Von dem bisher ausgeführten Konzept ausgehend sind die Unterrichtsentwürfe durchaus auch *als Bausteine* in die eigene Konfirmandenarbeit einbaubar – unter Berücksichtigung der eigenen Voraussetzungen (vgl. 2.4).

Die ausführliche Übersicht eines Entwurfes gliedert sich wie folgt:

- Am Anfang stehen kurze Rahmendaten für die gesamte Einheit (Zeitrahmen, benötigte Räumlichkeiten und Gruppenformen).
- Ausführliche Beschreibung der einzelnen Schritte (und ggf. Varianten).
- Nach jedem Schritt werden kurz die Ziele und das benötigte Material aufgeführt.
- Am Schluss der Einheit finden Sie die benötigten Arbeitsblätter, Folienvorlagen, Texte etc. und eine tabellarische Kurzform dieser Einheit, so wie wir sie auch in den einzelnen Veranstaltungen dabei haben.

6.1 Konfiabende

6.1.1 Arbeitseinheit: Wir als Gruppe

Zeitumfang: 3 h
Räumlichkeiten: großer Raum
Gruppen: Plenum

- **Ankommen (20 min)**

Inhalt/Aktion: In der Konfirmandenarbeit geht es in erster Linie um die Konfirmanden. Die Vermittlung der christlichen Botschaft und deren Grundlinien können dies nur verdeutlichen. Zu Beginn einer jeden Einheit soll den Konfirmanden Raum gegeben werden, um sich in die neue Situation hineinzufinden. Die Konfirmandenarbeit bildet kein unberührtes Vakuum im Tagesablauf der Konfirmanden, sondern stellt eine am Anfang neue Form der Beschäftigung mit dem Leben und seiner Gestaltung dar. Deshalb muss der vorangegangene Zeitraum auch einen angemessenen Platz in der Arbeit haben.

Die Konfirmanden sitzen in einem Kreis (Stühle oder Fußboden), so dass jeder jeden gut sehen kann. Der Reihe nach soll nun jeder einen mehr oder weniger kurzen Satz zu sich sagen. Dabei geht es nicht um biografische Dinge, sondern um den momentanen Gefühlszustand bzw. aktuell erlebte Situationen des Tages, die sie noch beschäftigen.

Da diese Art des Interesses an ihnen den meisten neu und ungewohnt erscheinen wird, ist hier zunächst mit Unsicherheit, Zögern, evtl. sogar Widerstand zu rechnen. Deshalb wird beim ersten (evtl. auch noch beim zweiten) Mal mit einem Hilfsmittel gearbeitet – dem MIMÜRFEL. Dies ist ein Würfel, der anstatt Zahlen verschiedene Gesichter auf seinen Seiten trägt.

Für diese ganze Aktion sind einige Regeln wichtig, die der Leiter vorher bekannt geben muss:

• Die Äußerungen müssen nicht der Reihe nach erfolgen.

• Um ein Chaos zu vermeiden, muss jeder und jede selbst darauf achten, wann sie oder er etwas sagen kann, ohne einem anderen ins Wort zu fallen.

• Die Möglichkeit, dies über Melden wie in der Schule zu steuern, fällt aus, da wir zum einen nicht in der Schule sind und zum anderen nicht der Leiter bestimmen will, wann wer etwas sagen will und darf.

Um diese Regel einzuhalten ist der Leiter (gerade in den ersten drei bis vier Einheiten) aufgefordert, wenn nötig darauf hinzuweisen.

Jeder Konfirmand würfelt nun „sein" Gesicht und versucht, zu diesem ein aktuelles Ereignis oder eine Verfassungslage zu äußern. Das kann z.B. so klingen: (lachendes Gesicht) „Ich habe mich heute über meine Mathe 3 gefreut." Oder: (ärgerliches Gesicht) „Ich ärgere mich gerade über gar nichts."

Wichtig ist, dass niemand (weder Konfirmanden noch Leiter) die Aussagen in Frage stellen oder sogar werten. Es geht hier nicht um therapeutische Effekte! Tauchen Gesichter auf, zu denen der Konfirmand gerade gar nichts sagen kann (z.B. Staunen), dann kann entweder nochmals gewürfelt oder eben dieses zum Ausdruck gebracht werden (s. ärgerliches Gesicht). Der Leiter hat neben der Schutzfunktion darauf zu achten, dass jeder etwas sagt. Allerdings sei vor zwanghaftem Abpressen gewarnt. Wenn der Widerstand zu groß ist, sollte man lieber Geduld haben als mit Macht etwas durchzusetzen. Vielleicht gelingt es in so einer Situation, den Konfirmanden zu dem Satz zu bewegen: „Ich will jetzt nichts sagen."

Wichtig ist zudem, dass der Leiter darauf achtet, dass nicht Sätze fallen wie: „Ich schließe mich meinem Vordermann/frau an." Hier sollte dann schon der Hinweis gegeben werden, dass jeder seine ganz eigene Ausdrucksweise hat und die für alle wichtig und interessant ist.

Als Variante zum Würfel ist es auch möglich, Smilies (Mondgesichter) mit verschiedenem Ausdruck (z.B. ☺ ☺ ☹) in ausreichender Menge zu kopieren und ausgeschnitten in die Mitte zu legen. Jeder Konfirmand kann sich dann dort sein entsprechendes Gesicht heraussuchen und dazu etwas sagen.

Im Anschluss an diese Runde kann ein gemeinsames Lied gesungen werden.

Z.B. „Du bist da, wo Menschen ..." oder „Ein Schiff, das sich Gemeinde nennt".
Ziele: Sensibilisierung für den persönlichen Beitrag im Zusammenhang mit Reden und Zuhören. Erfahren von Selbstwert, indem der Beitrag durch Zuhören und Abwarten Respekt erfährt.
Material: Kassette, Recorder, Liedblätter, evtl. Gitarre, Mimürfel, evtl. Smilies

• **Namensschilder / Kennenlernen (45 min)**
Inhalt/Aktion: Viele Konfirmanden kennen sich untereinander, aber eben nicht alle. Um als Gruppe zusammenwachsen zu können, ist es wichtig zu wissen, wer dazugehört.

Die einfachste und schnellste Methode für Namensschilder ist die des Allzweckbandes „Tesakrepp". Mit einem Edding wird der Name daraufgeschrieben und fertig. Schöner ist es, wenn die Konfirmanden ihren Namen mit Moosgummis gestalten können.

Dies braucht zwar länger, ist aber schon der erste Schritt miteinander auszukommen, wenn z.B. nicht für jeden gleich eine Schere da, von der einen oder anderen Farbe nicht unendlich viel vorhanden ist, die Heißklebepistolen nicht immer frei sind.

Außerdem macht es Spaß, und jeder kann sich präsentieren. Wichtig ist hinterher auch, ein wenig Zeit zum Betrachten zu lassen.

Als Nächstes sollen die Konfirmanden sich die Namen ja zumindest in ersten Anfängen (wie die Leiter auch) einprägen. Dazu gibt es u.a. folgende Spiele:
• Aufstellen nach: Größe, Geburtstag, Schuhgröße, Namen-Alphabet
• Berühmte Leute: Die Gruppe wird in zwei Gruppen geteilt. Jeder denkt sich eine bekannte Person aus, *die er mag.* Nun beginnt einer aus der ersten Gruppe und beschreibt diese Person. Sollte diese Person von der anderen Gruppe innerhalb von 2 min geraten werden, wechselt der „Erzähler" die Gruppe.
• Eigenschaften raten: Jeder schreibt 4-5 Eigenschaften von sich auf einen Zettel. Nun werden die Zettel eingesammelt und gemischt. Der Leiter liest nun einen Zettel nach dem anderen vor. Wer jemanden errät (Namen sagen!), bekommt einen Punkt. (Kann auch als Gruppenbildungsspiel genommen werden.) Variante: Jeder schreibt 4-5 Eigenschaften von sich auf, eine davon soll grundsätzlich falsch sein. Nun liest jeder seinen eigenen Zettel vor. Die Gruppe muss raten, welche der Eigenschaften nicht stimmt.
• Unterschriften sammeln: Jeder bekommt verdeckt ein Blatt Papier, auf dessen Rückseite 10 Behauptungen aufgeschrieben sind. Alle drehen gleichzeitig das Blatt um. Die Aufgabe lautet: Versuche für jede Behauptung eine Unterschrift von jemandem zu bekommen, auf den diese Behauptung wirklich zutrifft. Wer als erster fertig ist, stoppt das ganze Chaos. Nun werden die Behauptungen einzeln vorgelesen und verglichen bzw. nachgefragt.

Ziele: Kennenlernen der Namen und Personen, Lockerung der Gemütslage, erstes Gruppengefühl schaffen.

Material: Moosgummi in verschiedenen Farben und Formen, Heißklebepistolen, Heißklebepatronen, Verlängerungsschnüre, Unterlagen, Scheren, Eddings, Folienstifte, Anstecknadeln, leere Blätter, Unterschriftenbogen

* **Pause (10 min)**

* **Befürchtungen / Erwartungen (30 min)**

Inhalt/Aktion: Wie schon oben geschildert, bewegt sich die Konfirmandenarbeit nicht im luftleeren Raum. Wer zum „Konfa" geht, hat bestimmte Erwartungen, aber auch Befürchtungen. Damit ein partnerschaftliches Verhältnis wachsen kann, müssen beide Einstellungen auch formuliert werden.

* *Erwartungen:* Jeder Konfirmand bekommt das Arbeitsblatt „Meine Erwartungen an den Konfa!" (siehe Anlage). Die verschiedenen Sätze sollen eine Hilfe und Anregung sein. Emotionen gehen häufig mit körperlichen Empfindungen einher. Dies erleichtert den Konfirmanden, ihren Gefühlen und Gedanken Ausdruck zu geben.

    Diese Erwartungen werden dann entweder aufgehängt (Zeit zum Betrachten lassen) oder vom Leiter eingesammelt und dann später ausgewertet. Das Ergebnis wird dann beim nächsten Mal bekanntgegeben.

* *Befürchtungen:* Diese Informationen werden ebenfalls entsprechend den vier Gebieten (1. Langeweile, 2. Lernen, 3. Leiter, 4. Gruppe – s. Anhang) in vier Schubladen „weggesteckt". Nachdem jeder seine Befürchtungen aufgeschrieben und „verpackt" hat, werden die Schubladen vom Leiter übernommen. Die Auswertung erfolgt wieder später. In jedem Fall sollte die ganze Gruppe über das Ergebnis informiert werden.

* Im Anschluss daran kann (wer mag) noch eine, auf längerfristige Perspektive angelegte Aktion durchgeführt werden, das „Briefe schreiben". Jeder Konfirmand bekommt einen schon in Anfängen vorformulierten Brief (s. Anlage), den er beenden soll. Diesen verschließt er in einem Umschlag und schreibt seinen Namen und Adresse darauf. Der Leiter sammelt diese Briefe ein. Rechtzeitig zur letzten Konfirmandeneinheit wird dieser dann mit der Post geschickt und kann so zum Rückblick und zur Auswertung genutzt werden. In der momentanen Situation bietet er dem Konfirmanden eine Möglichkeit, seine Gedanken unbeeinflusst loswerden zu können.

    Wichtig ist, dass man den Sinn und Zweck des Briefes vorher bekannt gibt, sonst kann diese Aktion zu Verwirrung und Enttäuschung führen.

Ziele: Aufnehmen und Ernstnehmen der Konfirmanden, Vertrauen schaffen, durch den Austausch Gruppengefühl entwickeln helfen, eigenständige Arbeitsweisen

initiieren und fördern, Verantwortungsgefühl fördern, bewusste Auseinandersetzung mit dem kommenden Jahr und der Konfirmandenarbeit.
Material: Arbeitsblatt „Was erwarte ich von der Konfirmandenarbeit?", Arbeitsblatt „Meine Befürchtungen!" (zerschnitten), 4 Pappschubladen, Arbeitsblatt „Das erste Mal!"

* **„Konfi-Kerzen" herstellen (45 min)**
Inhalt/Aktion: Der Gottesdienst ist ein Ort, wo sich Christen versammeln, um sich ihrer Gemeinschaft untereinander und auch mit Gott bewusst zu werden. Auch die Konfirmanden sollen den Gottesdienst besuchen. Damit ein gewisser Anreiz entsteht, wird mit den Konfirmanden ihre eigene Gottesdienstkerze gestaltet. Diese steht dann später im Gottesdienstraum.

Die Konfirmanden signalisieren ihre Gottesdienstteilnahme durch Entzünden ihrer Konfikerze an der Altarkerze vor dem Gottesdienst. Auch für die Gemeinde ist es förderlich, wenn sie von den Konfirmanden etwas anderes mitbekommt als nur das sicher auch vorkommende „Gequassel".

Darüberhinaus stellt die Kerze eine Möglichkeit dar, Konfirmanden, die nun gar nicht erscheinen wollen, einmal nach ihrer Kerze zu fragen. Wenn diese noch ganz „jungfräulich" dasteht, reicht dieser Wink meist schon aus, um an getroffene „Vereinbarungen" zu erinnern.

Für die Konfirmanden ist es ein Zeichen, dass sie im Gottesdienst nicht an letzter Stelle stehen, sondern wichtig sind – den Gottesdienst „mitgestalten". Eine stärkere Einbeziehung geschieht dann ja in den Konfirmandenfrühstücken, den Gottesdienstprojekten und in dem selbst gestalteten Gottesdienst.

* Die Konfirmanden erstellen eine Kerze (Ø ca. 5 cm, Höhe ca. 12-15 cm). Im ersten Arbeitsgang wird diese in Glasmal- oder Keramikfarben getaucht (dabei drehen). Von jeder einzelnen Farbe werden einige Tropfen in eine mit Wasser gefüllte Konservendose gegeben. Durch die Drehbewegung beim Eintauchen entstehen Schlieren und schöne Muster. Jetzt wird die Farbe trocknen gelassen. (Auf saugfähige, feste Unterlage stellen.)
* Über eine TLP-Folie werden verschiedene christliche Symbole und ihre Bedeutung vorgestellt. Jeder Konfirmand darf sich das für ihn Passende heraussuchen und auf Kerzenverzierwachs übertragen. Weiterhin muss er aus diesem Wachs seinen Namen und sein Taufdatum (oder wenn er noch nicht getauft ist, sein Konfirmationsdatum) gestalten und auf der Kerze anbringen.

Ziele: Kennenlernen christlicher Symbole als Zeichen von gemeinschaftlicher Deutung, Erinnerung an die Zugehörigkeit zur Gemeinschaft der Christen durch die Taufe, Einbeziehung in die Gottesdienstgestaltung, Zusammenarbeit, Kreativität
Material: Kerzen, Glasmal- oder Keramikfarben, Konservendosen, saugfähige Unterlagen, Cutter (Vorsicht: Verletzungsgefahr!), Schneidunterlagen, Papier, Stifte

- **Pause (10 min)**

- **Regeln und Formalia (15 min)**

Inhalt/Aktion: An dieser Stelle wird sich schon zum abschließenden Teil zusammen in den Sitzkreis gesetzt. Bevor jedoch die Schlussrunde eingeläutet wird, sind noch einige organisatorische Dinge zu klären:
- Geld für die Bibel, die Kerze und den Ordner einsammeln
- Hinweis, dass ausgeteilte Kopien, insbesondere die der Lieder, noch für die Konfirmation wichtig sind und deshalb in den Ordner gehören. Aus den gesammelten Liedern wird dann eine Hitparade für den Gottesdienst zusammengestellt.
- Austeilen des Vaterunsers mit Hinweis auf die Handhabung bezüglich des Auswendiglernens und Abfragens
- Hinweis auf den Besuch des Gottesdienstes. Die Kerzen werden von den Leitern im Gottesdienstraum aufgestellt.

Zum Schluss kann nochmals das Lied vom Beginn gesungen werden.

Ziele: Klärung von Verhaltensregeln und „Pflichten", Klärung der Verwendung von langfristig angelegten Arbeiten (Lieder)

Material: Namensliste, Vaterunser-Kopien, Bibel, Ordner, evtl. Wechselgeld

- **Schlussrunde (20 min)**

Inhalt/Aktion: Da alle schon im Kreis zusammensitzen, kann es, sobald wieder Ruhe eingekehrt ist, mit dem Rückblick losgehen. Dabei könnten folgende Fragestellungen den Konfirmanden eine Hilfe sein:
- Was nimmst du vom heutigen ersten Konfirmandenabend mit nach Hause?
- Wie geht es dir jetzt?

Ziele: Einübung des miteinander Sprechens und einander Zuhörens, Öffnung für die Gruppe, Vertrauen, Aufbau eines partnerschaftlichen Verhältnisses

Material: Keines

MEINE ERWARTUNGEN
AN DIE KONFIRMANDENARBEIT!

WAS MIR NICHT AUS DEM
KOPF GEHT:

WORAUF ICH MIT SCHARFEM
BLICK ACHTEN WILL:

WAS MIR AUF DER
ZUNGE LIEGT:

DAS WILL ICH
HIER ANPACKEN:

WOBEI ES MIR
GANZ KRIBBELIG
IM BAUCH WIRD:

DABEI KRIEGE ICH GANZ
WEICHE KNIE:

DAS BRINGT MICH IN SCHWUNG / BEWEGUNG:

DAS ERSTE MAL KONFIRMANDENARBEIT

Liebe/r ....

Heute hatte ich das erste Mal Konfirmandenarbeit. Irgendwie ist es schon komisch. Du kannst Dir das vielleicht gar nicht vorstellen, aber man lernt hier was und doch ist es nicht wie Schule. Auf dem Weg hierher hatte ich richtig Schmetterlinge im Bauch, so'n richtiges Kribbeln. Ich wusste ja nicht, was mich hier erwartet. Also habe ich mir so meine eigenen Gedanken darüber gemacht, wie ich gerne Konfirmandenarbeit hätte. Damit Du weißt, was ich meine, habe ich Dir meine Gedanken aufgeschrieben.

Natürlich habe ich mich auch gefragt, warum mache ich das überhaupt? Es hat ja nicht nur Vorteile – Geld und so. Ich kann z.b. momentan nicht mehr regelmäßig ins Fußballtraining. Wenn Konfa ist, muss das Training halt ausfallen, das stinkt Dir am Anfang ganz schön. Also warum mache ich das? Weil's fast alle von meiner Schule machen, oder meine Oma sich freut und meine Eltern auch drängen? Ich weiß nicht. Manchmal denke ich, da gibt's auch noch was anderes. Am besten, ich schreib's Dir mal auf, damit Du's auch verstehst.

Naja, und dann denke ich auch immer daran, was vielleicht richtig besch... laufen könnte. Also, dass alles ganz glatt läuft, habe ich noch nicht erlebt. Jedenfalls mache ich mir auch so meine Gedanken darüber. Vielleicht hast Du ja einen echt strengen Pfarrer oder sonst einen Leiter. Vielleicht bin ich auch nur mit Idioten in der Gruppe. Klar, die meisten kenn' ich, aber eben nicht alle. Und dann muss man da vielleicht auch noch richtig was lernen, wie in der Schule. Du merkst vielleicht, wie mir der Kopf schwirrt. Deshalb muss ich Dir mal meine ganzen Befürchtungen aufschreiben. Dann geht's mir bestimmt besser.

BEHAUPTUNGEN – WAS IST WAHR?

1. Mathematik ist dein Lieblingsfach in der Schule!

   Unterschrift: ....

2. Ich bin schon mal von einem 5 Meter Brett im Schwimmbad gesprungen!

   Unterschrift: ....

3. Ich mag keine Computer!

   Unterschrift: ....

4. Ich habe schon mal nach Amerika telefoniert!

   Unterschrift: ....

5. Ich habe schon mal bei einer Klassenarbeit geschummelt!

   Unterschrift: ....

6. Ich lese gerne Bücher!

   Unterschrift: ....

7. Ich habe mir schon mal die Haare gefärbt!

   Unterschrift: ....

8. Ich mag Mädchen mit blonden Haaren!

   Unterschrift: ....

9. Meine Lieblingsfarbe ist Grün!

   Unterschrift: ....

10. Ich höre auch gern klassische Musik!

    Unterschrift: ....

Arbeitseinheit zum Thema:
Das erste Mal – Konfirmandenarbeit

Zeit	Inhalt	Aktion	Material
20'	Ankommen: Wie geht es mir jetzt gerade? Kennenlernen der ersten Begegnung	Sitzkreis: Begrüßung und Austausch mit Hilfe von MIMÜRFEL oder Smilies. Anschließend ein Lied singen: Ein Schiff, das ...	MIMÜRFEL, Smilies, Recorder, Kassette, evtl. Gitarre, Liedblätter
45'	Kennenlernen, Namenlernen und Namensschilder basteln. Sich näher kommen.	Namensschilder aus Moosgummi basteln Spiele: Aufstellen nach • Größe • Schuhgröße • Geb.Tag • Gewicht ... Spiel: Das kann ich unterschreiben! Spiel: Welche Eigenschaft ist wahr? Spiel: Berühmte Leute – wer mag wen?	Moosgummi, Heißklebepistolen, Scheren, Stifte, Anstecknadeln, AB-Behauptungen Leere Zettel DIN A 5
10'	**Pause**		
30'	Erwartungen und Befürchtungen zur Konfirmandenarbeit der Konfis sollen aufgegriffen werden.	Erwartungen: Jeder bekommt ein Blatt mit verschiedenen den Körper betreffenden Metaphern. Die Konfis sollen Erwartungen aufschreiben, die vielleicht dieses Körpergefühl auslösen. Befürchtungen: Jeder schreibt seine Befürchtungen zu bestimmten Inhalten auf den	AB-Erwartungen, Befürchtungszettel zu Leiter, Gruppe, Lernen, Langeweile, Schubladenkästen, AB-Das erste Mal

Zeit	Inhalt	Aktion	Material
		entsprechenden Zettel und steckt ihn in die dazugehörende Schublade. „Zukunftsbrief": Jeder schreibt einen Brief an sich selbst mit seinen Erwartungen, Warum Konfi, Befürchtungen	
30'	Gestaltung einer eigenen Kerze, die bei jedem Gottesdienstbesuch angezündet werden soll. Auf dieser Kerze sind Name und Taufdatum, da Konfirmation nachgeholter Taufunterricht ist, und ein christliches Symbol.	Jeder soll seine Kerze mit seinem Namen und seinem Taufdatum versehen. Dazu muss er aus Verzierwachs die entsprechenden Buchstaben und Zahlen ausschneiden. Es kann auch ein christliches Symbol zur Verzierung aufgetragen werden. Die Kerze wird vorher in einem Tauchbad mit Keramikfarben verziert.	Taufdaten-Folie, Symbolfolie, Messer, Scheren, Stifte, Verzierwachs, Kerzen, Konservendosen, Keramikfarben, Unterlagen
10'	**Pause**		
15'	Formalia	Einsammeln des Geldbetrages für Kerze, Bibel und Ordner. (Bibel und Ordner austeilen.) Hinweise auf Veranstaltungen etc., evtl. kann noch das Lied vom Beginn gesungen werden.	Bibel, Ordner, Veranstaltungstips, evtl. Wechselgeld, Liederblätter, Recorder, Kassette, evtl. Gitarre
20'	Schlussrunde: Reflexion des Tages	Sitzkreis: Auswertungsrunde, wenn's geht, schon ohne MIMÜRFEL. Folgende Fragen sind dabei wichtig: • Was nimmst du heute Abend mit nach Haus? • Wie geht es dir jetzt?	evtl. MIMÜRFEL

6.1.2 Arbeitseinheit: Gebet

Zeitumfang: 3 h
Räumlichkeiten: großer Raum
Gruppen: Einzelarbeit, Plenum

- **Ankommen (15 min)**
Inhalt/Aktion: Den Konfirmanden soll Raum gegeben werden, sich auf die Gruppe und die gemeinsame Zeit einzustellen.
Alle sitzen im Kreis auf dem Fussboden. In einer kurzen Runde soll jeder und jede einen kurzen Satz zu seiner momentanen Befindlichkeit mitteilen. Wichtig ist dabei, dass die Konfirmanden frei sprechen, d.h. ohne Meldung. Sie sollen ein Gespür für ein „wann kann ich mich einbringen" entwickeln, verbunden mit gleichzeitigem Hören auf die anderen.
Im Anschluss daran wird das Lied „Ich werfe meine Fragen hinüber" gesungen.
Ziele: Sensibilisierung für den persönlichen Beitrag im Zusammenhang mit Reden und Zuhören. Erfahrung von Selbstwert, indem der Beitrag durch Zuhören und Abwarten Respekt erfährt.
Material: Kassette und Recorder oder Gitarre, Liedblätter

- **Freie Assoziation (45 min)**
Inhalt/Aktion: Etwas mitteilen von sich, bedeutet immer ein „sich Aussetzen" dem Verständnis der anderen gegenüber. Aus Angst davor, sich lächerlich oder unbeliebt zu machen, unterbleiben häufig solche für die Entwicklung (auch die Glaubensentwicklung) nötigen Prozesse des Mitteilens und Zuhörens von Persönlichem.
  - Auf mehreren Tischen sind Bilder (Fotos, Zeitungsbilder) ausgebreitet. Jede/r Konfirmand/in sucht sich nun eines heraus und zwar unter dem Kriterium: *Welches entspricht meiner momentanen Gefühlslage/Situation?*
  - Alle überzähligen Bilder werden nun zur Seite gelegt. Jeder Konfirmand stellt sich an einen Platz an dem Tisch (Stühle gibt es nicht). Das Bild legt er/sie vor sich ab, dort liegen auch ein Zettel und ein Stift.
  Die Aufgabe lautet nun:
  Schreibe ein Hauptwort oder Adjektiv, welches für dich zu diesem Bild passt, auf den Zettel. Danach gehe ein Bild weiter.
  - Dieser Vorgang wiederholt sich solange, bis der/die Konfirmand/in wieder vor seinem eigenen Bild steht.
  - Als nächster Schritt soll in Einzelarbeit aus diesen verschiedenen Wörtern ein Text/Gebet entstehen. Dafür darf der/die Konfirmand/in weitere Wörter in beliebiger Reihenfolge und Anzahl hinzufügen.
  Die Aufgabe lautet:

*Schreibe einen Text/Gebet zu deinem Bild unter der Verwendung der Wörter auf
dem Zettel vor Dir und mit Hilfe folgender Wörter: UND, ODER, SOWOHL
ALS AUCH, ENTWEDER, IM, DESWEGEN, ÜBER, FÜR, ABER und allen
SATZZEICHEN. Diese Zusatzwörter/Zeichen darfst du einfügen, sooft du willst.*
Während dieser Gestaltungsphase läuft leise meditative Instrumentalmusik im
Hintergrund.

- Haben alle Konfirmanden ihren Text fertig, werden diese in loser Reihenfolge
von den Verfassern vorgelesen. Dabei zeigt der jeweilige Verfasser vorher nochmals sein Bild. Die Texte werden dabei ohne Kommentar durch andere gelesen
und stehen gelassen.

Manche Verfasser müssen ermuntert werden, andere brauchen eher Hilfestellung bei Betonung und Aussprache (Pausen).

Ziele: Abbau der Hemmungen, mit Texten und Wörtern zu spielen. Durch die bewusst
abgehackte, unsaubere Textform soll deutlich werden, dass sich tiefe Aussagen
auch ohne „schriftstellerische" Fähigkeiten machen lassen. Ein geflüstertes, ge-
schrieenes oder gedehntes Wort kann mehr Eindruck hinterlassen als zehn wohl-
formulierte Sätze. Hier wird auch Vertrauen in die eigenen Aussagen und deren
Bedeutung geübt.

Material: Bilder aus Zeitschriften etc. Fotos, Zettel, Stifte, Instrumentalmusik, Kassettenrecorder, Liste mit Zusatzwörtern

- **Pause (10 min)**

- **Symbolmeditation (15 min)**

Inhalt/Aktion: Hände(Stellungen) sind ein Symbol, ein körperlicher Ausdruck für
das Gebet. In allen Religionen gibt es gewisse Handstellungen als Ausdrucks-
form/Geste für das Gebet. Im Judentum wird in den zum Himmel geöffneten Armen und Händen die Erwartung und Bereitschaft zum Empfang des Segens Gottes
symbolisiert. Die Gebetsbewegungen des Islam spiegeln in der seitlichen Perspektive den Namen Gottes (Allah) wider.

Im Christentum, wie im Islam auch, ist das Gebet (die Gebetshaltung) ein Ausdruck der Demut, eine Anerkennung Gottes als dem Höchsten. Gleichzeitig soll
sie eine Selbstbesinnung sein, sozusagen eine innere Ansicht.

Die Konfirmanden verteilen sich im Raum. Zwischen den Konfirmanden sollte
soviel Platz sein, dass jeder seine Hände ausstrecken kann, ohne seine Nachbarn
zu berühren (evtl. versetzt sitzen).

- Die Anweisung an die Konfirmanden lautet:
*Schließe bitte die Augen, damit du dich besser auf die Meditation und die Be-
wegungen konzentrieren kannst.*
(Niemand sollte gezwungen werden.)

- Die Meditation berührt folgende Bereiche: Wärme, Kraft, Töne, Bewegung, Sensibilität, Handstellungen des Betens (s. Erklärungen oben). Es sollte immer genug Zeit zum Spüren sein. Dies könnte z.b. folgendermaßen ablaufen: ... Nimm jetzt deine Hände aus der ruhenden Position und führe langsam die Handflächen ganz nahe zusammen (oder ganz nahe an die Wange etc.). Achte darauf, wann du die Wärme deiner Hände bewusst wahrnimmst ... Pause ... Balle einmal deine Hand zu einer Faust und versuche alle deine Kraft in ihr zu konzentrieren ... Entspanne deine Hände ganz langsam wieder ... Versuche den Unterschied zu spüren ... etc.

Im Hintergrund läuft leise Instrumentalmusik.

Ziele: Sensibilisierung für körperliche Ausdrucksweisen, Förderung von Achtung und Würde gegenüber anderen Religionen, Handlungen und Ausdrucksformen. Vertrauen in die Gruppe. Evtl. Entdecken eigener (Hand)Haltungen für innere Sammlung und Ruhe.

Material: Kassettenrecorder, Instrumentalmusik

- **Vaterunser Rollendialog (15 min)**

Inhalt/Aktion: Der Dialog zwischen einem Beter des Vaterunsers und dem Angesprochenen (Gott) soll auf die Frage hinführen: Wollen wir eine Antwort, wenn wir beten? Erwarten wir sie überhaupt? Speziell die Problematik von auswendig gelernten Gebeten wird hier aufgegriffen.

- Die Rollen (siehe Arbeitsblatt Rollenspiel) werden zwischen den Mitarbeitern des Teams aufgeteilt. Beim Lesen sollte sich ruhig Zeit gelassen und auch auf die emotionale Betonung geachtet werden. Ein besonderes Erlebnis ist es für die Konfirmanden, wenn die „Darsteller" ihren Text auswendig können. Damit bekommt das Spiel nochmals eine größere Brisanz und Wirkung.

Ziele: Sensibilisierung für die eigene Einstellung gegenüber „Dahingesagtem". Förderung von Differenzierung auch dem eigenen Verhalten gegenüber. Hinführung zur nächsten Phase.

Material: Rollentext

- **Warum bete ich? (30 min)**

Inhalt/Aktion: Unsicherheit entsteht auch dadurch, dass der/die einzelne (Konfirmand/in) meint, als Einziger zu beten, zumindest „ab und zu" oder in „Notsituationen" wie Klassenarbeiten. Dass dem nicht so ist und der Grund für ein Gebet, eine Ansprache an Gott, sehr vielfältig sein kann und nicht nur bei dem obligatorischen Danke oder Bitte endet, ist vielen nicht bewusst.

Mit Hilfe der Guddy-Methode (Die Guddys sind eine kirchliche Gruppierung aus den USA, die mit alkoholkranken Menschen arbeitet. Die Methode wurde von ihnen entwickelt und findet dort in ähnlicher Form Anwendung.) wird eine anonyme Transparenz über tatsächliche oder mögliche Gründe und Einstellungen für Gebete geschaffen.

- Jede/r Konfirmand/in erhält ein Arbeitsblatt „Warum ich bete, beten würde" und zwei zufällig ausgesuchte Gründe (Etikettaufkleber), die er auf sein Arbeitsblatt aufklebt. Einen dritten Grund soll er sich selbst ausdenken.
- Vor und hinter dem „Grund" befindet sich jeweils ein freier Ankreuzkasten. Dort soll nun die eigene Meinung, ob dies für ihn ein Grund zum Gebet sei, abgegeben werden. Dazu stehen drei Antwortmöglichkeiten zur Verfügung (Haken = Zustimmung, Wellenlinie = Vielleicht, Querstrich = Nein). Im ersten Durchgang wird die Antwort in den freien Kasten *vor* dem Grund eingetragen.
- Danach werden die Blätter eingesammelt und willkürlich gemischt wieder ausgeteilt. (Jeder sollte ein fremdes Blatt bekommen.) Nun ist ein zweites Mal die eigene Meinung (nach dem gleichen Schema) gefragt. Diese wird in den Kasten *hinter* dem Grund eingetragen.
- In einer Auswertungsrunde liest jeder seinen Text vor, und zwar nach folgendem Muster:
  Der Grund lautet ... – Mein Vorgänger war der Meinung, dass dies für ihn ein / kein / vielleicht ein Grund zum Beten war. Ich habe folgende Meinung zu diesem Grund ..., weil ...
  Diese Runde erfolgt kommentarlos von Seiten des Leitungsteams wie von den Konfirmanden.

Ziele: Wahrnehmung, Toleranz, Akzeptanz von Beweggründen für das Gebet, auch im Unterschied zu anderen. Erleben von Gemeinsamkeiten bei und in dem Bedürfnis zu beten. Öffnung für die eigene Einstellung, wofür gebetet werden kann.
Material: Gebets-Gründe auf Klebeetiketten (auf ausreichende Anzahl achten), Arbeitsblatt „Warum bete ich?", Stifte.

- **Variante zu „Vaterunser Dialog" und „Warum bete ich?" (50 min)**
Inhalt/Aktion: Eine andere Form, um mit Konfirmanden über ihre Gründe und Inhalte des Gebets ins Gespräch zu kommen, ist die der Comik-Methode.
  - Jede/r Konfirmand/in sucht sich ein Bild mit einer Person oder Situation aus, die ihn gerade persönlich am meisten anspricht. In eine Sprechblase (Kopie) wird ein kurzer Text/Gebet formuliert, den/das diese Person wohl gerade in ihrer Situation beten würde. Wenn alle ihren Text formuliert haben, werden diese der Gruppe mitgeteilt. *(15 min)*
  - Jede/r Konfirmand/in bekommt zwei Smilies, je ein lachendes und ein zorniges Gesicht. Dabei lautet die Aufgabe, entsprechend der Gesichter (Dank – Bitte) Gebete zu formulieren, die für einen selbst zutreffen. „Schwächere" Konfirmanden haben hier die Möglichkeit, ihre Worte in Bildern auszudrücken. Die

Smilies werden dann wieder eingesammelt und gemischt auf dem Boden verteilt.

Zunächst sollen alle Konfirmanden Zeit haben, die einzelnen Gebete zu lesen bzw. betrachten zu können. In einem lockeren Kreisgespräch können dann Gründe oder Assoziationen dafür gesucht werden, warum einzelne Bitten oder Dank häufiger vorkommen. *(20 min)*

- Die Kreisform des letzten Gesprächs wird nun weitergenutzt, um Gebet nicht nur als intellektuelle Leistung zu erfassen, sondern ganzheitlich, d.h. auch körperlich. Beten beginnt nicht erst mit dem gesprochenen oder gedachten Wort, sondern schon mit der „Vorbereitung" (Auseinandersetzung) darauf.

  Dazu stehen in der Mitte zwei (evtl. drei) Eglifiguren. Als Nächstes wird der folgende Textimpuls aus der Bibel vorgelesen: Lukas 18,10-14. Nach jedem Vers wird mit den Eglifiguren die Situation bzw. Körperhaltung des Textes nachempfunden.

  Impulsfragen:

  Lukas 18,10: *Wie gehen die beiden wohl zum Gebet?*

  Lukas 18,11-13: *Welche Haltungen nimmt wohl jeder Einzelne ein?*

  Lukas 18,14: *Was wird Jesus wohl zu den beiden sagen? Welche Gebetshaltung würde er einnehmen? (15 min)*

Ziele: Erkennen und Annehmen von Gebetssituationen, Entwickeln eigener Gebete und Austausch darüber, Sensibilisieren für den Zusammenhang zwischen Körper und Geist, Fördern von Ausdrucksfähigkeit

Material: Fotos oder Zeitungsbilder von Personen(gruppen) und Situationen, Sprechblasen, Stifte, Smilies, Eglifiguren, Bibeltext, evtl. Gebetsvorschläge

- **Pause (10 min)**

- **Psalmengebet (45 min)**

Inhalt/Aktion: Psalmen stehen meistens bei den Konfirmanden nicht unbedingt hoch im Kurs. „Zu alt", „Kann ich nichts mit anfangen" etc. sind diesbezügliche Aussagen. Dass Psalmen durchaus auch heute noch einen (aktuellen) Aussagewert besitzen und vielleicht auch als (An)Leitung für das eigene Gebet gelten können, ist Inhalt dieser abschließenden Phase.

  - Der Raum wird atmosphärisch hergerichtet (Blumen, Tücher, Kerzen etc.). In der Mitte liegt, ohne Wissen der Konfirmanden, verdeckt der Text mit Psalm 13. Es könnte aber auch jeder andere sein. Die Konfirmanden bekommen nun zwei Zettel und einen Stift und die Anweisung.

    Sucht euch eine stille Ecke, in der ihr ungestört seid.

  - Als nächstes werden ihnen zehn Wörter (möglichst alltägliche) aus dem Psalm (ohne dass sie dies wissen) genannt. Die Aufgabe lautet nun:

Schreibt bitte aus diesen Wörtern ein Gebet. Ihr dürft jegliche anderen Wörter und Zeichen benutzen. Versucht dabei einmal absolute Stille einzuhalten.

- Nachdem alle ihr Gebet um den Text mit dem Psalm angeordnet haben, wird dieser umgedreht und eine Kerze angezündet. Der Raum sollte jetzt abgedunkelt sein. Ein/e Konfirmand/in liest den Psalm vor.
- Die angefertigten Gebete werden in loser Reihenfolge vorgelesen. Jede/r liest ein fremdes Gebet vor und zündet dazu ein Teelicht an. Nach jedem Gebet sollte eine kurze Zeit Ruhe sein, um den Worten nachfolgen zu können. Meistens ähneln die Gebete dem Psalm, was oft Staunen hervorruft.
- Am Schluss der Gebete wird der Psalm nochmals gelesen (evtl. gemeinsam).

Ziele: Sensibilisierung für die ähnliche Ausdrucksweise und Gestaltung von Wörtern (Empfindungen) zu Texten damals und heute. Einübung in eine achtende und akzeptierende Haltung gegenüber „Werten" und Äußerungen von anderen. Wahrnehmung von Spiritualität und deren Veräußerung. Verknüpfung der freien Assoziation (eigenen Alltagserfahrungen) und dem benannten spirituellen Stil des Gebetes.

Material: Psalmposter, große Kerze, Teelichter, Streichhölzer, Zettel, Stifte, Worte aus dem Psalm, Dekomaterial

- **Schlussrunde (15 min)**

Inhalt/Aktion: Ähnlich der Einstiegsrunde soll hier die Möglichkeit gegeben werden, dem Abend ein eigenes Resümee, eine eigene Befindlichkeit zuzuordnen. Die Gesprächsregeln der Einstiegsrunde haben auch hier Gültigkeit.

Ziele: Ähnlich der Einstiegsphase mit zusätzlichem Gewicht auf eine rückblickende Verbindung zwischen dem Erfahrenen und der eigenen Person.

Material: keins

Dialogisches Rollenspiel zum Vaterunser

Vater unser im Himmel ...
Ja?
Unterbrich mich nicht! Ich bete.
Aber du hast mich doch angesprochen!
Ich dich angesprochen? Äh ... eigentlich nicht. Das beten wir eben so: Vater unser im Himmel.
Da, schon wieder! Du rufst mich an, um ein Gespräch zu beginnen, oder? Also, worum geht's?
Geheiligt werde dein Name ...
Meinst du das ernst?
Was soll ich ernst meinen?
Ob du meinen Namen wirklich heiligen willst? Was bedeutet das denn?
Es bedeutet ... es bedeutet ... meine Güte, ich weiß nicht, was es bedeutet! Woher soll ich das wissen!
Es heißt, dass du mich ehren willst, dass ich dir einzigartig wichtig bin, dass dir mein Name wertvoll ist.
Aha. Hm. Ja, das verstehe ich. Dein Reich komme, dein Wille geschehe, wie im Himmel so auf Erden ...
Tust du was dafür?
Dass dein Wille geschieht! Natürlich! Ich gehe regelmäßig zum Gottesdienst, ich zahle Kirchensteuer und Missionsopfer.
Ich will mehr: dass dein Leben in Ordnung kommt, dass deine Angewohnheiten, mit denen du anderen auf die Nerven gehst, verschwinden; dass du von anderen her und für andere denken lernst; dass allen Menschen geholfen werde und sie zur Erkenntnis der Wahrheit kommen, auch dein Vermieter und dein Chef.
Ich will, dass Kranke geheilt, Hungernde gespeist, Trauernde getröstet und Gefangene befreit werden; denn alles, was du den Leuten tust, tust du doch für mich!
Warum hältst du das ausgerechnet mir vor? Was meinst du, wieviel reiche Heuchler in den Kirchen sitzen. Schau sie dir doch an!
Entschuldige! Ich dachte, du betest wirklich darum, dass mein Reich kommt und mein Wille geschieht. Das fängt nämlich ganz persönlich bei dem an, der darum bittet. Erst wenn du dasselbe willst wie ich, kannst du ein Botschafter meines Reiches sein.
Das leuchtet mir ein. Kann ich jetzt mal weiterbeten? Unser tägliches Brot gibt uns heute ...

Du hast Übergewicht, Mann! Deine Hilfe beinhaltet die Verpflichtung, etwas dafür zu tun, dass Millionen Hungernde dieser Welt ihr tägliches Brot bekommen.

... Und vergib uns unsere Schuld, wie auch wir vergeben unseren Schuldigern.

Und Heinz?

Heinz?! Jetzt fang auch noch von dem an! Du weißt genau, dass er mich öffentlich blamiert hat, dass er mir jedesmal so arrogant gegenübertritt, dass ich schon wütend bin, bevor er seine herablassenden Bemerkungen äußert. Und das weiß er auch! Er nimmt mich als Mitarbeiter nicht ernst, er tanzt mir auf dem Kopf herum, dieser Typ hat ...

Ich weiß, ich weiß. Und dein Gebet?

Ich meinte es nicht so.

Du bist wenigstens ehrlich. Macht dir das eigentlich Spaß, mit soviel Frust und Abneigung im Bauch herumzulaufen?

Es macht mich krank.

Ich will dich heilen. Vergib Heinz, und ich vergebe dir. Vielleicht verlierst du Geld; ganz sicher verlierst du ein Stück deines Ansehens, aber es wird Friede ins Herz bringen.

Hm, ich weiß nicht, ob ich mich überwinden kann.

Ich helfe dir.

Und führe uns nicht in Versuchung, sondern erlöse uns von dem Bösen.

Nichts lieber als das! Meide bitte Personen und Situationen, durch die du versucht wirst.

Wie meinst du das?

Du kennst doch deine schwachen Punkte. Unverbindlichkeit, Geld, Sexualität, Aggressionen. Gib dem Versucher keine Chance.

Ich glaube, dies ist das schwierigste Vaterunser, das ich je gebetet habe. Aber es hat zum ersten Mal etwas mit meinem alltäglichen Leben zu tun.

Schön, wir kommen vorwärts. Bete ruhig zu Ende.

Denn dein ist das Reich und die Kraft und die Herrlichkeit in Ewigkeit. Amen.

Weißt du, was ich herrlich finde? Wenn Menschen wie du anfangen, mich ernst zu nehmen, echt zu beten. Mir nachfolgen und dann das tun, was mein Wille ist; wenn sie merken, dass ihr Wirken für das Kommen meines Reiches sie letztlich selber glücklich macht.

WARUM ICH BETEN WÜRDE

Hier Grund 1 aufkleben

Hier Grund 2 aufkleben

Hier einen eigenen Grund aufschreiben

Zeichenerklärung für die Meinung:

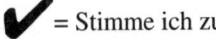 = Stimme ich zu   = vielleicht    = kein Grund

Weil ich besonders fromm sein möchte.

Weil ich beim Beten allein bin und keiner merkt, wie wichtig mir Gott ist.

Weil ich dann anderen helfen kann.

Weil Gott mir dann näher ist.

Weil Gott mir zuhört.

Weil Jesus das im Vaterunser vorgeschrieben hat.

Weil's Spaß macht.

Weil es alle gläubigen Christen tun.

Weil ich dann nicht alleine bin.

Wenn ich bete, dann habe ich das Gefühl, dass sich meine Probleme leichter lösen.

Wenn ich überhaupt nicht mehr weiß, was ich tun soll.

Weil meine Eltern das für wichtig halten.

Weil dann hoffentlich
alle meine Wünsche
in Erfüllung gehen.

Weil's Wunder wirkt.

Weil's nicht schaden kann.

Weil ich dann frei von Sünden bin.

Weil ich Gott auch mal sagen will,
was mir an ihm nicht passt.

Weil Gott sich dann über mich freut.

Damit mir Gott dann sofort hilft.

Weil ich gerade nichts Besseres
zu tun habe.

Weil ich vor etwas Angst habe.

Weil Beten für mich
ein Teilen mit Gott ist.

Weil man das macht,
beim Essen und vorm Schlafengehen.

Weil mich dann endlich mal keiner
unterbricht, wenn ich was sagen will.

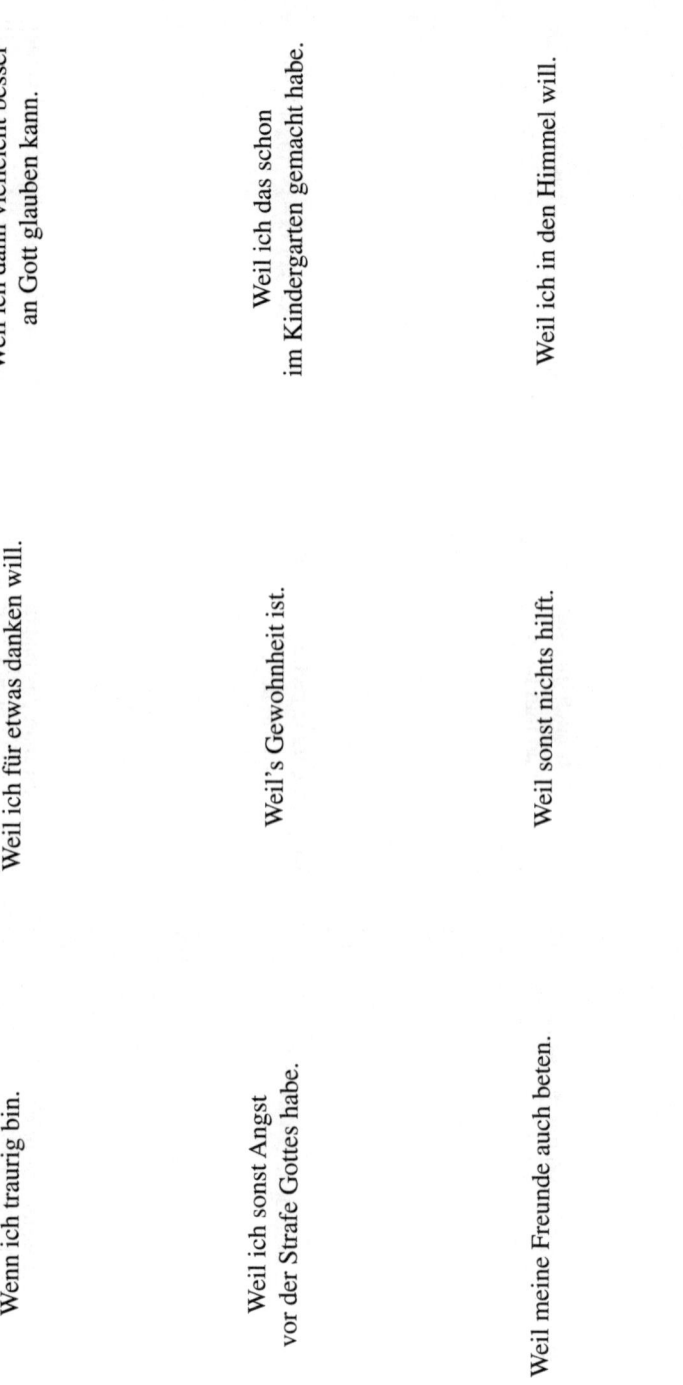

Weil ich dann vielleicht besser an Gott glauben kann.

Weil ich das schon im Kindergarten gemacht habe.

Weil ich in den Himmel will.

Weil das die einzige Zeit ist, die ich an Gott denke.

Weil ich für etwas danken will.

Weil's Gewohnheit ist.

Weil sonst nichts hilft.

Damit sich auf dieser Welt mal was ändert.

Wenn ich traurig bin.

Weil ich sonst Angst vor der Strafe Gottes habe.

Weil meine Freunde auch beten.

Weil ich dann Gemeinschaft mit Gott und anderen Menschen habe.

Weil ich dabei Zeit habe,
in Ruhe über mich nachzudenken.

Damit ich nicht ständig
nur an mich denke.

Weil Gott sich mit mir freuen soll.

Damit ich mich erinnere, dass nicht
ich diese Welt geschaffen habe.

Weil's dazu gehört.

Weil ich dadurch wieder Hoffnung
und Kraft bekomme.

Weil Gott in meinem Leben
wichtig ist.

Damit Gott mich besser
kennenlernt.

Damit ich meine Pflicht erfüllt habe.

Weil Gott sonst vielleicht nicht weiß,
dass es mich gibt.

Weil Gott sowieso alles weiß,
dann kann ich's ihm auch sagen.

Damit nichts schief geht
in meinem Leben.

Arbeitseinheit zum Thema:
Gebet

Zeit	Inhalt	Aktion	Material
10'	Begrüßung, Ankommen	Austausch im Sitzkreis Lied singen	Kassette, Recorder, evtl. Gitarre
45'	Freie Assoziation üben: Umsetzung von Wahrnehmung in Gebete	Bildergebet: Jeder sucht sich ein Bild aus. Dazu schreibt er ein Stichwort auf (Adjektiv und Substantiv). Dies geschieht jetzt reihum zu jedem Bild. Am Schluss soll jeder aus den Wörtern ein Gebet formulieren und nur noch Bindewörter und Satzzeichen hinzufügen, dazu läuft Musik.	Zeitungsbilder, Fotos, Kassette, Recorder, leere Blätter, Stifte, Bindewörterliste
10'	**Pause**		
15'	Hände: Symbol und äußeres Erscheinungsbild fürs Beten. Übergreifendes Symbol von Religionen.	Handmeditation. Hände, was kann man damit alles machen? Sensibilität, Kraft, Töne, Handstellungen beim Beten bei unterschiedlichen Religionen.	Kassette, Gerät

Zeit	Inhalt	Aktion	Material
15'	Das Vaterunser: Gebet oder Phrase? Wollen wir noch eine Antwort, erwarten wir sie oder nicht? Anregung und Impuls für nächsten Schritt.	Rollenspiel zum Vaterunser.	Textvorlage
30'	Warum bete ich? Anonymer Vergleich von Gründen	40 Gründe, warum ich bete. Guddy-Methode	AB Beten
10'	**Pause**		
45'	Psalmen in der Bibel – Gebete von Heute? Jeder kann so beten wie in der Bibel, das ist nichts Besonderes! Psalmen sind auch nur aus Wahrnehmungen zusammengesetzte Gebete.	Aus einem Psalm werden 10 Wörter entnommen. Jeder Konfi bekommt diese diktiert mit der Aufgabe, daraus ein Gedicht zu formulieren. Diese werden dann um den anschließend veröffentlichten Psalm gelegt und verlesen. Jeder liest dabei einen anderen als den eigenen vor. Dazu werden Teelichter angezündet.	Psalmposter, Liste mit Wörtern, Kerze, Teelichter, Streichhölzer
15'	Schlussrunde, Abschied	Austausch im Sitzkreis, evtl. nochmals Lied vom Anfang	Recorder, Kassette, Gitarre

6.1.3 Arbeitseinheit: Gewalt

Zeitumfang: 3 ¹/₂ h
Räumlichkeiten: 2 große Räume (ein Raum möglichst mit Fliesen), evtl. mehrere
kleine Räume
Gruppen: Kleingruppe, Plenum

* **Vorbemerkung**

Diese Einheit ist frühestens nach dem ersten Drittel des gemeinsamen Konfirmandenjahres einzusetzen, da sie eine maximale Belastung für das Verhältnis des Leiters zur
Gruppe als auch der internen Beziehungen in der Gruppe bedeutet. Allerdings sollte
sie auch nicht zu nahe am Schluss des Jahres liegen, um etwaige Nachwirkungen
besser auffangen zu können. Weiterhin bedarf diese Einheit einer gründlichen Vorbereitung.

Die Leiter der Gruppe sollten Erfahrung im methodischen Arbeiten und in der Ge-
sprächsführung haben, um in der Auswertung sensibel und verantwortlich mit den
Konfirmanden umgehen zu können. Dafür ist auch die nötige Zeit unbedingt einzu-
planen, d.h. nach Möglichkeit keine Anschlusstermine.

* **Ankommen (15 min)**

Inhalt/Aktion: Im Hinblick auf das Thema und die weitere Gestaltung muss das
Leitungsteam gleich zu Beginn durch sein ganzes Verhalten ausdrücken, dass „etwas in der Luft liegt". Dies sollte zwar in der Ankommen-Phase noch zurückhal-
tend geschehen, aber durchaus spürbar sein. Sicher wird dies auch Auswirkungen
auf das „Ankommen" haben, muss aber in diesem Falle hingenommen werden.
Ansonsten gelten die gleichen Regeln und Bedingungen, wie in den „Ankommen"-Phasen üblich. Im Anschluss daran wird das Lied „Von guten Mächten wun-
derbar ..." gesungen.
Ziele: Sensibilisierung für den persönlichen Beitrag im Zusammenhang mit Reden
und Zuhören. Erfahrung von Selbstwert, indem der Beitrag durch Zuhören und
Abwarten Respekt erfährt.
Material: Kassette und Recorder oder Gitarre, Liedblätter

* **Täter-Opfer-Spiel (45 min)**

Inhalt/Aktion: Gewalt ist leider eine mittlerweile für viele Jugendliche alltägliche
Angelegenheit. Sei es nun, dass sie Opfer, Täter oder „nur" Zuschauer sind. Gerade die Gewaltlosigkeit ist eine der christlichen Hauptbotschaftem (vgl. die Berg-
predigt, 5. Gebot ...). Spricht man Konfirmanden darauf an, werden sich meistens
nur Opfer finden, seltener daß jemand zu aktiver Gewalt steht. Auch passive Gewalt als Zuschauer wird nur selten als solche erkannt.

Damit eine Thematisierung nicht in leeren Phrasen oder moralischen Vorhaltungen, bestenfalls in gutgemeinten Ratschlägen endet, ist es wichtig, die Konfirmanden mit ihrem tatsächlichen Verhalten zu konfrontieren. Es ist eine Situation zu erzeugen, in der sie in der Entscheidung stehen, Gewalt anzuwenden – oder sich eben auch dagegen zu entscheiden bzw. als „Zuschauer" diese zu verhindern. Die anschließende Reflexion des Ausgangs dieser Entscheidung muss folgen. *Dabei darf es keinesfalls darum gehen, das gewählte Verhalten zu verurteilen oder sonstwie zu werten.* Es geht lediglich um die Klärung und Bewusstmachung, welche Gründe für das entsprechende Verhalten vorliegen, und ob es gegebenenfalls Alternativen zu dieser Wahl gegeben hätte.

In der Reflexion muss auch das passive Verhalten der Zuschauer angesprochen werden. Schließlich sollen sich alle mit der Perspektive des „Opfers" auseinandersetzen.

- Die Konfirmanden werden in Kleingruppen unterteilt, so dass nicht mehr als 5-8 Konfirmanden eine Gruppe bilden. Dies kann z.B. mit Hilfe des Puzzlememorys geschehen.

Dazu wird ein Kartenspiel (Skatblatt) benötigt. Auf die Bild(Zahlen)-Seite werden verschiedene Motive (Bilder, Muster etc.) geklebt. Sich stark ähnelnde Motive machen die Suche später spannender. Nun halbieren Sie die Karten auf der Querachse. Fertig ist das Memory.

In der Anwendung bekommt jeder Konfirmand zwei ungleiche Hälften ausgehändigt. Zunächst sind sie noch verdeckt, bis alle ausgeteilt sind. Jetzt darf umgedreht werden. Die Aufgabe lautet nun:

Suche die zu dir passenden Hälften. Tausche dabei nicht deine Karten aus, sondern bleibt als Gruppe/Paar zusammen.

Ein Beispiel: Es sollen 4er Gruppen gebildet werden. Der 1. Konfirmand bekommt je eine Hälfte von Bild a und b, der 2. Konfirmand die Hälften von b und c, der 3. Konfirmand die Hälften c und d und der 4. Konfirmand schließlich die Hälften d und a.

Diese Art der Einteilung ist mal etwas anderes als Abzählen, macht Spaß und ist in der Gruppengröße variabel. Allerdings bedingt es eine Vorplanung der Gruppengröße, um die entsprechenden Pärchen vorzubereiten.

- Nach der Gruppeneinteilung können zunächst alle Konfirmanden in beliebig gewählten Gruppen Gesellschaftsspiele (die vorher bereitgestellt wurden) spielen. Wichtig ist nur, dass sie sich ihre Gruppe merken.

- Es folgt der wichtigste Teil des Spiels, der *unbedingt vollständig* zu beachten ist!

Wie schon anfangs kurz erwähnt, sollen die Konfirmanden in eine Gewalt-Situation gebracht werden, in der sie entscheiden müssen, wie sie sich verhalten. Dabei darf letztlich niemand zu einem wirklichen Schaden kommen, andererseits muss zunächst die Ernsthaftigkeit der Situation plausibel und erkennbar sein.

Die Situation ist folgende:

Das Leitungsteam hat jeder Kleingruppe *ohne deren Wissen* durch geschicktes Austeilen der Memorykarten ein Opfer zugeteilt. Dieses darf sich nicht zu erkennen geben.

Der Leiter geht mit der Kleingruppe in einen separaten, möglichst großen (langen) Raum. Der Grund für die Maßgabe könnte von dem Leiter folgendermaßen erklärt werden:

Es wüßten wohl alle, worum es ginge, und das Maß sei nun voll.

Sicher werden hier Nachfragen der Konfirmanden auftauchen, z.B. sie wüßten überhaupt nicht, worum es ginge. Die Erklärung könnte weitergehen mit:

In letzter Zeit ist einiges im Gemeindehaus kaputt gegangen und abhanden gekommen. Seltsamerweise ist dies immer nur zu Zeiten der Konfirmandenarbeit passiert. Dieser Zustand kann nicht länger so hingenommen werden.

Längere Nachforschungen haben gezeigt, dass der Konfirmand XY (Opfer) einer der Haupttäter gewesen ist. Die Grenze ist hier erreicht, nun folgt die Strafe. Wir wissen zwar, dass auch noch andere dabei gewesen sind, aber die werden offensichtlich durch die Gruppe gedeckt. Wir haben deshalb entschieden, dass entweder alle bestraft werden oder eben stellvertretend Konfirmand XY, der ja nicht unschuldig ist. Wenn jemand etwas gegen den Ausgang dieser Entscheidung hat, dann soll er das jetzt hier sagen.

Kurze Pause.

Die Form der Strafe ist folgende: Drei von euch (aktive Täter) bewerfen das Opfer mit nassen Schwämmen. Dabei geht ihr nach jedem Wurf einen Schritt auf den Konfirmanden XY zu. Da wir aber fair sind, sind keine Würfe ins Gesicht erlaubt (Unbedingt darauf achten!). Der Rest sind „Zuschauer", die beobachten, ob alles mit rechten Dingen zugeht. Damit hinterher keine falschen Anschuldigungen gemacht werden können.

An dieser Stelle bekommen die „Zuschauer" den Beobachtungsbogen und einen Stift. Sie nehmen hinter den Werfern auf Stühlen Platz, genauso wie das Opfer (ca. 10-12 Schritte von den Werfern entfernt). Die Werfer stellen sich an der vorab markierten Stelle auf und sollen von da nach jedem Wurf einen Schritt weiter nach vorn gehen.

Es wird sicher die unterschiedlichsten Reaktionen der Konfirmanden geben, von freudigem „Hurra" (das wollte ich schon immer mal), bis ohne mich (ich mache da nicht mit). Wahrscheinlich wird auch noch die eine oder andere Anfrage kommen.

Die Aufgabe des Leiter ist jetzt erledigt, und er *darf auf gar keinen Fall* mehr weiteren Einfluss auf das folgende Geschehen nehmen. Fragen beantwortet er mit dem Satz, dass genug geredet worden wäre, und er zu keiner weiteren Diskussion bereit sei.

Es gibt verschiedene Möglichkeiten, wie sich die Konfirmanden verhalten können:

1. Sie lehnen die Aufforderung rundweg ab und drücken dies auch durch Worte aus. Der Leiter hört sich das ruhig eine Weile an und geht dann mit den Konfirmanden in einen dritten Raum. Dort bittet er sie, solange zu warten, bis sie geholt würden.

2. Die Konfirmanden werden zwar nicht aktiv, aber sie trauen sich nicht, ihren Widerstand deutlich zu machen oder nur sehr schwach und undeutlich. Hier fragt der Leiter nach, ob die Anweisung verständlich war und was sie denn nun zu tun gedächten. Entweder es folgt die dritte Möglichkeit oder die erste.

3. Die Konfirmanden folgen der Anweisung (vielleicht etwas zögerlich). Auch dann wird die Gruppe anschließend in einen (von den noch nicht eingeweihten Gruppen) getrennten Raum gebracht.

4. Evtl. kann es passieren, dass die Konfirmanden zögerlicher werden, je näher sie an das Opfer heran müssen. Sollte dies passieren und sozusagen Situation 2. eintreten, wird wie dort verfahren.

Es ist wichtig, dass die Kleingruppen, die mit der Aufgabe schon konfrontiert wurden, solange getrennt von den noch „Uneingeweihten" bleiben müssen, bis alle Gruppen diesen Teil durchlaufen haben. Nach Möglichkeit (Räume) sollten selbst die Gruppen, die die „Strafaktion" hinter sich haben, keinen Kontakt untereinander haben. Bevor die Gruppen abgesondert werden, wird noch der Beobachtungsbogen eingesammelt.

- Kein Konfirmand wird sich freiwillig und spontan als Opfer bereit erklären, zumal damit der Ernst aus der Situation genommen wäre. *Die möglichen Opfer müssen mindestens zwei Wochen vorher in diesen Teil der Gestaltung des Abends eingeweiht, d.h. gefragt werden, ob sie bereit wären, diesen Part zu übernehmen.* Als Opfer kommen *keinesfalls* „schwierige" Konfirmanden bzw. Außenseiter in Frage. Wenig empfehlenswert ist es, „Anführer" innerhalb von Konfirmandengruppen auszuwählen, da dadurch evtl. eine zu große Hemmschwelle in die Umsetzung der „Strafe" eingebaut wird.

- Die Opfer müssen Klarheit über ihre Aufgabe, deren Verlauf und das Ziel haben:
  - Durch den Leiter beschuldigt werden.
  - Bestrafung durch Bewerfen mit nassen Schwämmen von Konfis.
  - Das Opfer hat die Möglichkeit, sich verbal gegen diese Strafe zu wehren.
  - Keine aktive Abwehr der Schwämme (z.B. mit den Händen etc.).
  - Aussprache im Plenum, wobei hier die Äußerungen und Wahrnehmungen des Opfers wichtig sind.

Die „Opfer" kommen in normaler Kleidung (nicht im Badeanzug etc.) und bringen (bitte unauffällig) Wechselkleidung mit. Zum Umziehen steht ein geheizter (im Winter zumindest) Raum zur Verfügung. Wichtig ist, dass mit den möglichen Opfern persönlich gesprochen wird (nicht am Telefon) und sie nicht zu dieser Aufgabe überredet werden. Es muss deutlich sein, dass eine ablehnende Entscheidung keinerlei Nachteile irgendwelcher Art, sei es Vertrauen, Stellung etc. mit sich bringt. Dieses Gespräch ist am besten im Beisein der Eltern zu führen, um auch dort allen Fragen und Bedenken zu begegnen.

Unsere Erfahrungen sind, dass sich fast alle Gefragten dazu entschließen, dieses Spiel mitzuspielen. Sie haben durchaus ein Interesse an dem Ausgang. Auch die Eltern sind in der Regel interessiert und kooperationsbereit.

Diejenigen, die sich nicht dazu entschließen können, werden gebeten, das Vorhaben nicht weiterzuerzählen. Es ist am besten, ihnen nach vorheriger Mitteilung die Rolle der Zuschauer zuzuteilen.

- Nachdem alle Gruppen diesen Teil des Spiels durchlaufen haben, kommen sie wieder gemeinsam im großen Gruppenraum zusammen.

Ziele: Erleben eigener und fremder Gewaltbereitschaft, Förderung von Entscheidungsfähigkeit auch gegenüber Autoritäten, Zwängen oder in Stresssituationen, Übernahme von Verantwortung, Einstieg in eine Reflexion (nächste Phase)

Material: Beobachtungsbogen, Stifte, 2 Eimer 10 Liter, 10 Schwämme, Aufwischutensilien, Memorykarten, Gesellschaftsspiele

- **Reflexion / Gesprächskreis (30-45 min)**

Inhalt/Aktion: Alle Konfirmanden sitzen in einem Kreis zusammen. Das weitere Vorgehen wird sich am Verhalten der Gruppe orientieren. Folgende Situationen sind denkbar:

- Die Konfirmanden sind still oder unterhalten sich nur flüsternd mit ihrem Nachbarn. In diesem Fall hält sich der Leiter zunächst mit Äußerungen und Kommentaren zurück. In der Regel wird die Spannung der Konfirmanden schnell steigen, bis einem „der Kragen platzt" und die entscheidende Frage sinngemäß formuliert wird: *Was sollte das eigentlich, was haben wir da gemacht?*
- Die Konfirmanden sind unruhig und äußern laut ihren Unmut. Allerdings wird der Leiter nicht direkt damit konfrontiert. Der Leiter verhält sich abwartend, bis eine konkrete Anfrage erfolgt. Allerdings ist darauf zu achten, dass eine Auseinandersetzung nicht ohne den Leiter stattfindet bzw. die Konfirmanden untereinander eine Sündenbockstrategie entwickeln. Dann ist sofort einzugreifen.
- Die Konfirmanden sind ungehalten und stellen den Leiter und sein Verhalten in Frage.
- Die Konfirmanden reagieren gleichgültig und zeigen keine Bereitschaft, sich mit den letzten Geschehnissen auseinanderzusetzen. Hier muss der Leiter aktiv

werden, indem er die Frage in den Raum stellt: *Ob alle mit den letzten Geschehnissen einverstanden waren?* Zumindest die Opfer werden sich jetzt wehren.

- Die Konfirmanden lachen und äußern sich abfällig über das „Spiel" und das Opfer.

Allen denkbaren Situationen ist voranzustellen, dass zunächst das Vertrauensverhältnis zwischen dem Leiter und der Konfirmandengruppe in Frage gestellt ist. Das Verhalten des Leiters weicht eklatant von dem sonstigen partnerschaftlichen ab.

Hier muss zunächst eine Klärung erfolgen, was nicht sofort bedeutet, dass wieder volles Vertrauen gegenüber dem Leitungsteam herrscht. Dieses muss sich erst im Laufe der Einheit, evtl. auch in den nachfolgenden Einheiten, wieder festigen.

Sinngemäß könnte die Klärung so formuliert sein:

Bei der erlebten „Strafaktion" hat es sich um ein Spiel gehandelt. Die Opfer sind vorab gefragt worden, ob sie mitspielen. Es geht nicht um Schuldzuweisungen. Niemand wird beschuldigt, weder von den Leitern noch von den Opfern. Es war uns klar, dass dieses Spiel etwas gewagt ist. Um aber wirklich über Gewalt reden zu können, ohne dass jeder sagt, ihn betrifft das nicht, haben wir diese Form der Darstellung gewählt. Dafür dass hier ein Vertrauen gebrochen oder in Frage gestellt worden ist, entschuldigen wir uns und hoffen, dass das Gespräch wieder Vertrauen zwischen uns wachsen lassen kann. Nach wie vor möchten wir partnerschaftlich mit euch umgehen. Mit dem Spiel sollte nur etwas demonstriert werden. Im Gespräch geht es jetzt auch nicht um eine Suche nach Schuldigen bzw. die Verurteilung einzelner oder der ganzen Gruppe. Vielmehr wollen wir mit euch und ihr auch untereinander ins Gespräch kommen. Wir wollen mit euch gemeinsam herausfinden, was dazu geführt hat, dass jeder sich so verhalten hat, wie er sich verhalten hat.

Anschließend sollte nach folgendem Schema die Auswertung / das Gespräch erfolgen:

- *Kurze Runde,* wie sich jeder gerade fühlt, was ihn gerade am meisten beschäftigt? Dabei ist mit den Opfern anzufangen, es folgen die Täter und dann die „Zuschauer".

- *Auswertung der Beobachtungsbögen* (durch die „Zuschauer"), die plastisch mit Hilfe von Pfennigstücken (Knöpfen o.a.) verdeutlicht wird. Dazu legen die „Zuschauer" für die jeweiligen Reaktionen einen Pfennig auf einen Teller (z.B. Reaktion nach Aufgabenstellung: 8 sofort einverstanden, 12 zögerlich, 3 eindeutig dagegen). Da den meisten Konfirmanden nicht bewusst ist, wie die Situation begonnen hat, oder sie sich letztlich im Einzelnen wirklich verhalten haben, ist es notwendig, das Verhältnis von Zustimmung, Zögern etc. zur weiteren Gesprachsführung in Erinnerung zu rufen.

- *Offenes Gespräch* über die Verhaltensweisen und das sichtbare (Pfennige) Verhältnis der Reaktionen. D.h., was hat zu welchen Verhaltensweisen geführt und warum? Wie erging es den Betroffenen (zumeist Täter und Opfer) damit? Welche Alternativen hätten zur Verfügung gestanden, unter Umständen mit wessen Hilfe?

Es ist darauf zu achten und hinzuweisen, dass jeder von sich spricht. Gerade die Verhältnisauswertung mit den Pfennigen verführt zu allgemeinen Aussagen, die von dem eigenen Standpunkt und Verhalten ablenken.

Das Gespräch sollte sich nicht nur um das Verhalten der Täter drehen, sondern auch berücksichtigen, dass die „Zuschauer" als passive Teilnehmer mit ins Geschehen involviert waren und somit ebenfalls Verantwortung für den Ausgang tragen.

Gegen Ende des Gesprächs sollte noch geklärt werden, wenn es sich nicht ohnehin schon ergeben hat, ob durch die Anweisungen einer Autorität die Eigenverantwortung für das Handeln aufhört oder wo die Grenze zu ziehen ist? D. h., in welchen Situationen wird der psychische Druck oder die Angst so groß, dass Widerstand gegen Gewalt(ausübung) schwierig ist.

Dieses Gespräch ist der Hauptteil der Reflexion und muss unbedingt mit viel Sensibilität für die Stimmung und Aussagen der Einzelnen geführt werden. Es kann vorkommen, dass einzelne Aussagen durch den Leiter nochmals zusammengefasst oder ihr emotionaler Inhalt deutlicher ausgedrückt werden muss. Es ist dabei aber *in jedem Fall eine Parteinahme, Wertung oder Interpretation zu vermeiden.* Die Zusammenfassung dient lediglich zur besseren Verständlichkeit innerhalb der Gruppe.

Es ist wichtig, dass die emotionale Beteiligung der Einzelnen sich Raum und Ausdruck verschaffen kann. Der Leiter hat dabei zunächst nur die Funktion, die Einzelnen vor Verletzungen zu schützen, d.h. gegebenenfalls deutlich zu machen, dass nicht die Person des Einzelnen „schlecht" ist, sondern lediglich sein Verhalten zu hinterfragen sei.

Für das Gespräch sollte genügend Zeit *(Angabe nur Richtwert)* zur Verfügung stehen. Allerdings muss darauf geachtet werden, dass sich mit den Inhalten und Auseinandersetzungen nicht im Kreis gedreht wird. Hier ist dann rechtzeitig das Gespräch abzuschließen, bevor etwas zerredet wird.

- *Zum Abschluss* des Gesprächs sollte jeder mit einem kurzen Satz zu seiner (Un)Zufriedenheit mit dem Gespräch Stellung nehmen. Es muss dabei besonders darauf geachtet werden, dass keine neuen Diskussionen entstehen. Jeder sollte allerdings etwas zum Schluss beitragen. (Siehe generelle Ankommen-Phase.)

Der Leiter kann nochmals auf den Charakter des Spiels und seiner generellen Bereitschaft zum partnerschaftlichen Umgang miteinander verweisen. Ansonsten teilt er der Gruppe, wie alle anderen, seinen momentanen Stand mit, verbunden mit einem besonderen Dank an die Opfer.

Ziele: Förderung von Verantwortungsbewusstsein, Differenzierung, Akzeptanz, Toleranz, Konflikt- und Kritikfähigkeit, Wertschätzung trotz fraglichem Verhalten, Besprechung von aktivem und passivem Gewaltpotential, Konfrontation mit den Gefühlen der Opfer, Entwicklung von Alternativen zu Gewalt, Heraufsetzung der Frustrations- und Gewalttoleranz.

Material: Pfennige (Knöpfe, Steine, Muscheln o.Ä.), Teller, markiert mit den Aufschriften: Spaß, Widerstand, Zögern, später Widerstand, Beobachtungsbögen aus der letzten Phase

- **Pause (15 min)**

- **Film „Die Welle" (50 min)**

Inhalt/Aktion: Evtl. hat sich schon im Reflexionsgespräch abgezeichnet, dass trotz allem das „Spiel" immer noch eine „Laborsituation" gewesen ist und dass einzelne Konfirmanden behaupten, in der Realität selten wirkliche Gewalt anzuwenden. Schließlich seien es ja „nur" Schwämme gewesen und eben eine „Mords"gaudi. Falls dies nicht geschehen ist, kann der Leiter diesen Aspekt durchaus jetzt ins Gespräch bringen, um damit den Film einzuleiten. Die Frage könnte folgendermaßen lauten:

Wie weit würde jeder Einzelne von euch in der Realität mit seinem Gewaltverhalten gehen?

Es kann eine Runde stattfinden, in der sich jeder einmal *kurz* einschätzt.

Im Anschluss daran wird der Film gezeigt mit dem Hinweis, dass ein Experiment mit teilweise ähnlichem Ziel wie heute Abend in Amerika stattgefunden hat und man sich jetzt gemeinsam das „tatsächliche" Verhalten ansehen würde. D.h.: Wie weit würde jeder Einzelne von uns gehen, ohne dass es besonderer Umstände bedürfe.

Ein Hinweis ist noch zu geben bezüglich Konfirmanden, die diesen Film schon in der Schule o.a. gesehen haben. Die meisten dieser Konfirmanden werden gar nichts sagen, da der Film jetzt in einem neuen Zusammenhang gezeigt wird. Ansonsten ist einfach darauf hinzuweisen, den anderen nicht die Chance zu nehmen, ihre vorherige Selbsteinschätzung zu überprüfen.

Ziele: Auseinandersetzung mit Autoritätsstrukturen, Aufzeigen von Möglichkeiten zur Abschiebung eigener Verantwortung in eine Führungsperson bzw. Gruppenstruktur, Aspekte der Gewalttoleranz im Dritten Reich

Material: Video- oder 16mm Film, entsprechende Abspielgeräte, bei Verwendung eines Videofilms wäre die Nutzung eines Videobeamers sehr empfehlenswert, evtl. Fernseher, Leinwand, ggf. Lautsprecheranlage, Verlängerungskabel

- **Filmbesprechung (20 min)**

Inhalt/Aktion: Ähnlich der Gesprächsrunde nach dem Täter-Opfer-Spiel wird der Film ausgewertet. Das Leitungsteam macht zunächst selbst keine inhaltlichen Aussagen, sondern beschränkt sich auf das Leiten dieser Gesprächsrunde.

Die Konfirmandenjahrgänge reagieren sehr unterschiedlich auf diesen Film: von lebhafter Diskussion bis zu betroffenem Schweigen. In dem Auswertungsgespräch sollten die vorangegangenen Erlebnisse unter den im Film angesprochenen Themen ver- und bearbeitet werden. Es geht darum, eine Differenzierung zwischen dem gezeigten und dem eigenen Verhalten zu ermöglichen.

Die Auseinandersetzung könnte unter die folgenden Fragen gestellt werden:
- Mit wem würdest du dich in diesem Film vergleichen?
- Wo hättest du dich anders verhalten oder anders gehandelt?

Die Gruppe sollte bei diesen Aussagen immer als Korrektiv mit zur Verfügung stehen – allerdings nicht wertend.

Ziele: Vergleich zu der vorher getroffenen Einschätzung, Vergleich zur eigenen Gruppenstruktur und Autorität, Präventionsmöglichkeiten des Einzelnen und der Gruppe, Bedeutung und Risiko von Autoritätspersonen

Material: keins

- **Pause (10 min)**

- **Die Ehebrecherin, biblischer Impuls (20 min)**

Inhalt/Aktion: Gewaltverhalten, Gewaltbereitschaft und Frustrationstoleranz haben etwas mit unserer inneren Haltung, unserer Persönlichkeit, unserem Bild vom Menschen, der Schöpfung und letztlich mit Gott zu tun.

Gewalt ist ein Ausdruck für Ohnmacht, Hilflosigkeit und Ratlosigkeit gegenüber anderen Formen von Lösungen, andererseits auch Ausdruck von Macht, Herrschaft und Anspruch auf Autorität. In beidem liegt das Kräftegleichgewicht des Menschen.

In Johannes 8,1-11 wird exemplarisch deutlich, welchen Anspruch Jesus und Gott an die Menschen stellen, wenn Jesus zwar nicht das generelle Prinzip der Strafe für abweichendes Verhalten in Frage stellt, aber gleichzeitig den Anteil von Ohnmacht, Hilf- und Ratlosigkeit in den Vordergrund rückt, indem er sagt: „Wer von euch noch nie gesündigt hat, der soll den ersten Stein werfen" (Johannes 8,7b, Gute Nachricht 1982). In dieser Textstelle geht es nicht vorrangig um gesellschaftspolitische Einstellungen zur Ehe, sondern zunächst um die Frage von Schuld und Strafe.

Es geht Jesus in erster Linie um die Frage nach der eigenen inneren Haltung gegenüber anderen Menschen (der Schöpfung und letztlich Gott). Jesus verurteilt nicht (Johannes 8,11a), aber er ignoriert auch nicht (Johannes 8,11b). Er möchte zum Nachdenken im Bewusstsein der vollen Verantwortung für das eigene Handeln anregen.

Diese Textstelle eignet sich aufgrund ihrer Vielschichtigkeit besonders für den Abschluss und christlichen Blickwinkel des Themas. Sie enthält keinerlei moralische Vorhaltungen, dagegen aber die Eröffnung einer verblüffenden Perspektive von Berechtigung zur Gewalt. Dabei lässt sie keinen Raum für verantwortungsloses Verhalten als Gewaltauslöser.

Die folgende Methode trägt dem vielschichtigen und symbolischen Verlauf von Johannes 8,1-11 Rechnung, indem sie auf Worte weitgehend verzichtet.

• Die Konfirmanden sitzen in einem Halbkreis um einen Tageslichtprojektor. Auf diesem sind drei Symbole (aus Karton) als Schattenrisse zu erkennen. (Kreis Ø 5 cm, Dreieck mit Schenkellänge 8 cm, Viereck mit Seitenlänge 7 cm). Das Dreieck und das Viereck bilden dabei den Umriss eines Hauses. Der Kreis steht als Sonne über dem Haus. Im Hintergrund läuft passende (dramatische) Instrumentalmusik (z.b. „Spiel mir das Lied vom Tod" oder Teile aus Jean Michel Jarre „Oxygenie").

• Kurz nach dem Beginn der Musik wird die Geschichte aus Johannes 8,1-11 vorgelesen. Dabei geht es nicht um die wortwörtliche Wiedergabe, sondern um eine möglichst plastische Schilderung. Dies kann z.b. so anfangen:
Es ist früher Nachmittag, die Sonne (Kreis) steht immer noch hoch am Himmel und brennt gnadenlos auf die staubigen Straßen und Häuser nieder. Nicht mal ein Hund lässt sich außerhalb der wenigen Schatten sehen.
Nur am Tempel sitzt ein kleines Grüppchen in den Schatten der mächtigen Säulen und verfolgt die Erzählungen eines Reisenden, der vor einigen Tagen in die Stadt gekommen war.
In einem dieser Häuser (Dreieck und Viereck) leben ein Mann und eine Frau (Dreieck und Viereck etwas auseinanderziehen).
Plötzlich erheben sich Staub und Lärm am anderen Ende der Straße, die sich zielstrebig auf die Gruppe am Tempel zubewegt ...
Die Musik sollte von der Lautstärke und Gestaltung die Erzählung unterstützen, aber kein Eigenleben entwickeln.

• Die Symbole auf dem TLP bewegen sich der Erzählung entsprechend: Kreis = Jesus, Dreieck = Ehebrecherin, Viereck = am Anfang Ehemann, später Gesetzeslehrer. Die Konfirmanden müssen mit Beginn der Erzählung die Bedeutung der Symbole kennen. D.h. die Symbole müssen mit dem Einstieg der Erzählung als solche deutlich werden (s. oben). Die Gesetzeslehrer werden bei der Steinigung aus dem Viereck (Ehemann) geschnitten (das Viereck wird in spitzwinklige Dreiecke zerschnitten) und so angeordnet, dass dabei die Spitzen auf das Dreieck (die Ehefrau) zeigen. Jesus (Kreis) steht in diesem Moment außerhalb des aus spitzen Dreiecken gebildeten Kreises.

- Die Schilderung und die Musik werden an dieser Stelle unterbrochen. Die Konfirmanden werden aufgefordert, den Weitergang (Lösung) der Geschichte durch das Bewegen der Symbole zu „erzählen". Wer mag, kann dies auch mit Worten unterstützen. Jeder darf dabei seine eigene Phantasie spielen lassen, jedoch keine weiteren Personen oder Symbole hinzufügen oder wegnehmen. Als Hilfestellung können die Fragen gestellt werden:
  - Wie reagieren die Gesetzeslehrer auf Jesus?
  - Wie verhalten sie sich ihm gegenüber?
  - Was könnte Jesus oder die Frau machen? Immerhin ist Jesus ein Unruhestifter, der zumeist die bisherigen Praktiken immer in Frage gestellt hat.
  Es müssen nicht alle Konfirmanden einen Fortgang der Geschichte entwickeln. Jeder Fortgang sollte jedoch zu Ende geführt werden, bevor eine neue Version dargestellt wird.
- Anschließend wird der Ausgang der Geschichte zu Ende erzählt. Auch hier kann wieder die Musik mitlaufen, sollte jedoch jetzt etwas fröhlicher sein. Besonders hervorzuheben sind die anfangs erwähnten Aussagen Jesu.
  Nur wenn es sich von den Konfirmanden her entwickelt, wird über diese Geschichte gesprochen, ansonsten wird zur Schlussphase übergegangen.

Ziele: Hinterfragen der Lösungsmöglichkeit von Gewalt, Zusammenhang erkennen zwischen Schuld und Strafe im Verständnis eines christlichen Menschenbildes, Entwicklung eigener Reaktionsmuster von Konfliktlösungen

Material: Tageslichtprojektor (TLP), Verlängerungskabel, Schere, Symbole aus Karton, Papier o.Ä., Recorder, Instrumentalmusik (z.B. „Spiel mir das Lied vom Tod", Teile aus „Oxygenie")

- **Schlussrunde (15 min)**

Inhalt/Aktion: Ähnlich der Einstiegsrunde soll hier die Möglichkeit gegeben werden, dem Abend ein eigenes Resümee / eine eigene Befindlichkeit zuzuordnen. Die Gesprächsregeln der Einstiegsrunde haben auch hier Gültigkeit.

Ziele: Ähnlich der Einstiegsphase mit zusätzlichem Gewicht auf eine rückblickende Verbindung zwischen dem Erfahrenen und der eigenen Person

Material: keins

BEOBACHTUNGSBOGEN

Bitte mache dir ein paar *kurze Stichworte*, wie ihr euch zu Beginn dieser Aktion verhalten habt:

-
-
-

Bitte beobachte *genau*, wie sich die Werfer verhalten.

Trage bitte in die Tabelle die *Reaktionen* der Werfer ein. Dabei gibt die Zahlenreihe den jeweiligen Wurf an. Mache überall dort ein Kreuz, wo du eine entsprechende Beobachtung machst. Es können auch mehrere Kreuze in einer Spalte sein.

Beobachtung/ Reaktion Wurf Nr.:	1	2	3	4	5	6	7	8	9	10
Spaß, Freude, Lachen, Verhöhnen des Opfers ...										
Zögern, aber weiterwerfen										
passiver Widerstand, z.B.: absichtlich daneben werfen, alles in die Länge ziehen ...										
Werfen nur nach Anfrage des Leiters										
Einspruch, Verweigerung										
Aufhören zu werfen										

Arbeitseinheit zum Thema:
Gewalt

Zeit	Inhalt	Aktion	Material
8'	Begrüßung und Lied zum Thema	Sitzkreis, Lied: Von guten Mächten	Abspielgerät, Musikträger, Textblätter
7'	Gruppeneinteilung	Memory-Puzzle: Je Konfirmand zwei unterschiedliche Hälften. Anzahl der Karten = Gruppengröße. Die Gruppen müssen sich dann mittels Zusammensetzen der passenden Gegenstände finden.	Memorykarten
45'	Täter-Opfer-Spiel: Herstellung einer Gewaltsituation und Erfahren von Verhaltensmustern auch unter Berücksichtigung von autoritärer Leitung.	Jede Gruppe erlebt die Aktion isoliert von den anderen Gruppen. Begründet wird die Aktion als Strafe für Schäden im Gemeindehaus. 3 Täter werfen mit nassen Schwämmen auf ein Opfer unter der Kontrolle von 2-3 Beobachtern. Der Betreuer fungiert als Autorität. Die Täter haben jeweils 10 Würfe, wobei sich der Abstand zu dem Opfer von Wurf zu Wurf verringert. Nach der Aktion muss die Gruppe von den anderen isoliert werden, bis alle Gruppen diese Phase durchlaufen haben.	Stühle, Kontrollbögen, Schwämme, Wassereimer, Stifte Achtung: *eingeweihte Opfer!* (Die Aktion muss unbedingt 2 Wochen vorher mit den Opfern besprochen werden, dann Zeit zum Überlegen lassen.

Zeit	Inhalt	Aktion	Material
30' – 45'	Auswertung der Einzelerfahrungen von: Opfer, Täter, Beobachter, Autorität (Leiter)	Plenum: Die Auswertung der Tabelle auf dem Kontrollbogen erfolgt für alle sichtbar. Für jedes Kreuz in den einzelnen Zeilen wird ein Pfennig (Knopf o.Ä.) auf einen entsprechend markierten Teller gelegt. Für alle Beteiligten wird sichtbar, wie Spaß, Widerstand, Einspruch etc. im Verhältnis zueinander stehen. Der Rest der Auswertung erfolgt mittels eines Gespräches, wobei zunächst die Opfer erzählen sollen, dann Täter und Beobachter.	Teller, Pfennig, Kontrollbögen aus der letzten Phase
15'	Pause		
50'	Als Ergänzung zum Auswertungsgespräch bzw. fiktive Möglichkeit der Gewaltbereitschaft jedes Einzelnen wird der Film „Die Welle" gezeigt.		Video-Film „Die Welle", Videoprojektor oder Fernseher mit Abspielgerät, evtl. zusätzlicher Lautsprecher.
20'	Auswertung des Films: Inwieweit hat der Inhalt etwas mit der gemachten Erfahrung zu tun? Wo war es mögliche Ergänzung, wo unwahrscheinliche Fortsetzung der gemachten Erfahrung? Welche Situationen aus dem Film decken	Plenum: Gespräch im Sitzkreis	Sitzkreis

Zeit	Inhalt	Aktion	Material
	sich mit der gemachten Erfahrung? Welche Verhaltensvarianten gibt es, um bestehendes Verhalten zu verändern? Wer könnte welche Rolle im Film spielen?		
10'	**Pause**		
20'	„Die Ehebrecherin" als Alternativ-Geschichte, um mit Gewalttendenzen umzugehen. Möglichkeiten, um gegen Gewaltbereitschaft vorzugehen. Alternativen im Wertmaßstab.	Es wird mit Hilfe eines Tageslichtprojektors und Symbolen (Mann = Rechteck, Frau = Dreieck, Jesus = Kreis) die Geschichte nacherzählt. An der Stelle, wo Jesus einschreitet, wird unterbrochen, damit die Jugendlichen unter Zuhilfenahme der Symbole die Geschichte selbst zu Ende führen können. Erst danach wird die Geschichte zu Ende erzählt. Als Begleitmusik dient das Lied: „Spiel mir das Lied vom Tod" wegen seiner Dramaturgik mit fröhlichem Schluss.	Tageslichtprojektor, Symbole (Rechteck, Dreieck, Kreis), Schere, Musikabspielgerät, Tonträger
15 '	Schlussrunde		

6.1.4 Arbeitseinheit: Einführung ins Gemeindepraktikum

Zeitumfang: 3 ¼ h
Räumlichkeiten: 3-4 kleine Räume, 1 großer Raum (oder 1 großer Raum, durch Trennwände aufteilbar)
Gruppen: Kleingruppe, Paararbeit, Plenum

• **Vorbemerkungen**
Mit Einführung ist mehr die inhaltliche Vorbereitung des Gemeindepraktikums gemeint. Die einzelnen Arbeitsgebiete selbst werden in Freiarbeit, d.h. selbstständiger Arbeitseinteilung und Durchführung, von den Konfirmanden erst in den anschließenden 4-6 Wochen erkundet.
In der Regel bieten alle Gemeindebereiche eine Möglichkeit für ein Praktikum. Selbst schwierige Bereiche wie Diakoniestationen können genutzt werden, wenn alle (Schwestern, Patienten, Konfirmanden) zusammenarbeiten und den Datenschutz gewährleisten. Voraussetzung für die Mitarbeit jeder Praktikumsstelle ist jedoch, dass die Mitarbeiter/innen:
• ... mit genügendem zeitlichen Vorlauf über die Möglichkeiten informiert bzw. gefragt werden, so dass auch noch Absagen möglich sind.
• ... genau über die Aufgaben der Konfirmanden und ihre Aufgaben als Mentor/innen informiert sind (Möglichkeiten und Grenzen definieren).
• ... auch während des Praktikums einen verlässlichen Ansprechpartner haben, falls Fragen oder Störungen auftauchen.
In einem persönlichen Gespräch muss mit den in Frage kommenden Mentoren geklärt werden:
• fester Gesprächspartner/Mentor für die Konfirmandengruppe
• Zeitinvestition von ca. 4-6 h
• Möglichkeit einer praktischen Unterstützung bei einer Aufgabe.
Bei der ersten Durchführung kommt, wie bei allen Dingen, die das erste Mal geschehen, mehr Arbeit auf alle Beteiligten zu. Später wird dies durch eine gewisse Routine besser. Für das Leitungsteam sollte es aber zur Gewohnheit werden, jedes Jahr die Praktikumsstellen neu anzufragen.
Zum einen signalisiert dies eine Anerkennung der Arbeit, die von dieser Seite investiert wird, zum anderen können Veränderungen, die in der Zwischenzeit aufgetaucht sind, besprochen werden. Grundsätzlich sollte auch ein abschließendes Gespräch nach dem Praktikum stattfinden (auch wenn keine Komplikationen aufgetaucht sind).
Bei allen Gesprächen und Kontakten muss unbedingt darauf geachtet werden, dass der Eindruck einer Kontrolle der Mitarbeiter/nnen vermieden wird. Dies sollte auch klar zum Ausdruck gebracht werden, wenn es um die Darlegung der Ziele des Gemeindepraktikums geht.

Das Gemeindepraktikum verfolgt im Ganzen folgende Ziele:
• Konfirmanden das breite Spektrum kirchlicher Arbeit deutlich zu machen.
• Gemeindestrukturen und Verbindungen zu verdeutlichen.
• Hintergründe und Motivation für eine (zumeist) ehrenamtliche Mitarbeit zu erkennen.
• Christliche Gemeinschaft als etwas Reales, mit „beiden Beinen" im Alltag Stehendes und vor allem Lebendiges zu erleben.

• **Ankommen (15 min)**
Inhalt/Aktion: Den Konfirmanden soll Raum gegeben werden, sich auf die Gruppe und die gemeinsame Zeit einzustellen. Alle sitzen im Kreis auf dem Fußboden. In einer kurzen Runde soll jeder und jede einen kurzen Satz zu seiner momentanen Befindlichkeit mitteilen. Wichtig ist dabei, dass die Konfirmanden frei sprechen, d.h. ohne Meldung. Sie sollen ein Gespür für ein „wann kann ich mich einbringen" entwickeln, verbunden mit gleichzeitigem Hören auf die anderen.
Im Anschluss daran wird das Lied „Ein Schiff, das sich Gemeinde nennt" gesungen.
Ziele: Sensibilisierung für den persönlichen Beitrag im Zusammenhang mit Reden und Zuhören. Erfahrung von Selbstwert, indem der Beitrag durch Zuhören und Abwarten Respekt erfährt.
Material: Kassette und Recorder oder Gitarre, Liedblätter

• **Architektenspiel[24] (60 min)**
Inhalt/Aktion: Der Begriff Gemeinde setzt eine Gemeinschaft voraus bzw. beinhaltet diese. Die Gemeinschaft einer Kirchengemeinde zeigt sich im christlichen Glaubensverständnis und damit auch in ihrem Sozialverständnis des miteinander Lebens. Gemeinschaft beinhaltet ein konstruktives und kooperatives Zusammenarbeiten unterschiedlichster Fähigkeiten und Meinungen auf ein gemeinsames Ziel hin. Für Christen heißt dies, gemeinsam am Reich Gottes bauen.
Für den Glauben ist Teamarbeit eine der grundlegenden Eigenschaften. Mit Hilfe des Architektenspiels sollen kooperatives und konstruktives Zusammenarbeiten unterschiedlichster Fähigkeiten und Meinungen in den Vordergrund gerückt werden. Im Gemeindepraktikum soll dies kennengelernt (erlebt) und „überprüft" werden.
Für das Architektenspiel werden die Konfirmanden in Kleingruppen von 4-6, idealerweise 5 Teilnehmer aufgeteilt. Dies geschieht mit Hilfe von Bilderpuzzlen.
• Zur Vorbereitung werden fünf verschiedene, gleich große Motive (durchaus ähnlicher Art, z.B. aus Zeitschriften etc.) in sechs nicht zu kleine Einzelteile zerschnitten. Dabei sollten die Schnittkanten durch leicht erkennbare Bildteile verlaufen.

- Nach der Ankommen-Phase werden die Bildteile gemischt an die Konfirmanden ausgeteilt. Bei 5er Gruppen liegen in größeren Abständen jeweils ein Motivausschnitt (bei 4er Gruppen zwei und bei 6er Gruppen keins) auf dem Boden. Jeder Konfirmand muss sich einem dieser Bilder(teile) richtig zuordnen. Die Gruppe, die ihr Bild als Erste zusammengefügt hat, darf schon mit dem zweiten Teil des Spiels beginnen.
- Zunächst liegt die Anforderung an Zusammenarbeit noch innerhalb der Gesamtgruppe. Dabei bildet die Konkurrenzsituation ein dazu in Spannung stehendes Gegengewicht. Ein allzu forsches Vordrängen verhindert vielleicht gerade den Zusammenbau des eigenen Bildes, wobei ein zu nächlässiges Mitarbeiten ebenfalls den Zusammenbau des eigenen Bildes hinauszögert. Das Einbringen des Eingenanteils (Bild) in Zusammenarbeit mit den anderen führt nur in Anerkennung (trotz Konkurrenz) dieser zum Ziel.
- Die Arbeitsanweisung der weiterführenden Aufgabe, eine Brücke unter Berücksichtigung bestimmter Bedingungen zu bauen, bekommen die Konfirmanden in Form eines Arbeitsblattes. Die Bedingungen lauten:
  - Die Brücke muss einen Abstand zwischen zwei Tischen von 60 cm frei tragend überspannen.
  - Die Brücke muss auf ihrem Fundament stehen können, d.h. sie darf nicht auf den Tischen aufgeklebt oder sonstwie befestigt sein.
  - Die Brücke muss die Belastung eines auf ihrer Mitte quergelegten Lineals aushalten.

Für die Umsetzung dieses Vorhabens bekommen die Konfirmanden folgendes Material:
- 3 Bogen Tonpapier DIN A 2 (verschiedene Farben)
- 1 Klebestift
- 1 Rolle Tesafilm (ohne Abroller)
- Schere
- 1 Lineal 30 cm
- 2 Bleistifte

Dieses Material dürfen sie unter folgenden Bedingungen benutzen:
- Das Material darf in jeder beliebigen Art und Weise zerschnitten oder zusammengefügt werden. Dabei ist zu beachten:
- Kein einzelner Streifen darf länger als 50 cm und breiter als 15 cm sein.
- Es dürfen keinerlei andere Materialien oder Utensilien als die ausgehändigten benutzt werden.

Die fertige Brücke wird dann unter drei Gesichtspunkten bewertet:
- Spannweite (mindestens 60 cm)
- Belastbarkeit (mindestens quergelegtes Lineal)
- Design / Originalität.

- Vor der Bewertung sollte jede Brücke einmal von allen Konfirmanden *ohne* Bewertung in Augenschein genommen werden können. Die Bewertung selbst verläuft dann wie folgt:
  - Die Gruppe bildet einen Halbkreis, wobei im Vordergrund die zwei Tische stehen. Die zu bewertende Brücke wird aufgebaut und die Gruppe tritt hinter die Tische.
  - Jeder Konfirmand hat für jedes genannte Kriterium nur eine Stimme (insgesamt drei). Die Stimmen können unterschiedlich auf die Kunstwerke oder aber auf eines vereinigt werden.
  - Die Gruppe der gerade zu bewertenden Brücke hat zu dieser kein Stimmrecht.
  - Sieger ist, wer die meisten Gesamtstimmen hat.
- Im Anschluss an die Siegerehrung (nach der Pause) kommt der eigentlich wichtigere Teil, die Reflexion und Auswertung der Gruppenarbeit.

Ziele: Förderung von Kooperation – allgemein und in Konkurrenzsituationen, Planungsfähigkeit, Kommunikation, zielgerichtetes Arbeiten, Festigung des Selbstwertgefühls

Material: 5 Bilderpuzzle à 6 Teile, Tonkarton, Scheren, Klebestifte, Bleistifte, Tesafilm, Lineale, Zollstock

- **Pause (10 min)**

- **Gemeinschaft, was ist das? (25 min)**

Inhalt/Aktion: Die in dem Architektenspiel gewonnene Erfahrung soll jetzt im ersten Schritt reflektiert werden, wobei die einzelnen Kriterien für eine gute Zusammenarbeit (Gemeinschaft) zu definieren sind. Dabei geht es jeweils um die persönlichen Anteile und um das gesamte Gruppengefüge.

Im zweiten Schritt wird das Ergebnis in einen Zusammenhang mit christlicher Gemeinschaft (Kirchengemeinde) gebracht. Die daraus abgeleiteten Kriterien bzw. aufgeworfenen Fragen bilden einen Themenkomplex im späteren Gemeindepraktikum.

Die Auswertung wird mit Hilfe einer Karikatur von W. Küstenmacher eingeleitet:

- Welche Überschrift würdet ihr den einzelnen Bildern geben, wenn ihr sie in Bezug auf Gemeinschaft und Zusammenarbeit betiteln müsstet?
- Welcher Gruppierung traut ihr am meisten zu, dass sie ihr Ziel erreicht?
- Was können einzelne Personen auf den Bildern sagen? (Bilder einzeln betrachten, evtl. mit Folienstift Sprechblasen malen.)
- Welchem Bild würdet ihr eure Kleingruppe zuordnen, wenn ihr eure Gemeinschaft und Zusammenarbeit betrachtet?

100

- Warum habt ihr euch diesem Bild zugeordnet? Welcher Umgang miteinander hat eure Zusammenarbeit und Gemeinschaft gefördert und welche gehemmt? Was fördert / hindert eine Gemeinschaft / Zusammenarbeit (sachlich)?
- Wie würdet ihr Gemeinschaft definieren? (Auf Folie festhalten.)
- Welche Kriterien müssten eurer Meinung nach erfüllt sein, damit eine Gemeinschaft entstehen kann, bzw. eine Zusammenarbeit wirkungsvoll ist? (Auf Folie festhalten.)

Ziele: Erkennen von Zusammenhängen zwischen den Handlungen Einzelner und dem Gefüge der Gruppe, Förderung von Verantwortungsbewusstsein, Entscheidungsfähigkeit, Selbstbewusstsein und Kritikfähigkeit. Entwicklung einer Definition und von Kriterien für den Begriff „Gemeinschaft", Kommunikation

Material: 4 übereinanderlegbare Folien mit Karikaturen von W. Küstenmacher, Folienstifte (wasserlöslich), Leerfolien, Tageslichtprojektor, Verlängerungskabel

- **Vorstellung der Praktikumsplätze (25 min)**

Inhalt/Aktion: Nachdem die Konfirmanden sich mit den Grundgedanken einer Gemeinschaft auseinandergesetzt haben, sollen sie sich in Paargruppen zusammenfinden und eine Praktikumsstelle auswählen. Zunächst werden ihnen diese vom Leitungsteam vorgestellt.

Von Vorteil bzw. nötig wäre dabei:

- Name, Anschrift und Telefonnummer des Mentors, der Mentorin.
- Vorschlag, wann man diese am besten erreichen kann.
- Name/Aufgabengebiet des Praktikumsplatzes: z.B. Bubenjungschar, Diakoniestation, Pfarrer etc.
- Kurze Beschreibung des Praktikumsplatzes evtl. mit Terminen, wann die Gruppe sich trifft.
- Bild von der Praktikumsstelle/Mentor/in

Von besonderem Anklang ist eine Vorstellung der Praktikumsstellen durch eine kleine Ton-Bild-Show (Dia).

Eine Variante zur Diashow, besonders für Gruppen, die wenig Kenntnisse von kirchengemeindlicher Arbeit haben, ist das Stellen-Puzzle:

- Von jeder Praktikumsstelle wird ein beidseitig bedrucktes DIN A 5 Informationsblatt hergestellt. Auf der einen Seite ist eine Grafik, Karikatur o.Ä., die zur Praktikumsstelle passt, abgebildet. Die andere Seite enthält einige einführende Informationen zu den Aufgabenbereichen.
- Die Informationsblätter werden in fünf Teile zerschnitten und jeweils drei Blätter werden miteinander vermischt in einen Briefumschlag gesteckt.
- Die Konfirmanden bilden Kleingruppen, pro Briefumschlag eine, bekommen Tesafilm und die Aufgabe, die einzelnen Aufgabengebiete wieder zusammenzukleben.

- Diese DIN A 5 Blätter werden dann den einzelnen Gruppenbezeichnungen der Praktikumsstellen zugeordnet (s. Kopiervorlage im Anschluss).

Nach der Vorstellung tragen sich die Konfirmanden in die Praktikumsstellen ein. Pro Stelle stehen zwei Plätze zur Verfügung.

In der Regel verläuft diese Einteilung ohne Probleme. Sollten sich aber größere Konflikte bezüglich einer oder mehrerer Plätze ergeben, müssen diese in der gesamten Gruppe besprochen werden. Hier gilt der Grundsatz der methodischen Arbeit: Störungen haben Vorrang!

Mit der Dia-Präsentation der Praktikumsplätze wäre dann auch schon ein Einstieg in die Vorstellung der Präsentationsmöglichkeiten für die spätere Auswertung des Gemeindepraktikums gefunden. Folgende Vorschläge könnten gemacht/gezeigt werden:

- Collage
- Interview
- Quiz-Show
- Rollenspiel
- Fotoreportage
- Dia-Show (Vortag)
- Videofilm über Videobeamer
- Computerpräsentation über Videobeamer

Die letzten beiden Möglichkeiten sind allerdings mit erheblichem technischen und zeitlichen Aufwand verbunden, der zusätzlich zu der Aufgabe hinzukommt. Dies sollte den Konfirmanden deutlich gemacht werden.

Konfirmanden, die diesen Aufwand erbringen wollen, sollten einen Extratermin mit der Leitung vereinbaren, um über die Umsetzung zu sprechen. Dabei ist es die Aufgabe der Leitung, Hilfestellung zu geben und evtl. Kosten (die sich im Rahmen halten sollten) zu übernehmen. Soweit technische Geräte zur Verfügung gestellt werden könnten, wäre dies natürlich auch von Vorteil.

Wichtig ist, dass die Leitung hierbei die zeitliche Umsetzung im Blick hat, d.h. Zeitvorgaben macht, bis wann die einzelnen Schritte (z.B. Erstellung des groben Drehbuchs etc.) erfolgt sein müssen.

Da nicht jeder auf dem neuesten Stand der technischen Entwicklungen sein kann, sollte hier ruhig auch Vertrauen in die Kompetenz der jeweiligen Konfirmanden investiert werden, da sie meist näher am Puls der Zeit liegen. Vielleicht findet sich aber auch ein ehrenamtlicher Mitarbeiter oder ein Elternteil, die ein solches Projekt fachlich versiert unterstützen können.

Da zu Beginn der Konfirmandenarbeit noch keine entsprechenden Beispiele zum Zeigen vorhanden sind (später kann man dann auf schon erstellte Dokumentationen zurückgreifen), ist eine Information bei den Evang. Medienzentralen oder den kommunalen Kreisbildstellen sinnvoll.

Ziele: Förderung von Entscheidungsfähigkeit, Selbstbewusstsein und Kommunikation, evtl. Entwicklung von Konfliktlösungsstrategien, Toleranz und Akzeptanz von Entscheidungen anderer, die der eigenen nicht entsprechen bzw. sie behindern.

Material: Informationen zu den Praktikumsstellen, Collage, vorbereitetes Rollenspiel für eine Praktikumsstelle, Interviewkassette, Recorder, Diaprojektor und Diapräsentation, Verlängerungskabel, Fotoreportage (evtl. Multimedia-PC, Videobeamer, Videorecorder)

• **Pause (10 min)**

• **Aufgaben im Praktikum und Absprachen (20 min)**
Inhalt/Aktion: Ein Teil der Aufgabe wurde schon mit der Auswertung des Architektenspiels benannt. Dies gilt es, von der Folie auf das Aufgabenblatt (Kopie) zu übertragen. Weitere Aufgaben (Folie) sind:
• eine möglichst umfassende Information der anderen Konfirmanden über die Praktikumsstelle,
• die Durchführung einer praktischen Tätigkeit aus dem Arbeitsfeld der Praktikumsstelle.
Im Anschluss an die Auswertung (innerhalb des Abschlusswochenendes) wird eine Prämierung der Präsentationen vorgenommen, wobei z.B. den Gewinnern evtl. ein Artikel in der örtlichen Zeitung gewidmet wird, oder Freikarten für einen Kinoabend, Konzertkarten etc. (Anfragen an Banken, Geschäfte etc. bringen manchmal erstaunliche Preise hervor.).
Die Kriterien (Folie) einer Prämierung sehen folgendermaßen aus:
• Informationsvielfalt und -qualität
• Ergebnis zur Überprüfung der Kriterien (s. Architektenspiel)
• Qualität der Präsentation nach dem Maßstab: Wer würde sich jetzt für diese Praktikumsstelle entschließen, wenn die Auswahl nochmals bestünde?
Die Aufgaben wie auch die Kriterien für die Auswertung sollten den Konfirmanden klar und verständlich sein.
Im nächsten Schritt sollen die Konfirmanden die wichtigsten Daten der Praktikumsstelle auf ihren „Praktikumsbegleiter" (Kopie) übertragen und ihren ersten Arbeitstermin ausmachen.
Die Aufgabe der Leitung besteht darin, nach Ablauf der nächsten Woche alle Mentoren darauf anzusprechen, ob die Konfirmandenteams sich bei ihnen gemeldet haben bzw. weitere Fragen bestehen (s. Vorbemerkungen).
Ziele: Förderung von Planungs-, Entwicklungs- und Kooperationsfähigkeit, Entwicklung von Bewertungs- und Reflexionsvermögen, Erweiterung von gemeindespezifischen Fachinformationen, Kommunikationsverhalten

Material: Arbeitsblatt zur Aufgabenstellung und TLP-Folie, Praktikumsbegleiter und TLP-Folie, Stifte, Ergebnisfolien aus dem Architektenspiel, Tageslichtprojektor, Verlängerungskabel

- **Meditation (20 min)**

Inhalt/Aktion: Im Zusammenhang mit dem Architektenspiel und dem weiteren Verlauf ist den Konfirmanden der Begriff von Gemeinschaft und Gemeinde schon deutlicher geworden. Bei der praktischen Übung wurden auch die Kriterien erlebt, die diesen Begriff füllen. In der jetzigen Meditation geht es nochmals darum, diese Kriterien auf einer tieferen inneren Ebene zu erleben. Hier soll der Aspekt der Glaubensgemeinschaft von Kirchengemeinde näher behandelt werden.

Als Rahmenbedingung ist es vorteilhaft, wenn der Raum abgedunkelt werden kann. Die Konfirmanden bekommen eine Einweisung in die Form der Meditation:

- Jeder sucht sich einen Platz, bei dem er für sich sein kann, ohne dass die anderen ihn stören.
- Jeder sucht sich eine Position im Liegen, die ihm angenehm ist. Dabei sollte aber Folgendes berücksichtigt werden: Auf dem Rücken liegen, die Arme neben dem Körper, die Beine einzeln legen, nicht übereinander geschlagen.
- Es braucht niemand etwas zu tun; jeder kann ganz locker und entspannt sein, Bewegungen sind nicht nötig.
- Bei einer Meditation ist es still, außer dem Leiter braucht niemand zu reden oder zu denken.
- Alle bis auf den Leiter schließen die Augen (keinen Zwang ausüben, aber zum Ausprobieren ermuntern).
- Der Leiter passt auf alle auf, so dass keiner Sorge haben muss, er tut etwas Ungewöhnliches oder verpasst etwas. Der Leiter schützt ihn.
- Niemand macht sich lächerlich, wenn er die Augen schließt und sich völlig entspannt.

Erst nach dieser Einweisung sollen die Konfirmanden aktiv werden!

- Dazu suchen sich die Konfirmanden einen Platz am Boden, bei dem sie möglichst mit ausgestreckten Armen niemanden anderen berühren. Dies ist zwar für die Meditation an sich nicht weiter wichtig, fördert aber das Gefühl, geschützt zu sein bzw. auch die Konzentrationsfähigkeit.
- Gut ist es, wenn die Konfirmanden sich auf eine Decke und den Kopf auf eine kleine, weiche Unterlage (kleines Kissen oder Pullover reicht schon) legen können.
- Alle schließen die Augen.

In der Regel können die Konfirmanden nach der oben genannten Einweisung mit der Meditation sensibel umgehen. Dennoch gibt es auch Jugendliche, für die diese Art der Aufnahme eine übermäßige Anstrengung bedeutet. Eine mit Macht durchgesetzte Meditation ist unsinnig und kontraproduktiv – auch für die Gesamtgruppe, die unter der wahrscheinlichen Störung zu leiden hat. Wenn es möglich ist, sollte der Konfirmand praktisch mit einbezogen werden. Z.B. kann er den Bibeltext (1 Korinther 1,12-28a) gegen Ende der Meditation lesen. Im Falle, dass nichts möglich ist, ist es besser, ihn außerhalb des Meditationsraums warten zu lassen. Auch wenn dies nach Strafe aussieht, die Gruppe als Ganzes geht hier vor. In jedem Fall sollte der Gruppe klar sein, welche Funktion der Konfirmand übernimmt, bzw. warum er draußen warten soll.

Die Meditation verläuft in folgenden groben Schritten:

* Sensibilisierung für den Körper über die Atmung
* Körperreise
* Bibeltext 1 Korinther 12,12-28a (ohne 23-24a)
* Rückführung.

Ein ausführlicher Vorschlag ist als Arbeitsblatt im Anschluss zu finden.

Ziele: Sensibilisierung für den eigenen Körper, Erleben des biblischen Bildes von Gemeinschaft in Bezug auf die eigene Person. Erkennen der eigenen Person in der Gruppe, Förderung von Konzentration, Vertrauen, Selbstbewusstsein, Toleranz, Vergleich der biblischen Definition von Gemeinschaft mit der selbst erarbeiteten.

Material: Taschenlampe, Gute Nachricht (Bibel): 1 Korinther 12,12-28a (ohne 23-24a), Decken, evtl. Kopfunterlagen, evtl. Meditationsvorschlag

* **Schlussrunde (15 min)**

Inhalt/Aktion: Ähnlich der Einstiegsrunde soll hier die Möglichkeit gegeben werden, dem Abend ein eigenes Resümee/Befindlichkeit zuzuordnen. Diese Runde erfolgt nach den eingangs geschilderten Prinzipien.

Ziele: Ähnlich der Einstiegsphase mit zusätzlichem Gewicht auf eine rückblickende Verbindung zwischen dem Erfahrenen und der eigenen Person.

Material: keins

ARBEITSAUFTRAG ZUM BAU EINER BRÜCKE

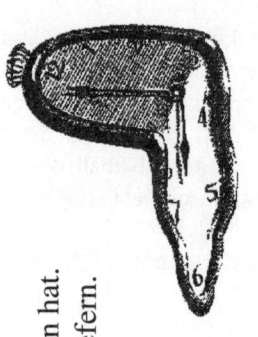

Ihr seid eine Architektengruppe, die sich um den Bau einer Brücke beworben hat. Bevor ihr den Auftrag endgültig bekommt, müsst ihr ein Modell davon abliefern.

⋀ Ihr habt dafür Zeit bis .... Uhr.

FOLGENDE FUNKTIONEN MUSS DIE BRÜCKE ERFÜLLEN:

⋀ mindestens 60 cm Abstand freitragend überspannen.

⋀ mindestens die Belastung eines in der Mitte quergelegten Lineals aushalten.

FOLGENDE BAUREGELN SIND ZU BEACHTEN:

⋀ Kein einzelnes Bauteil darf länger als 50 cm und breiter als 15 cm sein.

➤ Die Teile können in beliebiger Weise miteinander verbunden werden.

➤ Die Brücke muss ohne zusätzliche Befestigung an den Tischen etc. den Abgrund überspannen.

➤ Es darf *kein* weiteres als das ausgehändigte Material oder Arbeitsmittel (z.B. Schere, Stifte …) verwendet werden.

NACH FOLGENDEN KRITERIEN WIRD HINTERHER BEWERTET:

➤ Spannweite

➤ Belastbarkeit

➤ Design / Originalität

DAS GEMEINDEPRAKTIKUM

EURE ARBEITSAUFGABE

➤ Den von Euch gewählten Arbeitsbereich der Kirchengemeinde genau kennen zu lernen.

➤ Bei einer praktischen Aufgabe/Tätigkeit in Eurem Arbeitsbereich helfen bzw. selbstständig durchzuführen.

➤ Findet heraus, warum die MitarbeiterInnen Deines Arbeitsbereiches sich gerade in kirchlichen Aufgaben engagieren.

➤ Überprüfung der Kriterien für Gemeinschaft in Deinem Arbeitsbereich. Wo findest Du sie bestätigt, was fehlt?

➤ Merkmale Deines Arbeitsbereiches für die Gemeinschaft in der Kirchengemeinde.

EUER ZIEL

➤ Die anderen KonfirmandInnen bei der späteren Auswertung genau über Euren Bereich von kirchlicher Arbeit zu informieren.

➤ Eine interessante und abwechslungsreiche Präsentation über Euren Arbeitsbereich zu entwickeln.

➤ Als beste und abwechslungsreiche Präsentation den Wettbewerb zu gewinnen. Ideen für eine Präsentation: Dia-Vortrag, Referat, Rollenspiel, Fotobericht, Interview, Collage, Quiz-Show, (Videofilm, PC-Präsentation – unter Vorbehalt) ...

WAS IHR NICHT VERGESSEN SOLLTET

➤ *Terminabsprache* mit Eurem Mentor/Eurer Mentorin *am Anfang der nächsten Woche.*
Die Mentoren melden uns zurück,
ob Ihr mit Ihnen den Termin abgesprochen habt.

➤ Klärt mit dem Mentor/der Mentorin, wie Ihr Euer Praktikum gestalten wollt.
Wollt Ihr einen Fotobericht, Interview ... machen, und geht das?
Wann könnt Ihr etwas Praktisches in Eurem Praktikum tun?

➤ Klärt untereinander ab, wer für welche Aufgabe zuständig ist.
Wer besorgt einen Fotoapparat, Kassettenrecorder ..., schreibt den Bericht ...

DEIN PRAKTIKUMSBEGLEITER

➤ Trage hier den Namen und die Telefonnummer Deines Partners ein:

Name: .... Telefon: ....

➤ Trage hier den Namen, die Telefonnummer und die Adresse Deines Ansprechpartners auf der Praktikumsstelle ein:

Name: .... Telefon: ....

Adresse: ....

➤ Trage hier ein, wann Ihr Eure Aufgaben vorbereiten wollt:

Datum: .... Uhrzeit: .... Datum: .... Uhrzeit: ....

Datum: .... Uhrzeit: .... Datum: .... Uhrzeit: ....

➤ Trage hier ein, wann Ihr Euch auf Eurer Praktikumsstelle mit Eurem Ansprechpartner treffen wollt (mindestens 2x).

Datum: .... Uhrzeit: .... Datum: .... Uhrzeit: ....

Datum: .... Uhrzeit: .... Datum: .... Uhrzeit: ....

➤ Trage hier ein, welche praktische Aufgabe Ihr während Eurem Praktikum durchführt (vorher mit Eurem Ansprechpartner klären):

Was: .... Am: .... Um: ....

⋀ Welche Präsentationsform über Euer Praktikum und Eure Ergebnisse habt Ihr gewählt? ....

⋀ Welche Materialien braucht Ihr dafür? ....

⋀ Was besorgst Du? ....

⋀ Trage hier die erarbeiteten Kriterien für Gemeinschaft ein:

1. ☐ .... 2. ☐ .... 3. ☐ ....

4. ☐ .... 5. ☐ .... 6. ☐ ....

⋀ Mache ein Kreuz hinter diejenigen, die Du auf Deiner Praktikumsstelle wiederfindest.

⋀ Welche Fragen könntet Ihr Eurem Ansprechpartner und den Mitarbeiter/innen stellen? Z.B.: Welche Rolle spielt der christliche Glaube für Ihre Arbeit? Wann arbeiten Sie hier (Wochentage/Uhrzeit etc.)? Werden Sie für Ihre Arbeit bezahlt? Arbeiten Sie meistens alleine oder in der Gruppe? Macht Ihnen Ihre Arbeit Spaß? Wo arbeiten Sie in anderen Gebieten der kirchlichen Arbeit in der Gemeinde zusammen? Was genau ist Ihre Arbeit? „Kirchengemeinde" – was heißt das für Sie? ...

⋀ Wenn Ihr Fragen habt, nicht mehr weiter wisst, Ärger mit Eurer Praktikumsstelle habt,

oder ..., dann meldet Euch bei: .... Telefon: ....

WIE KANN GRUPPE FUNKTIONIEREN?

Möglichkeit a)

Möglichkeit b)

Möglichkeit c)

Möglichkeit d)

GEMEINSCHAFT – DAZU GEHÖRT ...

➢ _____

➢ _____

➢ _____

➢ _____

➢ _____

➢ _____

➢ _____

GEMEINSCHAFT – DAS BEDEUTET ...

➢ _____

➢ _____

➢ _____

➢ _____

➢ _____

➢ _____

➢ _____

Meditationstext

Lege dich bequem auf deinem Platz zurecht. Die Hände sollten neben deinem Körper liegen ... Die Beine liegen ebenfalls nebeneinander. Schließe nach Möglichkeit die Augen, um dich besser auf dich und deinen Körper konzentrieren zu können ... Du darfst neugierig sein auf die Reise durch deinen Körper. Du wirst deine Wärme und Kraft spüren ... weiche und angespannte Stellen auf dieser Reise entdecken.

Lass zunächst deine Gedanken und Gefühle hingehen, wohin sie wollen. Vielleicht fallen dir Bilder und Fragen ein ... sie alle kannst du ruhig betrachten und an deiner Seele vorbeiziehen lassen. So wie sich Wolken am Himmel bilden und vorüberziehen ...
Du kannst der Musik zuhören und meiner Stimme, der du vertrauen kannst. Sie wird dich auf deiner Reise begleiten, ohne dich zu stören ...

Du spürst, wie du in dich eintauchst und dein Atem den Brustkorb hebt und senkt ... wie frische Luft durch deine Nase in dich hineinströmt ... und warme Luft deinen Körper wieder verlässt ... Das alles kannst du spüren, ohne dass du etwas dafür tun musst. Es geschieht ganz von selbst ... Du brauchst es nicht zu steuern. Es ist gut, so wie es gerade geschieht ...

Nachdem du eine Weile deinem Atem gefolgt bist, beginnst du deine Reise an deinen Füßen. Du spürst, wie deine Fersen auf dem Boden aufliegen ... Sie, die sonst deinen ganzen Körper tragen, sind jetzt entspannt ... Du spürst nur den Punkt, wo sie den Druck an den Boden abgeben. Vielleicht ist es ein großer Punkt oder ein kleiner ... Du kannst spüren, ob sie weich oder hart vom Boden abgestützt werden ...
Lass deine Füße nun ruhen und setze deine Reise durch die Unterschenkel fort. Du kannst die geraden Schienbeine spüren ... Deine Waden ... sie tragen dich, und du spürst, wo sie am Boden aufliegen ... Von deinen Waden gelangst du an deine Knie ... Sie liegen jetzt ganz locker da. Du kannst fühlen, wie kräftig und stark sie sind ... Mit ihnen kannst du laufen und springen. Sie tragen dich und deine Seele, wohin du willst ... Sie verbinden deine Füße und Unterschenkel mit dem Rest deines Körpers ...
Von hier gelangst du in deine Oberschenkel ... Du spürst, wie sie schwer auf dem Boden liegen ... Hier sammelt sich die Kraft deiner Beine ... jetzt spürst du die warme und weiche Entspannung. Deine Beine müssen nichts dafür tun ... Spüre deinen Oberschenkeln nach, ihrer Form, die sich in deinen Hüften verläuft ...
Du genießt die Ruhe und Entspannung deiner beiden Beine ... Du weißt, du kannst dich auf sie verlassen und ihnen vertrauen ... Nun verabschiede dich von deinen Beinen und setze deine Reise fort .

Du gelangst nun zu deinen Hüften. Sie sind die Verbindung zwischen deinem Ober- und deinem Unterkörper. Wie ein Scharnier verleihen dir deine Hüften Gelenkigkeit beim Klettern und Bücken ... Jetzt spürst du die große Fläche, mit der dein Po vom Boden getragen wird ... Hier kannst du spüren, wie sich die Kraft sammelt, die deinen Rücken stärkt ... In der Mitte des Pos fühlst du, wie dein Rückgrat dort beginnend sich nach oben aufbaut ...

Auch dein Rücken berührt den Boden ... An manchen Stellen ist der Kontakt deutlich ... an anderen Stellen spürst du dies weniger ... oder gar nicht ... Du kannst die feinen Bewegungen fühlen, die dein Rücken beim Ein- und Ausatmen macht, ohne dass du etwas dafür tun musst ... Ganz sanft drückt dein Rücken beim Einatmen gegen den Boden ... Beim Ausatmen verliert er diese Berührung wieder ... Du spürst diese feine Bewegung in jedem Wirbel deines Rückgrats ... Wandere mit deinen Gedanken und Gefühlen nun langsam von deinem kleinsten Wirbel im Po dein Rückgrat Wirbel für Wirbel hinauf zu deinen Schultern ... Nimm auch deine Atmung wahr, wie sie deinen Bauch hebt und senkt ... Wie Wellen in einem Ozean ... Mit jedem Ausatmen kommt mehr Ruhe und Kraft in deinen Rücken und Körper. Mit jedem Einatmen kehrt Zuversicht in deine Seele ein ...

An deinen Schultern angekommen, spürst du, wie sie sich entspannen und die Last von ihnen fällt wie ein großer, schwerer Stein ... Du merkst, wie du dich immer mehr entspannst und ruhiger wirst. Dein Atem fließt völlig natürlich, ohne dass du etwas dafür tun müsstest ...

Lass nun auch deinen Oberkörper ruhen und setze deine Reise in deine Hände fort ... Nimm deine Daumen wahr ... deine Zeigefinger ... Mittelfinger ... Ringfinger ... und den kleinen Finger. All dies, ohne deine Hände und Finger zu bewegen ... Du spürst die weichen Handinnenflächen ... und ihre Oberseiten.
Wandere nun deine Arme hinauf und fühle die Berührung deiner Unterarme mit dem Boden ... Auf deinem Weg zu deinen Schultern spürst du auch die Stärke deiner Oberarme ... ihre Muskeln ... In deinen Schultern angekommen, spürst du den sanften Zug der Schwerkraft nach unten.
Von hier gelangen deine Gedanken und Gefühle in deinen Hals. Nimm die Vorderseite des Halses wahr ... den Nacken ... die Halswirbelsäule ... bis zu dem Punkt, wo sie mit deinem Kopf verbunden ist ... Spüre die Rundungen deines Kopfes ... den Punkt, an dem der Boden ihn stützt. Fühle deine harte Schädelplatte, die dein Gehirn vor Stürzen und Verletzungen sicher schützt ...
Konzentriere dein Gefühl jetzt auf die Augen ... nimm das Halbdunkel hinter deinen geschlossenen Lidern wahr ... Spürst du, wie sicher deine Augen in den Augenhöhlen eingebettet liegen? ... Fühle jetzt deine Nase ... von dem Punkt zwischen deinen Augenbrauen bis zur Spitze mit ihren beiden Nasenflügeln ... Die Atemluft ist beim

Einatmen frischer, beim Ausatmen wärmer ... Spüre deinen kräftigen Kieferknochen in deinem Mund und die weiche Zunge ... Wandere jetzt nach ganz außen an deinen Kopf und konzentriere dich auf deine Ohren ... Du kannst die wenigen Geräusche im Raum mit ihnen nicht nur hören, sondern auch ganz fein fühlen ... ihre Schwingungen. Du nimmst die Wärme deiner Ohrläppchen wahr ... ganz außen an deinen Ohren ...

Von dort gelangst du zurück zu deinem ganzen Körper ... Du spürst die Entspannung und Ruhe in deinem ganzen Körper. Die Wärme und Kraft ... die Zuversicht und das Vertrauen deiner Seele zu jedem einzelnen Teil deines Körpers ... Du erinnerst dich an die leicht zugänglichen Stellen deiner Reise ... und an die, die sich dir schwerer erschlossen haben, die vielleicht auch verspannt waren ...
Alle diese Teile gehören zu dir und machen deinen Körper, deinen Geist und deine Seele aus ... bilden eine Einheit, eine Gemeinschaft ... Bitte respektiere sie alle in dir, jedes an seinem Ort und mit seiner Funktion ... Es gibt kein richtig und kein falsch ... kein gut und kein böse ... nimm deinen Körper in einem liebevollen Kontakt so wahr, wie er ist.

Ich möchte dir jetzt einen Text aus der Bibel zur Verbindung von Körper, Geist und Seele vorlesen. Sie bilden die Gemeinschaft im Menschen, und dadurch kann der Mensch Gemeinschaft mit anderen und Gott finden. Höre ihn dir in Ruhe und Entspannung an.

Es folgt der Bibeltext 1. Korintherbrief 12,12-28a (ohne 23-24a).

Und mit dem Wissen, wie es sich anfühlt, zu dir zu reisen, und der Fähigkeit, dich spüren zu können, wann immer du möchtest, zu wissen, dass du zur Gemeinschaft geboren bist, kommst du wieder ganz nach hier in den Raum zurück. Nimm dir dafür deine Zeit, die du brauchst ... Bewege deine Finger und Hände, deine Füße und Beine ... dehne dich ... räkel dich, ganz wie du magst ... Öffne jetzt langsam wieder die Augen und sieh dich hier im Raum um. Schau, wo du bist, und wo die anderen sitzen oder liegen.

PRAKTIKUMSSTELLE

Ansprechpartner:

Bild vom Ansprechpartner,
Mitarbeiter/innen
oder der Praktikumsstelle

Adresse:

Telefon:

Am besten zu erreichen:

Aufgabenbereich:

Mögliche praktische Tätigkeit der Praktikumsgruppe:

Konfirmand/in:

Konfirmand/in:

Arbeitseinheit zum Thema:
Einführung ins Gemeindepraktikum

Zeit	Inhalt	Aktion	Material
15'	Begrüßung, kurze Runde zum Befinden. Lied zum Thema des Abends: „Ein Schiff, das sich Gemeinde ...“	Sitzkreis, gemeinsames Singen	Liedblätter, Unterstützung durch Tonträger, evtl. Gitarre
60'	Teamarbeit und -geist entdecken, Grundlagen zur Arbeit in einer Gruppe/Gemeinschaft, Förderung von kreativer Aufgabenlösung	Es soll aus verschiedenen vorgegebenen Materialien in einer möglichst stabilen und formschönen Lösung eine Brücke gebaut werden. (Teamarbeit) [Aufgabe s.: Methoden für RU, Jugendarbeit und EB – Grom] Anschließend Auswertung und Prämierung	*Pro Gruppe:* • 4 Bogen Karton • 1 Tube UHU-Kleber • 1 Rolle Tesafilm • 1 Schere • 1 Lineal
10'	**Pause**		
25'	Selbsteinschätzung der Gruppenarbeit, Reflexion eigener Arbeitsweisen, Definition und Eigenschaften von Gemeinschaft/ Gemeinde.	Über TLP werden Karikaturen von Tiki zum Thema gezeigt, an denen Eigenschaften und Grenzen von Gemeinschaft deutlich werden, Gespräch, Zuordnung der eigenen Gruppe zu einer der Karikaturen und Zuordnung zu einer darin enthaltenen Person (Sprechblase).	TLP, Folie mit Tiki-Bildern, Folienstifte

Zeit	Inhalt	Aktion	Material
25'	Vorstellung der einzelnen Aufgabengebiete einer Kirchengemeinde und der darin vorkommenden Praktikumsstellen, sowie Vorstellung der Mentoren und der Möglichkeiten der Auswertung und Protokollierung, Gruppeneinteilung	Selbstständiges Auswählen der Praktikumsstelle und des Partners (Zweiergruppen), Problemlösungsstrategien bei Über- und Unterbesetzung	*Wandzettel* mit Praktikumsstelle und Leiterinfo, Diaprojektor, Dias, Kassette, Recorder, Collage etc.
10'	**Pause**		
20'	Darstellung der Aufgaben und Ziele des Gemeindepraktikums	Anhand eines Arbeitsblattes werden die einzelnen Punkte besprochen.	AB Praktikumsbegleiter
30'	Meditativer Abschluss und biblische Eigenerfahrung zum Thema Gemeinschaft, Abschlussrunde	Meditation zum Paulustext 1 Kor 12,12-28a (ohne 23-24a) 1. Schritt: Reise durch den Körper (Hand, Auge, Fuß ...) 2. Schritt: Lesen des Paulustextes.	Korinthertext (Gute Nachricht), Meditationsmusik, Recorder, Decken
15'	Schlussrunde: Reflexion des Tages	Sitzkreis: Auswertungsrunde, folgende Fragen sind dabei wichtig: • Was nimmst du heute Abend mit nach Hause? • Wie geht es dir jetzt?	

6.1.5 Arbeitseinheit: Miteinander leben (Zehn Gebote)

Zeitumfang: 3 h
Räumlichkeiten: großer Raum, evtl. mehrere kleine Räume
Gruppen: Plenum, Kleingruppen, Einzelarbeit

• Ankommen (15 min)

Inhalt/Aktion: Den Konfirmanden soll Raum gegeben werden, sich auf die Gruppe und die gemeinsame Zeit einzustellen. Alle sitzen im Kreis auf dem Fußboden. In einer kurzen Runde soll jeder und jede einen kurzen Satz zu seiner momentanen Befindlichkeit mitteilen. Wichtig ist dabei, dass die Konfirmanden frei sprechen, d.h. ohne Meldung. Sie sollen ein Gespür für ein „wann kann ich mich einbringen" entwickeln, verbunden mit gleichzeitigem Hören auf die anderen.
Im Anschluss daran wird das Lied „Wir haben Gottes Spuren festgestellt" gesungen.
Ziele: Sensibilisierung für den persönlichen Beitrag im Zusammenhang mit Reden und Zuhören, Erfahrung von Selbstwert, indem der Beitrag durch Zuhören und Abwarten Respekt erfährt.
Material: Kassette und Recorder oder Gitarre, Liedblätter

• Regelspiel (25 min)

Inhalt/Aktion: Die Zehn Gebote – oder Regeln im Allgemeinen – sind nötig, um in einer Gemeinschaft zusammenzuleben. Damit Regeln für alle verbindlich sind, ist es wichtig, dass die den Regeln zu Grunde liegenden Werte von allen Mitgliedern der Gemeinschaft anerkannt werden. Letztlich sind Regeln nur dann nötig, wenn dieser Anerkennung der Werte Gefahr droht, d.h. sie nicht mehr ohne weiteres anerkannt werden und Missstände drohen.
Regeln bzw. die Zehn Gebote stellen dem Menschen ein Instrumentarium zur Verfügung, mit dessen Hilfe er verantwortlich mit sich und der Umwelt leben kann. Dieses Spiel greift zunächst den Teilaspekt der Zehn Gebote auf, dass Regeln für ein Zusammenleben unabdingbar sind. Darüber hinaus stellt es ein hinführendes Moment zur Wertepyramide dar.
- Das Leitungs*team* (hier ist ein Team notwendig) trennt sich. D.h. einer der Leiter geht aus dem Raum, der andere gibt folgende Anweisung:
  Bitte stellt Tische zu einem Viereck zusammen und besorgt euch Papier und Stifte. Es geht gleich mit einem Spiel los, wozu ihr dieses Material braucht. Ich muss noch etwas für das Spiel holen und bin gleich zurück.
  Nach dieser Anweisung verlässt er den Raum. Kurze Zeit später kommt der zweite Leiter in den Raum. Er ignoriert völlig das Geschehen und gibt eine neue Anweisung aus, die folgendermaßen lautet:

Bitte schafft Platz im Raum, die Tische zur Seite, und legt alles aus den Händen. Ich möchte mit euch eine kleine Reise auf dem Boden machen. Dazu brauche ich noch einen Kassettenrecorder. Den hole ich kurz. Inzwischen macht, was ich euch gesagt habe, und sucht euch dann einen Platz im Raum, an dem ihr allein seid.

Nach dieser Anweisung tritt sicher Verwirrung und Unmut unter den Konfirmanden auf, allerdings werden sie noch tun, was verlangt wird.

Auch der zweite Leiter verlässt, ohne Diskussionen, den Raum. Kurze Zeit später kommt der erste Leiter zurück, wundert sich etwas, wiederholt aber seine Anweisung vom Anfang und bittet nochmals eindrücklich um Erfüllung der Anweisung. Sicher werden jetzt erste Konfirmanden streiken, böse sein, boykottieren etc. Trotzdem sollte der Leiter standhaft sein und sich nicht auf Diskussionen einlassen. Er verlässt wiederum den Raum unter einem glaubwürdigen Vorwand.

Ich suche noch kurz Herrn/Frau XY (zweite Leiter/in), dann kann es losgehen. Also macht jetzt keinen großen Aufstand, sondern tut endlich, was ich euch gesagt habe, dann können wir gleich, wenn ich wiederkomme, mit dem Spiel loslegen.

Kurze Zeit später erscheint der zweite Leiter. Er kann jetzt durchaus ungehalten und ernsthaft die Einhaltung seiner Anweisung (s.o.) fordern. Die Konfirmanden werden vermutlich alles hinschmeißen und völlig irritiert nichts mehr tun. Sollte dies bis dahin nicht in dieser Form erfolgen, kann dieses Spiel auch beliebig verlängert werden. Wichtig ist, dass die Konfirmanden irritiert sind.

Ab diesem Punkt tritt das Leitungsteam wieder zusammen auf. Nach den ersten, wahrscheinlich lautstarken Frustäußerungen setzen sich alle in einen Kreis. Unter Einhaltung der Rederegeln von der Anfangsrunde wird über die Situation gesprochen. Folgende wichtige Aspekte sollten geklärt werden:

- Warum konnte keine der Anweisungen fertig ausgeführt werden?
- Was ist nötig, damit getroffene Absprachen auch einen Wert erhalten?
- Welche Absprachen/Regeln waren noch wirksam, obwohl diese nicht ausdrücklich genannt worden sind?
- Was wäre nicht passiert, wenn sich alle an die gleichen Absprachen/Regeln gehalten hätten?
- Wann benötigt man überhaupt Regeln/Gesetze/Absprachen/Verträge ...?

Ziele: Erkennen/Erleben des wesentlichen Zusammenhangs von Miteinander und Regeln, dass die Grundlage von Regeln gemeinsam anerkannte Grundwerte sind. Was es bedeutet, Regeln zu verletzen. Bewusstmachung, dass Regeln nur dem Schutz der Werte (hier Vertrauen) dienen, bzw. schon entstandene Verletzungen dieser (Missstände) beseitigen soll.

Material: keins

- **Wertepyramide (60 min)**

Inhalt/Aktion: In der vorangegangenen Phase wurde die grundsätzliche Bedeutung von Regeln deutlich. Jetzt folgt die Phase, in der es um die schon angesprochenen Werte geht. Dabei ist es wichtig, zwischen individuellen Werten und denen einer Gemeinschaft zu unterscheiden. Dies soll in Anlehnung an ein von der NASA[25] entwickeltes Spiel geschehen.

- *Phase 1 (ca. 15 min):* Jeder Teilnehmer erhält eine Werteliste (drei freie Kästchen) und eine Pyramide (Arbeitsblätter), weiterhin Klebstift und Schere. Die erste Phase der Wertepyramide verläuft in Einzelarbeit. Der Arbeitsauftrag lautet:

Schneide die Werte aus und klebe 15 in der von dir gewünschten und anerkannten Reihenfolge (wichtigste/wertvollste oben) auf die Pyramide. In die drei leeren Kästchen kannst du für dich wichtige, aber nicht vorgegebene Werte hineinschreiben. Du hast 15 Minuten Zeit.

- Für die zweite Phase dieses Spiels müssen Kleingruppen gebildet werden. Dies geschieht im Sinn eines störungsfreien Ablaufs am besten dadurch, dass die Konfirmanden kurz in einem Sitzkreis (Boden) zusammenkommen. Damit ist für den ersten Teil auch ein eindeutiges Ende markiert. In der Kleingruppe sollten nicht mehr als 5-6 Konfirmanden sein.

  Die Einteilung kann mit Hilfe von Würfelzahlen vorgenommen werden. Dazu würfelt jeder Konfirmand der Reihe nach. Gleiche Zahlen bilden eine Gruppe. Die Gruppenstärke muss vorab festgelegt werden.

  Würfelt ein Konfirmand eine Zahl von einer Gruppe, die schon voll ist, darf er nochmals würfeln. Gleiches gilt für Zahlen, die nicht zur Gruppeneinteilung genutzt werden. Z.B.: 4 Gruppen = Zahlen 2-5, es fallen raus 1 und 6. Wer diese Zahlen würfelt, darf noch einmal.

- *Phase 2 (ca. 25 min):* Die Leitung gibt die gleichen 30 Werte (wiederum drei freie, mit Folie überklebte Kartonstreifen und Folienstift) in Form von beschrifteten Kartonstreifen in die Gruppe. Die Gruppen sollten möglichst so sitzen, dass sie sich gegenseitig trotz evtl. lebhafter Diskussion nicht stören (evtl. auf Nebenräume und Flure ausweichen). Der Arbeitsauftrag lautet:

Entwickelt eine Wertepyramide (10 Werte, auf dem Boden) für eure Gruppe. Die Auswahl der Werte und die Platzierungen müssen innerhalb der Gruppe einstimmig beschlossen werden. Geht dazu folgendermaßen vor:

- *Einigt euch zuerst auf die Auswahl der Werte.*
- *Ordnet danach die Werte der Reihenfolge nach.*
- *Markiert die Beschlüsse über Auswahl oder Reihenfolge, bei denen es keine Schwierigkeiten gab, mit einem grünen Punkt, die Beschlüsse, bei denen nur schwierig eine Einigung (Kompromisse) erzielt werden konnten, mit einem roten Punkt.*

122

Bei euren Entscheidungen achtet darauf:
- *Trefft keine Gefälligkeitsentscheidungen (den anderen zuliebe).*
- *Die Entscheidungen sind ohne Abstimmungen zu erreichen.*
- *Jeder Einzelne sollte nur dann mit der Entscheidung einverstanden sein, wenn er sie wenigstens teilweise mittragen kann.*
- *Ihr habt dafür 25 min Zeit.*

Nach dem Ablauf der Zeit bringt jede Gruppe ihre Wertepyramide mit Hilfe von Kreppklebeband an einer Wand an (möglichst alle nebeneinander). Gruppen, die bis dahin nicht fertig sind, beenden trotzdem den Prozess. Alle Werte der jeweiligen Gruppe, die nicht in der Wertepyramide Platz gefunden haben, werden mit sichtbarem Abstand unter der Pyramide angebracht.

- *Phase 3 (ca. 20 min):* Die einzelnen Gruppenergebnisse werden zunächst verglichen. Es wird sich zeigen, dass bestimmte Werte völlig weggefallen sind, andere in allen Pyramiden vorkommen, evtl. sogar an gleichen oder ähnlichen Positionen.

Durch die Punktbewertung wird sichtbar, welche Werte eher umstritten waren und welche von den meisten als „problemlos" gültig angesehen wurden. Folgende Fragestellungen können bei der Auswertung eine Hilfestellung sein.

- *Bei welchem Wert gab es in der Gruppe die schwierigste Einigung und warum?*
- *Warum tauchen einige Werte überall (noch dazu relativ gleich gewichtet) auf? Was ist das Besondere an ihnen?*
- *Wenn ihr aus den Pyramiden die Werte herausfiltert, müssten die für:*
  - *selbstverständliche/grundsätzliche Werte,*
  - *Gruppen-, Gemeinschafts-, Cliquenwerte,*
  - *persönliche oder individuelle Werte*
  stehen. Welche wären es für die jeweilige Gruppe?

Es genügt, wenn für jede Gruppe 3-4 Werte herausgefiltert werden. Es sollte nur zu keiner Auswahl durch einzelne Konfirmanden kommen. Die gefilterten Werte werden auf mit Überschriften (s.o.) versehene Kartons DIN A 3 geschrieben. Die Kartons werden in der oben angeführten Reihenfolge untereinander gehängt.

Im Auswertungsgespräch genügt es, wenn erkannt wird, dass Werte die Grundlage von Gemeinschaft und Regeln bilden, dass einige von ihnen offenbar „selbstverständlich" dazugehören (Einzelpersonen und Gruppen übergreifen, sozusagen eins mit dem Menschen), andere wiederum „Ansichtssache" sind, bzw. argumentativ begründet und durchgesetzt werden müssen.

Ziele: Bewusstmachung persönlicher Werte und Maßstäbe und deren verschiedene Relevanz für die eigene Person. Vergleich der eigenen Wertmaßstäbe mit denen anderer auf dem Hintergrund einer Gemeinschaft. Erkennen und Üben notwendiger Kompromissbereitschaft, um gemeinschaftlich akzeptierte Wertgrundlagen zu finden. Erkennen bestimmter Werte als „Grundwerte", d.h., dass sie in den meisten Gemeinschaften (hier Gruppen) eine hohe Priorität genießen ohne besondere Begründung.

Material: Arbeitsblätter: Wertepyramide und Werteliste, ca. 5 Würfel, Kartonstreifen mit Wertebegriffen (am besten mit Folie überklebt), leere Kartonstreifen, Folienstifte, Tesakreppband, DIN A 3 Karton mit Überschriften: selbstverständliche, Gemeinschafts-, individuelle Werte

- **Pause (10 min)**

- **Pyramidenvergleich (40 min)**

Inhalt/Aktion: In dieser Phase wird ein Vergleich der Zehn Gebote mit den zugeordneten Werten auf den Kartons gezogen. Dabei geht es zunächst um die Feststellung von gleichen Werten bzw. sogar gleichen Gewichtungen (Rangfolge). Im Weiteren soll dann auf die Besonderheit der Gebote 1-3 eingegangen werden.

- Das Erkennen der Zehn Gebote und deren Reihenfolge kann als kurzes Wettspiel gestaltet werden. Dazu braucht man die bildlichen Darstellungen der Zehn Gebote von W. Küstenmacher (s. Arbeitsblatt, einzeln auf Karton) und die dazugehörigen Textpassagen aus der Bibel (ebenfalls einzeln auf Karton). Die Bilder und Textpassagen hängen wild durcheinander an der Wand.

Jede Gruppe, die an der Reihe ist, kann Punkte machen:
- indem sie ein Bild an die richtige Position (Nummer) setzt *oder*
- einem schon hängenden Bild eine richtige Textpassage zuordnet.

Spielregeln:

Bei jedem Fehler muss die Gruppe aufhören, und die nächste Gruppe ist an der Reihe.

Jede Gruppe, die an der Reihe ist, kann pro Runde nur:
- ein Bild und einen Text platzieren (beides kann getrennt voneinander erfolgen) *oder*
- zwei Texte richtig platzieren.

Texte *ohne* Bilder dürfen nicht platziert werden.

Zwei Bilder in einer Runde aufzuhängen ist verboten.

Es herrscht Zugzwang.

Die Beratungszeit beträgt maximal 30 sec., erfolgt dann kein Zug, geht die Runde weiter.

- Nachdem die Zehn Gebote zugeordnet wurden, werden sie zum Vergleich neben die Auswahlliste gehängt.
  - Die Konfirmanden sollen entscheiden, ob und wenn ja, welche Werte sich welchem Gebot zuordnen lassen. (Beide werden mit einem bunten Wollfaden

verbunden.) Sollten sich zwei Zuordnungen ergeben, muss sich die Gruppe entscheiden, welche davon Vorrang hat. Letztlich darf jedes Gebot maximal einem Wert zugeordnet sein. Im Ergebnis werden nicht alle Gebote eine Zuordnung erfahren, insbesondere die Gebote 1-3 höchstwahrscheinlich nicht. Die noch nicht eingeordneten Gebote kommen zunächst an den Rand.

- Sollten Diskussionen um einzelne Werte und ihre Zuordnung entstehen, haben diese Priorität. Die Leitung hat darauf zu achten, dass sich die Diskussion nicht im Kreis dreht oder von einigen wenigen geführt wird.
- Die Konfirmanden betrachten das Ergebnis und stellen den Wandel oder die Übereinstimmung der Anerkennung von Werten/Geboten von heute und damals fest. Für welche Ebene gibt es die meisten Übereinstimmungen?
- Für die Gebote, welche keine Zuordnung erfahren haben, wird versucht, eine Entsprechung in den Gruppenpyramiden zu finden. Ist dies der Fall, so wird sehr deutlich, wie wenig aktuell dieses Gebot, zumindest für die Konfirmanden, ist. Es können Vermutungen angestellt werden, wie es dazu kommt, dass dieses vor mehr als 2000 Jahren wichtige Gebot heute anscheinend nur noch wenig Wert besitzt.
- Für die Gebote 1-3 haben sich wahrscheinlich keine Entsprechungen finden lassen. Für die Menschen vor mehr als 2000 Jahren standen sie an der Stelle der „selbstverständlichen Werte". Folgende Fragen stellen sich:
  - Warum sind uns diese drei Gebote keine selbstverständlichen Werte mehr? Warum haben sie keine Entsprechungen?
  - Stehen sie völlig außerhalb von den für Menschen wichtigen Werten?
  - Stellen sie einen den „menschlichen Werten" übergeordneten Wert dar? Stehen sie über den „selbstverständlichen Werten"?
  - Warum könnte es wichtig sein, dass es solche Werte gibt?

Ziele: Kennenlernen der Zehn Gebote, Vergleich und Verbindung eigener Wertvorstellungen mit den Werten und Regeln der Bibel – des christlichen Glaubens. Erkennen von Veränderungen in der Wertvorstellung durch die Zeit (d.h. gesellschaftliche Veränderungen), Erfahren, dass neben den „menschlichen" Werten noch eine höhere/übergeordnete Wertdimension existiert.

Material: Zehn Gebote als Bilder von W. Küstenmacher, Textstellen aus der Bibel zu den Zehn Geboten, Kreppklebeband, bunte Wollfäden, Schere, Wertekartons aus der letzten Phase.

- **Variante Teil 1 Wertepyramide (50 min)**

Inhalt/Aktion: Sollte es sich abzeichnen, dass eine Arbeit in der obigen Reihenfolge nicht durchführbar ist, können die beiden Werte-Phasen zusammengefasst und gekürzt werden. Die Pause erfolgt dann im Anschluss an diese Variante (Teil 1).

- Dazu wird der individuelle Werteteil ausgelassen und sofort die Wertepyramide in der Gruppe entwickelt. Die Gruppen werden wie beschrieben eingeteilt.
- Danach werden die Werte mit der meisten Übereinstimmung innerhalb der Gruppen herausgenommen (bei mehr als 10 Werten wird per Abstimmung entschieden) und in die drei Werterubriken (DIN A 3 Karton) aufgeteilt.
- Dann wird das Ratespiel um die Zehn Gebote wie beschrieben durchgeführt.
- Die Zuordnung der Konfirmandenwerte zu den Zehn Geboten wird ebenfalls wie beschrieben vorgenommen.
- Nun folgt direkt die Fokussierung auf die oberste Rubrik bzw. die Gebote 1-3. Zu den Diskussionsfragen s.o.

Ziele: Auseinandersetzung und Wertfindung innerhalb einer Gruppe, Toleranz und Akzeptanz von Gruppenentscheidungen, Erkennen unterschiedlicher Werteebenen, Erkennen der Zehn Gebote, Vergleich eigener Werteinschätzungen mit denen der Zehn Gebote, Erkennen „menschlicher" und übergeordneter Werte, Entwickeln einer eigenen Einstellung zu Glaubenswerten.

Material: ca. 5 Würfel, Kartonstreifen mit Wertebegriffen (am besten mit Folie) überklebt), leere Kartonstreifen, Folienstifte, Tesakreppklebeband, DIN A 3 Karton mit Überschriften: *selbstverständliche, Gemeinschafts-, individuelle Werte,* Zehn Gebote als Bilder von W. Küstenmacher, Textstellen aus der Bibel zu den Zehn Geboten, Kreppklebeband, bunte Wollfäden, Schere

- **Pause (10 min)**

- **Variante Teil 2 „Gerüchteküche" (25 min)**

Inhalt/Aktion: Spielerische Auseinandersetzung mit dem 8. Gebot, das auch im dritten Teil dieser Variante aufgegriffen wird.

- Es wird das Dia „Gerücht" von A. Paul Weber gezeigt.[26] Die Konfirmanden sollen sich dieses Bild zunächst aus einiger Entfernung ansehen. Danach bis auf ca. 3-4 m herangehen.
- Es folgt eine kurze Runde über den Eindruck von dem Bild.
  Was hat sich von der Entfernung bis zur nächsten Distanz verändert?
  Was wurde vorher gesehen, was hinterher?
- Die Konfirmanden sollen eine Überschrift für das Dia erfinden. Alle Überschriften werden auf einer Folie festgehalten (noch nicht über TLP zeigen).
- Nun folgt ein Spiel (ca. 15 min):
  - Dazu gehen alle im Raum durcheinander.
  - Der Leiter bringt drei bis vier Gerüchte in Umlauf. (Die in Umlauf gebrachten Originale sollten alles wahre Aussagen sein.)
  - Der Leiter beginnt bei einem Konfirmanden und flüstert ihm ein Gerücht ins Ohr.

- Sobald der Konfirmand wieder im Spiel ist, kann dieser das soeben erhaltene Gerücht nach freier Wahl *mehrmals* weitergeben.
- Jeder, der ein Gerücht empfängt, darf es nur so weitergeben, wie er es verstanden hat. Rückfragen oder nachträgliches Verbessern sind nicht erlaubt. Die Auswahl von einem der gehörten Gerüchte ist möglich.
- Am Ende werden alle Konfirmanden damit beschäftigt sein, Gerüchte zu empfangen und weiterzugeben. Neben den durch die Übertragung bedingten Fehlern werden ebenfalls Fehler durch das Vermischen verschiedener Informationen eintreten. Neue Gerüchte entstehen.
- Nach Ablauf der Zeit wird das Spiel abgebrochen und alle versammeln sich zum Sitzkreis. Jeder wird nach seinem (einem der zuletzt gehörten) Gerücht gefragt, und dieses wird auf TLP-Folie aufgeschrieben. Nachdem alle befragt worden sind, werden die Originale daneben gelegt, und jeder kann für sich vergleichen.
- Es folgt eine Runde, in der jeder Konfirmand sich dazu äußern kann, wie er diese Gerüchteküche gerade erlebt hat.
  - Wie viel Spaß/Genuss kann man bei einer Gerüchteküche empfinden?
  - Inwieweit schätzt er dieses Verhalten als gefährlich und verletzlich ein?
  - Ist dieses Spiel dicht an dem tatsächlichen Verhalten Jugendlicher oder eher eine übertriebene Darstellung?
  - Wie kann man sich dagegen schützen bzw. nicht zum indirekten Täter werden?
- Die Überschriften und das Dia werden nochmals gezeigt. Jeder kann selbst wählen, welche der Überschriften ihm am passendsten für das Dia erscheint.
- Der Leiter gibt (falls noch nicht von den Konfirmanden erarbeitet) eine kurze Bildbeschreibung und den Titel, den der Maler gewählt hat, bekannt.

Ziele: Nachvollziehen, welcher Prozess zu einem Gerücht führt, Erkennen und Einschätzen, welche Konsequenzen einem solchen Verhalten folgen, Einbeziehen eigener „Wahrheiten" durch Mund-zu-Mund-Propaganda und anderen Einflussfaktoren (Vermischung von Informationen), Entwickeln geeigneter Gegenmaßnahmen

Material: Dia „Gerücht", TLP-Folien und Stifte, Folie mit Original-„Gerüchten", Diaprojektor, Verlängerungskabel, Leinwand oder weiße Wand

- **Variante Teil 3 „Der Sarg" (25 min)**

Inhalt/Aktion: Der dritte Teil der Variante beschäftigt sich mit dem 5. Gebot im Zusammenhang mit dem eben behandelten 8. Gebot. Gerüchte können Menschen im übertragenen Sinn töten, zumindest aber mundtot machen. Ihnen bleibt oft kein anderer Ausweg als die Flucht oder das resignative Akzeptieren solcher Vorurteile. Die Konfirmanden sollen dieses manchmal hoffnungslose Dagegenhalten in einem Symbolspiel erfahren.

- Dazu bekommen $3/4$ der Konfirmanden weiße Karten und den Auftrag, auf jede dieser Karten ein Vorurteil aufzuschreiben. Es werden zunächst ca. 22 Vorurteile benötigt. Danach werden diese Karten auf dem Boden in Form eines Sargs ausgelegt.
- An dieser Stelle erfolgt die Frage, auf welches Gebot abgezielt wird.
- Nachdem dies klar geworden ist, bekommen die zunächst „leer ausgehenden" Konfirmanden Karten in Form eines roten Keils (Dreieck). Auf diese sollen sie ein Argument oder Verhalten schreiben, wie ein (bestimmte weiße Karte) Vorurteil aufgebrochen werden kann. Dies ordnen sie dann dem von ihnen ausgewählten Vorurteil zu.
- Es erfolgt ein „Wettlauf". Jeder weiße „Vorurteilsschreiber" kann einen roten Keil mit einem neuen Vorurteil wieder vernichten.
- Die Aufgabe der „Aufklärer" ist es, möglichst viele Vorurteile mit roten Keilen zu knacken.
- Nach ca. 10 min wird angehalten und das Ergebnis betrachtet.
- Zunächst sollen die „Aufklärer" ihre Situation oder Versuche im Hinblick auf mögliche Realsituationen reflektieren. Danach schildern die „Vorurteilsschreiber" ihr Erleben. Gemeinsam kann nachgeforscht werden, ob und wie solchen Situationen vorgebeugt werden kann. Welche Mittel hat jeder Einzelne dafür in der Hand und zur Verfügung?

Eine einfachere Variante dieses Spiels:
- Alle bekommen eine weiße Karte und den Auftrag, auf jede Karte ein Vorurteil zu schreiben.
- Diese Karten werden vom Leitungsteam eingesammelt und auf dem Boden in Sargform ausgelegt.
- Jeder bekommt einen roten Keil mit der oben genannten Aufgabenstellung.
- Der Wettlauf entfällt.
- Der Reflexion wird wie beschrieben durchgeführt.

Ziele: Reflektieren eigener Vorurteile und dem damit verbundenen Leiden anderer, Erleben einer Ohnmachtssituation gegenüber so vielen „Gegnern", Erkennen eigener Stärken, um sich solcher Situationen zu erwehren bzw. sich nicht daran zu beteiligen, Erleben von Stärken aber auch von Machtausübung einer Gemeinschaft, Solidarität (zumindest der „Aufklärer"), Verantwortung in seinem Verhalten Mitmenschen gegenüber

Material: Pro Teilnehmer ein Edding 301, ca. 50 weiße Karten DIN A 6 aus Tonkarton, ca. 40 Keile aus schräg geschnittenem DIN A 5 Karton

- **Meditation zur Zahl Zehn (20 min)**

Inhalt/Aktion: Nach der wahrscheinlich doch für alle anstrengenden und hoffentlich auch interessanten Auseinandersetzung soll der Abschluss entspannend werden.

Warum gerade *Zehn* Gebote und nicht 12 oder weniger? Eine banale Frage, die aber für den richtigen Schluss sorgt.

Die Antwort auf die Frage nach der Zahl ist einfach (Zehn Gebote = zehn Finger an den Händen) und soll meditativ vermittelt werden.

- Dazu sucht sich jeder Konfirmand einen Platz im Raum, an dem er sich wohl fühlt und er im Umkreis seiner ausgestreckten Arme nichts und niemanden berührt.
- Alle setzen sich auf die Erde (evtl. vorher Sitzkissen zur Verfügung stellen).
- Der Leiter versichert, dass er aufpasst und für eine ruhige Stimmung sorgt.
- Im Hintergrund läuft zur Meditation ruhige Instrumentalmusik.

Ziele: Erleben des Zusammenhangs zwischen der Anzahl der Gebote und dem Leben (den Lebensgewohnheiten), individuelle Vertiefung der erfahrenen und erlebten Informationen zu den Zehn Geboten, Hinführung zum Abschluss

Material: Kassettenrecorder/CD-Player, Kassette/CD mit Instrumentalmusik, Meditationstext (Vorschlag), Verlängerungskabel, evtl. Textstellen der Zehn Gebote

- **Schlussrunde (15 min)**

Inhalt/Aktion: Ähnlich der Einstiegsrunde soll hier die Möglichkeit gegeben werden, dem Abend ein eigenes Resümee/Befindlichkeit zuzuordnen. Die Gesprächsregeln der Einstiegsrunde haben auch hier Gültigkeit.

Ziele: Ähnlich der Einstiegsphase mit zusätzlichem Gewicht auf eine rückblickende Verbindung zwischen dem Erfahrenen und der eigenen Person

Material: keins

Zur Werteliste auf Seite 132 vgl. Anmerkung 27.
Zum Text der Zehn Gebote auf Seite 133 vgl. Anmerkung 28.
Zu den Bildern der Seiten 134-135 vgl. Anmerkung 29.

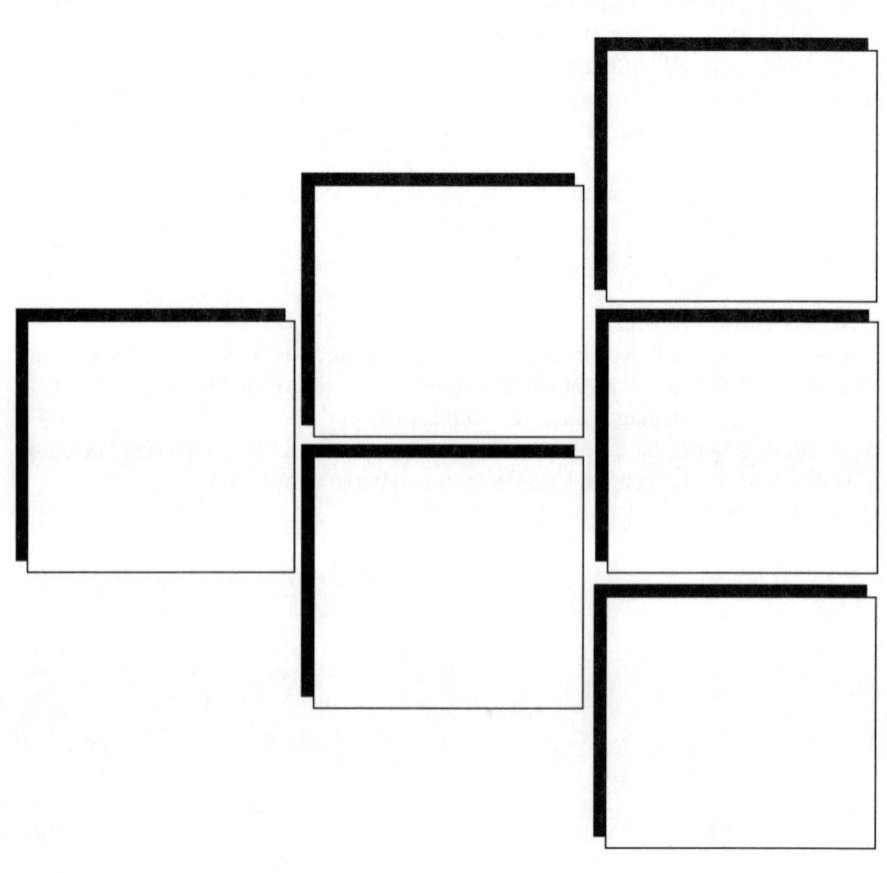

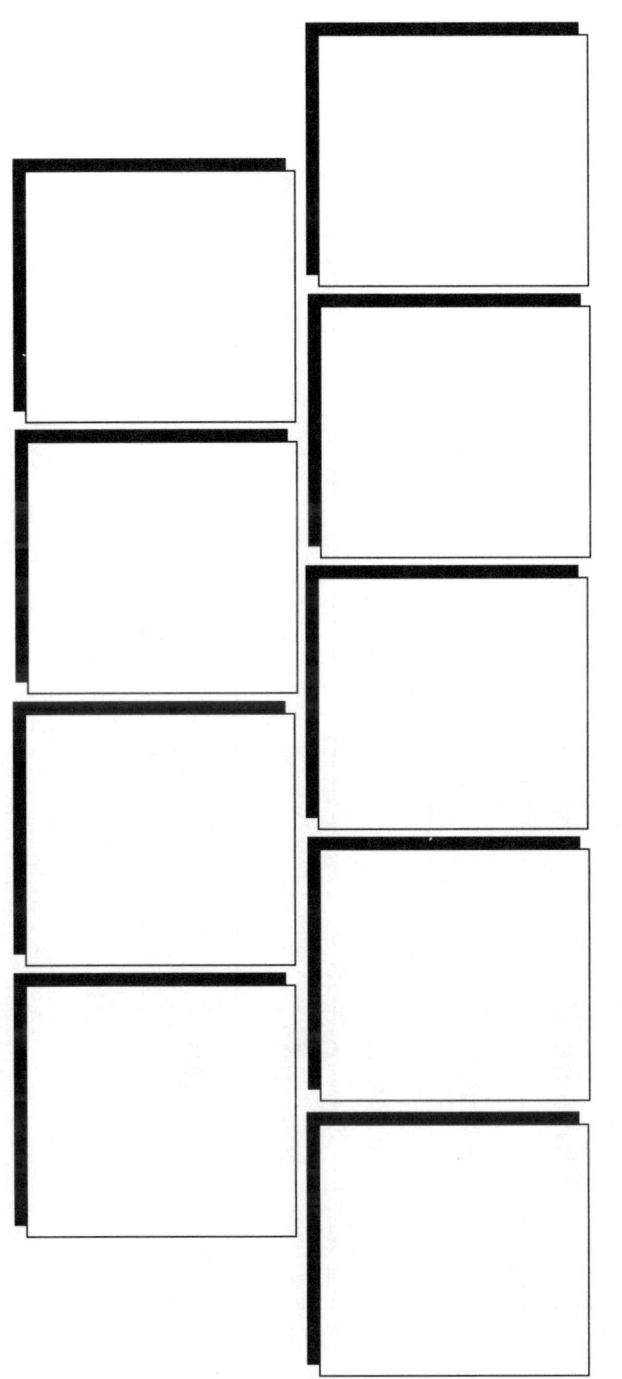

Ausdauer	Gerechtigkeit	Phantasie
Besitz	Geduld	Reichtum
Ehre	Glaube	Selbstbeherrschung
Ehrlichkeit	Gleichheit	Sicherheit
Freiheit	Glück	Treue
Freude	Hoffnung	Verantwortung
Freunde	Leben	Vertrauen
Frieden	Liebe	Weisheit
Gelassenheit	Mut	Wissen

Werte-Liste

Text der Zehn Gebote

1. Ich bin der Herr, dein Gott. Du sollst keine anderen Götter neben mir haben.

2. Du sollst den Namen des Herrn, deines Gottes, nicht missbrauchen.

3. Du sollst den Feiertag heiligen.

4. Du sollst deinen Vater und deine Mutter ehren, auf dass du lange lebest im Lande, das dir der Herr, dein Gott, geben wird.

5. Du sollst nicht töten.

6. Du sollst nicht ehebrechen.

7. Du sollst nicht stehlen.

8. Du sollst kein falsch Zeugnis reden wider deinen Nächsten.

9. Du sollst nicht lassen gelüsten deines Nächsten Hauses.

10. Du sollst nicht lassen gelüsten deines Nächsten Weibes, noch seines Knechtes, noch seiner Magd, noch seines Ochsen, noch seines Esels, noch alles, was dein Nächster hat.

Bilder zu den Zehn Geboten

Meditationstext zu den Zehn Geboten (Handmeditation)

Holt euch ein Sitzkissen und sucht euch einen Platz, an dem ihr euch wohlfühlt. Er sollte euch so viel Raum geben, dass ihr euch mit ausgestreckten Armen im Kreis drehen könnt, ohne jemanden oder irgendetwas zu berühren. Setzt euch nun auf das Sitzkissen, so dass ihr eine kleine Weile sitzen bleiben könnt. Im Hintergrund wird leise Musik abgespielt. Ich bitte euch, während der Meditation die Augen geschlossen zu halten und euch auf meine Worte zu konzentrieren. Wenn ich euch bitte, eine kleine Übung mit den Händen oder Armen durchzuführen, dann öffnet dafür nicht die Augen. Es muss keiner Angst haben. Ich bin die ganze Zeit über im Raum und passe auf, dass sich jeder ruhig verhält. Wer sicher weiß, dass er es nicht aushalten kann, der kann die Augen öffnen. Aber bitte versucht es zunächst einmal.

Schließt jetzt die Augen. Versucht zu erfühlen, wie ihr auf dem Boden sitzt, mit welchen Körperstellen ... Spürt in eurem Rücken ... ob er verspannt ist oder euch gut halten kann ... Lasst eure Schultern und Arme ganz locker an eurem Körper herabhängen ... Versucht jetzt euer ganzes Gefühl einmal in eure Hände zu lenken ... Spürt bis in die Fingerspitzen hinein ... Könnt ihr spüren, wie es dort kribbelt und das Blut durchpulsiert? ...

Geht jetzt mit euren Gedanken und eurem Gefühl ganz in die linke Hand ... Konzentriert euch nun nur auf euren Zeigefinger ... Ihr braucht ihn nicht bewegen oder anspannen. Als Nächstes geht ihr zum Mittelfinger ... Lasst euch Zeit zum Erspüren ... Wenn ihr euren Finger genau kennengelernt habt, wandert ihr weiter zum Ringfinger. Diejenigen von euch, die Ringe tragen: Könnt ihr die Stelle spüren, wo ihr den Ring tragt? ... Als Nächstes wandert ihr weiter zum kleinen Finger ... Spürt einmal den Unterschied in der Länge zu den anderen Fingern ... Nun wendet euch eurem Daumen zu. Er ist der kräftigste Finger an eurer Hand. Könnt ihr seine Kraft spüren? ... Spürt noch einmal die ganze Hand mit all ihren Fingern und dem Handteller.

Kehrt jetzt über eure Schultern zurück in die rechte Hand ... Auch hier sollt ihr eure einzelnen Finger spüren ... Lasst euch damit Zeit. Fangt bei dem Zeigefinger an, und setzt eure Reise bis zum kleinen Finger und dem Daumen fort ...

Ihr habt jetzt eure beiden Hände intensiv kennengelernt. Sie sind das wichtigste natürliche Werkzeug, das der Mensch besitzt. Fühlt einmal nach, wie warm oder kalt eure Hände sind ... Reibt eure Hände jetzt kräftig mit den Handflächen aneinander und lasst die Wärme bis in die Fingerspitzen fließen. Lasst die Augen dabei geschlossen ... Spürt dem heftigen Kribbeln nach, wie es langsam wieder aus euren Handflächen und Fingern verschwindet ...

Nun fühlt einmal nach, ob ihr den Schweiß in euren Handflächen fühlen könnt ... Es ist nur ein ganz leichter Feuchtigkeitsfilm ... Nehmt eure Hände zur Nase und riecht daran ... Habt ihr das Gefühl, sie haben euren Körpergeruch? Oder riechen sie nach dem, was ihr zuletzt angefasst habt, vielleicht dem Fahrradgriff oder der Ledertasche ... Versucht einmal, den feinen Geruch zu identifizieren. Ihr müsst keine Sorge haben, ich passe auf, dass alle ihre Augen zuhaben. Es ist nicht lächerlich, wenn ihr das tut, was ich euch sage.

Jetzt lasst eure Hände wieder seitwärts locker am Körper herunterhängen ... Nehmt nun eure beiden Zeigefinger, haltet die Augen weiterhin geschlossen und versucht sie vor eurer Nase zusammentreffen zu lassen ... Es macht nichts, wenn ihr es ein paar Mal versucht ...

Nun steht bitte langsam, aber mit geschlossenen Augen auf. Streckt einmal eure Arme aus und spreizt dabei auch eure Hände. Versucht, so viel Raum wie möglich einzunehmen. Bleibt dabei aber an eurem Platz stehen ... Ihr könnt rings um euren Körper einmal euren Raum mit euren Händen erobern ... Versucht einmal, zuerst ganz langsam und dann immer hastiger und gieriger etwas aus dem Raum um euch herum zu greifen ... Achtet auf eure Hände. Wie fühlt sich das Greifen an? ... Greift bitte ganz bewusst, wie mit einer Kralle oder Baggerschaufel ... Kommt jetzt langsam wieder zur Ruhe ... Lasst eure Hände wieder locker am Körper hängen und fühlt noch einmal all dem nach, was ihr mit euren Händen in eurer Phantasie eingefangen habt ...

Setzt euch wieder bequem hin ... Nehmt eure Hände in euren Schoß. Legt die eine Hand in die andere ... Greift jetzt mit der rechten Hand nach dem Daumen eurer linken Hand. (Es wird das erste Gebot gelesen.) ... Fasst jetzt nach dem Zeigefinger. (Zweites Gebot) ... Jetzt nehmt den Mittelfinger (Drittes Gebot) ... Nun den Ringfinger (Viertes Gebot) ... und zum Schluss der linken Hand den kleinen Finger (Fünftes Gebot) ... Ihr habt jetzt die ersten fünf Gebote kennengelernt.

Jetzt wechselt ihr die Hände, und die linke Hand fasst den Daumen der rechten Hand (Sechstes Gebot) ... Wechselt zum Zeigefinger (Siebtes Gebot) ... Es kommt der Mittelfinger an die Reihe (Achtes Gebot) ... Nun folgt der Ringfinger der rechten Hand (Neuntes Gebot) ... und zum Schluss bleibt noch der kleine Finger (Zehntes Gebot) ... Eure Hände sind nicht nur wichtige Werkzeuge im alltäglichen Umgang mit Menschen und Maschinen, sie helfen auch sich zu erinnern, dass der Mensch nicht vollkommen ist und Regeln braucht, um sich und seine Werte zu schützen ... Außerdem erinnern die ersten drei Finger daran, dass der Mensch nicht das Leben und die Regeln dafür bestimmt ...

Lege jetzt deine beiden Handflächen aneinander und nutze die Ruhe für einen eigenen Gedanken. Danach lässt du deine Arme wieder an deine Seite gleiten, wo sie locker hängen und sich von der Anstrengung erholen können ... Wenn du dann wieder bereit bist, in den Raum und die Gemeinschaft mit den anderen zurückzukehren, dann öffne deine Augen ... Blick dich ruhig um, bleibe aber noch sitzen.

Wenn alle wieder hier sind, dann steht auf und geht ein bisschen im Raum herum, um eure steif gewordenen Beine zu vertreten und sie daran zu erinnern, dass sie auch wichtig sind.

„GERÜCHTEKÜCHE"
Vorschläge für Gerüchte

1. Die Konfirmandenarbeit wird heute, wie immer, pünktlich aufhören, und wir werden keine Minute überziehen, so dass alle dann nach Hause können.

2. Es gibt immer wieder Störenfriede in der Konfirmandengruppe, unter denen alle anderen zu leiden haben, so dass man sich überlegen muss, welche Aufgabe diese Konfirmanden zusätzlich zur Konfirmandenarbeit noch erledigen müssen.

3. Die Konfirmandenarbeit macht sehr viel Spaß, weil die Konfirmanden immer interessiert sind, wenn man einmal von einigen wenigen absieht, die nicht wissen, was sie tun.

4. Ich habe mein Fahrrad wieder auf Vordermann gebracht, so dass ich überlege, ob die nächste Konfifreizeit nicht eine Radtour werden könnte von ca. 150 km Länge, wenn alle ja dazu sagen.

5. Ich muss mir einmal aufschreiben, wer sich besonders bei der Konfirmandenarbeit einsetzt, damit ich die von denen unterscheiden kann, die ständig fehlen oder einfach nur keinen Bock zu gar nichts haben.

6. Letzte Nacht haben doch ein paar Strolche hier aus der Nachbarschaft einen Klingelstreich gemacht. Dabei hätte ich schwören können, dass es bestimmt keine Konfirmanden waren.

Arbeitseinheit zum Thema:
Zehn Gebote

Zeit	Inhalt	Aktion	Material
15'	Begrüßung, kurze Runde zum Befinden. Lied zum Thema des Abends	Sitzkreis, gemeinsames Singen	Liedblätter, Unterstützung durch Tonträger, evtl. Gitarre
25'	Regelspiel, Erleben der Notwendigkeit, sich innerhalb einer Gemeinschaft an Regeln zu halten.	Die Leitung teilt sich in zwei Gruppen, die sich zu Beginn trennen. Jede Leitungsgruppe gibt den Konfirmanden eine Aufgabe und verschwindet dann unter einem Vorwand. Die andere Gruppe erscheint und revidiert alles. Das Spiel geht so lange, bis „gemeutert" wird. Danach erfolgt ein Auswertungsgespräch.	Keins
60'	In einer Wertepyramide soll durch Auswahl ein erstes Gefühl für Werte als lebensbestimmende Grundelemente entwickelt werden. In der späteren Abgleichung der Einzel- mit der Gruppenentscheidung wird die Einordnung der	Die Konfirmanden sollen zunächst einzeln und dann in der Gruppe (Gruppenfindung) mit Würfeln von 30 Werten ihre 15 wichtigsten Werte heraussuchen und auf eine Pyramide verteilen. Im nächsten Schritt wird dann aus allen Gruppenpyramiden eine gemeinsame Werteliste unter drei Gesichtspunkten (Grundwerte, Gemeinschafts-	AB Wertepyramide und Werteliste, ca. 5 Würfel, Kartonstreifen mit Wertebegriffen (am besten mit Folie überklebt), leere Kartonstreifen,

Zeit	Inhalt	Aktion	Material
	eigenen Person und des Standpunktes innerhalb einer Gemeinschaft geklärt. Werte werden als gemeinschafts- bildende Grundlage erkannt und definiert.	werte, Individualwerte) erstellt.	Folienstifte, Tesakreppband, DIN A 3 Karton mit Überschriften: selbstverständliche, Gemeinschafts-, individuelle Werte
10'	Pause		
40'	Nach der Erstellung einer gemeinschaftlichen Werteliste und Unterteilung in drei Rubriken werden diesen die Zehn Gebote gegenübergestellt. Neben den Gemeinsamkeiten wird auch die besondere Stellung der Gebote 1-3 deutlich.	Mit Hilfe eines Ratespiels werden zunächst die Zehn Gebote in der biblischen Reihenfolge neben die Werteliste gestellt. Anschließend werden die Werte den Geboten (oder umgekehrt) versucht zuzuordnen. Lücken werden als Wertewandel oder -verlust erkannt. Die besondere Stellung der Gebote 1-3 wird in einer Diskussion geklärt.	Zehn Gebote als Bilder von W. Küstenmacher, Textstellen aus der Bibel zu den Zehn Geboten, Kreppklebeband, bunte Wollfäden, Schere, Wertekartons
20'	Meditation als Hinweis auf den lebenspraktischen Bezug zwischen Alltag und Glauben. Merkhilfe Zehn Gebote = 10 Finger als ganzheitliches Element des Glaubenslebens	Hand-Meditation: Jeder sucht sich einen Platz (Sitzkissen), auf dem er so viel Freiraum hat, dass er nichts und niemanden berührt, wenn er mit ausgestreckten Armen um sich greift. Im Hintergrund läuft ruhige Meditationsmusik. Meditation mit geschlossenen Augen	Kassettenrecorder/CD-Player, Instrumentalmusik, Meditationstext (Vorschlag), evtl. Textstellen der Zehn Gebote
15'	Schlussrunde: Reflexion des Tages	Sitzkreis: Auswertungsrunde: • Was nimmst du heute mit? • Wie geht es dir jetzt?	keins

6.1.6 Arbeitseinheit: Vorbereitung eines Konfigottesdienstes

Zeitumfang: 3 h
Räumlichkeiten: großer Raum, evtl. mehrere kleine Räume
Gruppen: Plenum, Kleingruppen

- **Vorbemerkung**

In Kirchengemeinden, die Erfahrungen mit neuen Gottesdienstformen haben, ist es angebracht, den Konfigottesdienst am Sonntagmorgen zur üblichen Gottesdienstzeit zu halten. Wir haben dies nur ein Mal praktiziert: Obwohl vor allem jüngere Gottesdienstbesucher angetan waren, haben sich manche ältere beschwert und unter anderem beklagt, dass es keine „gescheite Predigt" gab, und dass man Konfirmanden doch nicht den Segen sprechen lassen könne. Wir haben an diesen zum Teil heftigen Reaktionen gemerkt: Unsere (Kern-)Gemeinde ist noch nicht soweit! Wir hatten sie einfach „überfahren".

Aus der Not wurde eine Tugend: Viele potentielle Gottesdienstbesucher wünschen eine andere Art und eine andere Gottesdienstzeit, daher feiern wir den Konfigottesdienst nun am Sonntagabend um 18 Uhr im Chorraum der Kirche. Der „normale" Gottesdienst findet zur üblichen Zeit statt. Im Übrigen verfahren wir so auch mit Jugendgottesdiensten.

In der Regel gehen wir davon aus, dass die Konfirmanden im Stande sind, aus drei Themen eines für „ihren" Gottesdienst auszuwählen. Bei Konfirmandengruppen, die nicht so stark intellektuell geprägt sind, geben wir ein Thema vor: das Gebet – und schließen damit an den Konfiabend an. Die Leiter müssen ihre Gruppe also kennen, um den geeigneten Ablauf auszusuchen.

Diese Einheit sollte auch nicht zu früh im Gesamtkonzept der Konfirmandenarbeit durchgeführt werden, damit die Konfirmanden Sicherheit und Vertrauen in die eigene Gruppe und im Umgang mit religiösen Themen entwickeln können.

- **Ankommen (15 min)**

Inhalt/Aktion: Den Konfirmanden soll Raum gegeben werden, sich auf die Gruppe und die gemeinsame Zeit einzustellen. Alle sitzen im Kreis auf dem Fußboden.
In einer kurzen Runde soll jeder und jede einen kurzen Satz zu seiner momentanen Befindlichkeit mitteilen. Wichtig ist dabei, dass die Konfirmanden frei sprechen, d.h. ohne Meldung. Sie sollen ein Gespür für ein „wann kann ich mich einbringen" entwickeln, verbunden mit gleichzeitigem Hören auf die anderen.
Im Anschluss daran wird das Lied: „Wo ein Mensch Vertrauen gibt" gesungen.
Ziele: Sensibilisierung für den persönlichen Beitrag im Zusammenhang mit Reden und Zuhören. Erfahrung von Selbstwert, indem der Beitrag durch Zuhören und Abwarten Respekt erfährt.

Material: keins

• **Themenwahl (15 min – parallel)**
Inhalt/Aktion. Zunächst muss das Thema des Gottesdienstes festgelegt werden. Dies
soll in einem von Kleingruppen vorbereiteten Entscheidungsprozess geschehen.
• Es werden drei Kleingruppen mit je 1-2 Personen benötigt.
• Die Konfirmanden für die Teams sollten sich freiwillig zur Verfügung stellen.
• Drei Auswahlthemen stehen zur Verfügung, aus denen jede Kleingruppe eines
  auswählt.
• Innerhalb dieser Kleingruppe wird dieses Thema nun so vor- und aufbereitet,
  dass es anschließend präsentiert werden kann.
Die zur Auswahl stehenden Themen sind folgende:
• Angst
• Besitz
• Frieden.
Nachdem alle Themen von den Kleingruppen vorgestellt wurden, entscheidet die
Gesamtgruppe mit Hilfe einer demokratischen Wahl, welches Thema genommen
wird.
Das Team, welches im Anschluss sein Thema am besten vermitteln konnte, indem
es gewählt wurde, bekommt auch die Leitung für diesen Gottesdienst und seine
Vorbereitung übertragen. Die Übertragung der Leitungsfunktion soll einen Anreiz
darstellen, bedeutet aber auch Anforderung. Der Eindruck einer Überforderung
(Leitung und Motivation der eigenen Gruppe) sollte allerdings dadurch vermieden
werden, dass natürlich eine Unterstützung durch das Leitungsteam der Konfirman-
denarbeit erfolgt. Die Aufgaben des Konfirmandenteams, unterstützt durch das
Leitungsteam, könnte so benannt werden:
• Präsentation und Erklärung des Themas
• Koordination und Zusammenführung der anderen Arbeitsgruppen, Ablaufplan
• Mitarbeit bei der Predigt
• Motivation der Arbeitsgruppen.
Grundsätzlich kann auch bei schwächeren Konfirmandengruppen, bei denen das
Thema vom Leitungsteam festgelegt wird, mit einem Konfirmandenleitungsteam
bearbeitet werden. Die Aufgaben bleiben hierbei dieselben (bis auf die Präsenta-
tion). Evtl. ist hier eine stärkere Begleitung dieses Leitungsteams nötig.
In diesem Fall findet natürlich keine Parallelarbeit statt. Die gewonnene Zeit wird
in der Regel aber zur Ausarbeitung benötigt.
Ziele: Übernahme von Verantwortung bei der Themenwahl, Leitung der Arbeitsgrup-
  pen und Predigtmitarbeit, Eigen- und Fremdmotivation, Durchsetzungsvermögen,
  Darstellungs- und/oder Vermittlungsvermögen
Material: Informationen zum Thema

- **Einteilung in Arbeitsgruppen (15 min – parallel)**

Inhalt/Aktion: Nachdem die Themenauswahlgruppen gefunden sind, bilden die restlichen Konfirmanden Arbeitsgruppen für die weiteren Gottesdienstbestandteile. Es geht nur um die Einteilung in die Arbeitsgruppen und die Klärung der Aufgabenbereiche, noch nicht um die Durchführung.

Die Einteilung geschieht parallel zur Vorbereitung der Themengruppen.

An Arbeitsplätzen für die Gruppen stehen folgende Bereiche zur Verfügung:

- *Lesungen* (Begrüßung, Schriftlesung, Psalm) 3-4 Personen
- *Musik* (Eingangslied, Hauptlied, Schluss- oder Segenslied) 3 Personen
- *Collagen* (Themapräsentation mit Hilfe visueller Mittel) 4 Personen
- *Anspiel* (Anspiel zum Thema) 3-4 Personen
- *Liturgie* (Segen, Gebet [stilles Gebet], Fürbitten, Vaterunser) 3 Personen
- evtl. Ergänzung der *Predigt*gruppe 1 Person.

Zur Klärung der Aufgaben innerhalb der Arbeitsbereiche kann es u.U. nötig sein, den Gottesdienstablauf (wie er im ersten Konfifrühstück erarbeitet worden ist) als Kopie für jeden Konfirmanden parat zu haben. Jede Gruppe kann sich dann unterstreichen, für welche Teile sie verantwortlich ist. Die Ablaufstruktur und Zuordnung vermittelt Sicherheit bei der Aufgabenbewältigung.

Die Zuordnung in die einzelnen Arbeitsplätze sollte natürlich auf einer freiwilligen Entscheidung beruhen. Allerdings sind nicht alle Konfirmanden in der Lage, selbst eine Entscheidung zu treffen, sie warten ab, bis nichts mehr geht. Diese „Wahlmöglichkeit" sollte gleich zu Beginn bewusst gemacht und als eine selbstverantwortliche Entscheidung benannt werden. Jemand, der nicht wählt, wählt auch, nämlich das, was übrig bleibt.

Bei der Einteilung ist darauf zu achten, dass sich nach der Wahl des Themas noch 2-4 Konfirmanden dem Leitungsteam zuordnen müssen.

Da dieser Einheit die Gottesdienststruktur der württembergischen Landeskirche zugrunde liegt, können sich evtl. Abweichungen bei den Aufgaben ergeben. Hier ist eine entsprechende Anpassung vorzunehmen.

Ziele: Förderung von Entscheidungsfähigkeit und Stärkung von Selbstbewusstsein/-vertrauen durch die eigene Zuordnung in Aufgabenbereiche

Material: Liste mit den Arbeitsgruppen, Aufgaben für die Arbeitsgruppen, Ablaufplan eines Gottesdienstes, (farbige) Stifte

- **Themenwahl und Gottesdienstgestaltung (60 min)**

Inhalt/Aktion: Den Teams sollte vor der Präsentation nochmal deutlich vor Augen geführt werden, dass sie so etwas wie Wahlkampf betreiben und eben um ihre Stimmen kämpfen müssen. Die Gruppe wird nochmals darauf hingewiesen, dass sie neben dem Thema auch ein Leitungsteam automatisch mitbestimmt. Für die Präsentation hat jede Gruppe maximal 4 min Zeit.

- Der Gesamtgruppe werden die zur Auswahl stehenden Themen von den Vorbereitungsteams präsentiert.
- Per Abstimmung wird das Thema *einschließlich* dem Konfirmandenleitungsteam gewählt.
- Alle Gruppen haben 45 min Zeit, um die Aufgaben in ihren Arbeitsgruppen zu bearbeiten. Den Arbeitsgruppen werden die Aufgabe (schriftliche Beschreibung und Tips) und die entsprechenden Materialien ausgehändigt.
- Die Ergebnisse der Arbeitsgruppen werden direkt im Anschluss an eine 10 minütige Pause in einem Probelauf umgesetzt.

Hinweise:

Für die Gruppe *Schriftlesungen* sollten Auswahltexte als Material zur Verfügung stehen. Die Begrüßung sollte selbst entwickelt werden, wobei Anregungen und Beispiele gegeben werden sollten. Es ist darauf hinzuweisen, dass diese zur Anregung und nicht zur einfachen Übernahme dienen.

Die *Musikgruppe* sollte sinnvollerweise aus Konfirmanden zusammengesetzt sein, die selbst ein Instrument spielen oder sonst aktiv musikalisch engagiert sind. Als Instrumentalbegleitung eignen sich nicht alle Instrumente, empfehlenswert sind das E-Piano und die Gitarre.

In der *Collagengruppe* muss großflächig gearbeitet werden, dies wird am besten mit Postern und Zeitschriften erreicht. Plastische Materialien (Ton o.Ä.) sind deshalb nicht geeignet. Dias sind zwar von der Gestaltung her einfacher, stellen aber eine nicht zu unterschätzende Anforderung an den begleitenden Text. Diese Möglichkeit sollte also bei sprachlich eher schwachen Gruppen nicht gegeben werden.

Für die *Anspielgruppe* gilt folgende Hilfestellung:
- *Wo* kommt dieses Thema im Alltag der Menschen vor?
- *Wann* wird dieses Thema wichtig?
- *Wie* wird von den Menschen mit diesem Thema umgegangen?
- *Warum* wird oder ist dieses Thema wichtig für die Menschen?

Für die Gruppe, die sich mit der Erarbeitung der *Gebete* beschäftigt, gilt das, was schon in der Schriftlesungsgruppe angeführt wurde. Es ist wichtig, darauf hinzuweisen und zu achten, dass die Materialien als Hilfsmittel zu verwenden sind.

Die *Predigtgruppe* (Konfileitungsteam) arbeitet mit dem Leitungsteam zusammen. Dieses bringt zwei Vorschläge für den Predigttext ein. Die Hauptaufgabe für die Predigtgruppe besteht darin, den Predigttext im Gottesdienst zu vermitteln. Allerdings sollte darauf geachtet werden, dass es nicht zu einer Überforderung der Gruppe kommt. Wir müssen bedenken, dass wir keine theologisch ausgebildeten Menschen vor uns haben.

Neben der Mitwirkung bei einem Predigttext besteht die Aufgabe des Konfileitungsteams darin, einen Ablaufplan für den Gottesdienst zu entwickeln. Als Vorlage kann hierbei wieder der „normale" Ablaufplan dienen.

Ziele: Erarbeitung eigener Glaubensinhalte innerhalb eines Themenrahmens und deren Vermittlungsformen, dadurch Stärkung von Selbstbewusstsein, Identifikation mit Gottesdienstpraktiken, Kreativität und Ausdrucksvermögen.

Materialien: Arbeitsgruppenbeschreibungen mit Tipps, Buchmaterialien, Zeitungen (Illustrierte), Scheren, Papier, Pappe, (farbige) Stifte, Eddings, Klebestifte, Dias, Gesangbücher, evtl. weitere Liederbücher, Ablaufplan vom Gottesdienst

- **Pause (10 min)**

- **Probelauf (30 min)**

Inhalt/Aktion: Der Probelauf erfüllt drei Funktionen:

1. Er gibt einen ersten zusammenhängenden Überblick über das Arbeitsergebnis.
2. Er hilft, ein erstes Vertrauen in die Arbeit und das Präsentieren zu entwickeln.
3. Für Jugendliche ist es wichtig, den Sinnzusammenhang zu erkennen und sich in einem Gesamtkontext wiederzufinden.

Sicherlich werden sich dabei Stellen finden, die nicht mit ausreichendem Maß an Motivation und Ernsthaftigkeit umgesetzt werden. Dies anschließend zu erkennen sollte aber den Jugendlichen überlassen bleiben. Insbesondere müssen wir Hauptamtliche uns hüten, unsere gelernte und jahrelange Erfahrung (evtl. sogar unseren Perfektionismus) als Maßstab anzulegen.

- Der Probelauf wird vom Konfileitungsteam nach dem von ihm entwickelten Ablaufplan geleitet.
- Innerhalb des Probelaufs nimmt das Konfileitungsteam die Funktion eines Leiters wahr.
- Lieder sollten in dem Probelauf nicht durchgesungen, allerdings die Ansage geübt werden.
- Aus Zeitgründen kann nur ein Probelauf durchgeführt werden. Dieser Umstand sollte den Konfirmanden bewusst sein.
- Der Probelauf wird mit Hilfe einer Videokamera aufgenommen (oder s. Variante mit zweitem Probelauf). Um den anschließenden Erkenntnisprozess möglichst effizient zu gestalten, muss er so durchgeführt werden, dass die Stolperstellen und Brüche auch für Jugendliche deutlich werden. D.h. es muss eine Möglichkeit gefunden werden, die im Groben das geschulte Auge und die Erfahrung eines Hauptamtlichen ersetzt. Hier bietet sich die moderne Videotechnik an.

Es kann sein, dass einige Konfirmanden dagegen protestieren. Dies sollte zwar ernst genommen, aber nicht mit übermäßigem Gewicht belastet werden. Als Argument kann dienen:

- ... dass alle aufgenommen werden und jeder in der gleichen ungewohnten Situation steht.

- ... der Druck einer Videoaufnahme ja auch etwas Motivierendes hat, da der eigene Beitrag dadurch eher positiv präsentiert wird.

Einige Tipps und Hilfen sollen „Neulingen" die Scheu nehmen, mit dieser technischen Methode zu arbeiten:

- VHS-Videokameras sind in allen kommunalen und kirchlichen Medienstellen ausleihbar (unbedingt rechtzeitig vorbestellen, ca. $^1/_2$ Jahr). Als weitere Möglichkeit bietet sich auch die häufig im Privatbesitz vorhandene HI 8 Kamera an. Entsprechende Adapterkassetten für das gängige VHS Format sind im Handel erhältlich.
- Es sollte unbedingt von einem Stativ aus gefilmt werden, um unnötige Verwackelungen zu vermeiden. Ebenso sollte sparsam mit Drehbewegungen (Schwenks) der Kamera verfahren werden. Setzen Sie keinen Zoom ein. (Ihr Auge besitzt auch keinen.)
- Die Kamera ist so zu positionieren, dass eine Aufnahme entsteht, wie sie ein Zuschauer in den mittleren Reihen in der Kirche gewinnt. Das schützt die Konfirmanden vor allzu peniblem Suchen nach „Schwächen", hat aber genug Dichte, um einen Eindruck von dem Ablauf der einzelnen Teile zu vermitteln.
- Vermeiden Sie es, gegen Fenster (Gegenlicht) zu filmen.
- Die meisten Kameras besitzen ein eingebautes Mikrofon, welches für diese Zwecke ausreicht. Sollten Sie technisch versiert sein, bringt ein externes Mikrofon natürlich bessere Auswertungsergebnisse und Qualität.

Ziele: Sicherheit und Selbstvertrauen im öffentlichen Auftreten, Wertschätzung des eigenen Beitrages, Entwicklung von Einschätzungen des eigenen Beitrages im Zusammenhang mit einem Ganzen, Erkennen von Sinnzusammenhängen, Gemeinschaftsgefühl, Verantwortungsgefühl für eigenes Verhalten, Leitungsverantwortung.

Material: Ergebnisse der einzelnen Arbeitsgruppen, Ablaufplan, Videokamera (incl. Netzgerät oder Akku), Stativ, Videokassette, Verlängerungskabel

- **Auswertung des Probelaufs (50 min)**

Inhalt/Aktion: Um einen Gesamteindruck zu vermitteln, sollte der Film möglichst am Stück gezeigt werden. Andererseits würde dadurch die Auswertung der einzelnen Passagen in ihrer Qualität leiden, da Konfirmanden nur schwer neben dem Gesamteindruck die jeweiligen Einzeleindrücke behalten können. Das Beste wäre sicherlich, den Film zweimal anzusehen. Leider verbietet sich dies aus Zeitgründen. Das Leitungsteam sollte hervorheben, dass die Auswertung nicht dazu dient, eine Bewertung vorzunehmen, sondern jeder Gruppe die Möglichkeit gibt, zu hören, wie *ihr Beitrag* auf andere wirkt. Jede Gruppe trägt für sich die Verantwortung, ihren Beitrag zu verbessern.

Die Auswertung sieht folgendermaßen aus:

- Der Film wird in drei Abschnitte gegliedert:

- Eingangslied bis Schriftlesung
- Hauptlied, Predigt bis Predigtlied
- Fürbittengebet bis Segen.
- Innerhalb der Abschnitte soll von den Konfirmanden auf den Gesamteindruck, d.h.:
  - nachvollziehbarer Zusammenhang
  - flüssiger Ablauf
  - Erscheinungsbild
  geachtet werden. Neben dem Gesamteindruck ist es ebenfalls wichtig, dass bei den einzelnen Passagen auf:
  - Verständlichkeit (Akustik)
  - nachvollziehbarer Inhalt
  geachtet wird. Dazu kann wiederum der Ablaufplan zu Hilfe genommen werden. Hinter die entsprechenden Passagen kann:
  - ein „!" für schlechtes Verstehen (Akustik)
  - ein „?" für nicht nachvollziehbaren Inhalt
  gemalt werden.
- Nach jedem der drei Abschnitte werden die Eindrücke aller gesammelt. Wobei jede Gruppe für sich notiert, worin ihre Schwächen lagen. Dazu ist es notwendig, dass nicht nur die entsprechenden Zeichen genannt, sondern dazu auch kurze Erklärungen abgegeben werden.
- Das Konfirmandenleitungsteam sollte sich darauf beschränken, den Gesamteindruck am Schluss des Films wiederzugeben und evtl. daraus abzuleitende Konsequenzen zu benennen.
- Das Leitungsteam sollte insoweit die Auswertung ergänzen, als wesentliche Wahrnehmungen nicht benannt wurden bzw. die sich daraus ergebenden Konsequenzen nicht deutlich sind, z.B. wenn einige Texte etc. zu Hause noch überarbeitet werden sollten. Falls nötig, kann jetzt auch noch ein zweiter Probetermin direkt vor dem Gottesdienst angesetzt werden.

  Die Konfirmanden werden darauf hingewiesen, dass sie ihre Texte maschinenschriftlich abschreiben sollten, um Lesefehler oder andere Störungen, die aus unsauberen und verknitterten Zetteln resultieren, zu vermeiden.

Ziele: Förderung von Kritikfähigkeit und -toleranz, Verantwortungsgefühl für und innerhalb einer Gruppe, Differenzierung zwischen Fremd- und Eigenwahrnehmung, Gemeinschaftsgefühl durch Erreichen eines gemeinsamen Ziels, selbstständiges Korrigieren erkannter Hemmnisse, Selbstbewusstsein in der Begegnung mit Lob und Kritik.

Material: Fernseher, Videorecorder, Scartkabel (notfalls Antennenkabel), Verlängerungsschnur, Ablaufpläne, Stifte, erstellter Film

- **Variante zu Auswertung des Probelaufs (50 min)**

Inhalt/Aktion: Wer mit dem Medium Videofilm nicht umgehen mag oder es ihm zu aufwendig erscheint, kann ohne größere Änderungen des Gesamtkonzeptes dieser Einheit dieses auch weglassen. Statt dem Ansehen des Films wird ein zweiter Probelauf gestartet. Dieser wird dann in der Auswertung genauso gegliedert wie der Film, d.h. nach jedem Drittel unterbrochen, um die Auswertung vorzunehmen. Die nicht beteiligten Konfirmanden fungieren dabei als Beobachter.

Der Vorteil bei diesem Verfahren besteht darin:

- ... dass man gleich eine zweite Probe eingebaut hat und damit mehr Sicherheit und Vertrauen auf der Seite der Konfirmanden entstehen kann.
- ... dass die Konfirmanden aktiver beteiligt sind und im Mittelpunkt des Geschehens stehen.

Die Nachteile bestehen darin:

- ... dass hier kein Methodenwechsel erfolgt und dadurch evtl. Lustlosigkeit entstehen kann.
- ... dass die Möglichkeit der Eigenwahrnehmung mit Hilfe des Films wegfällt und damit auch eine Möglichkeit der Einschätzung.
- ... dass der Gesamtzusammenhang noch schwieriger beizubehalten ist.
- ... dass die beiden Durchläufe sich voneinander unterscheiden, was Eindruck und Gestaltung betrifft.

Es ist nicht ratsam, schon den ersten Durchlauf mit Beobachtungsaufgaben zu belasten. Die Konfirmanden müssen erst einmal ein Gefühl für den Ablauf und den Gesamtzusammenhang bekommen, um ihn auswerten zu können.

Die Auswertungskriterien und Schritte sollten und können wie oben beschrieben eingehalten werden.

Ziele: Wie unter dem ersten Abschnitt der Auswertung genannt, modifiziert um den Bereich der Eigen- und Fremdwahrnehmung

Material: Gleich dem ersten Auswertungsabschnitt, jedoch ohne die technischen Materialien.

- **Schlussrunde (15 min)**

Inhalt/Aktion: Ähnlich der Einstiegsrunde soll hier die Möglichkeit gegeben werden, dem Abend ein eigenes Resümee/Befindlichkeit zuzuordnen. Die Gesprächsregeln der Einstiegsrunde haben auch hier Gültigkeit. Am Schluss dieser Runde sollte jeder den Gottesdiensttermin (incl. etwaiger Proben) notiert haben, sich bewusst sein, dass er seinen Text nochmals abschreiben soll und evtl. nötige Änderungen schnellstens vorgenommen werden müssen.

Ziele: Ähnlich der Einstiegsphase mit zusätzlichem Gewicht auf eine rückblickende Verbindung zwischen dem Erfahrenen und der eigenen Person.

Material: keins

ARBEITSHILFE ZUM THEMA: ANGST

Du hast Dir das Gottesdienstthema Angst herausgesucht, weil Du es für wichtig hältst.

Deine Aufgabe ist es nun, die anderen davon zu überzeugen,
dass genau Dein Thema Angst das richtige Thema für einen Gottesdienst wäre.

Die folgenden Stichworte und Gedanken sollen Dir dabei helfen, eigene Gedanken und Gründe zu finden, warum Dir dieses Thema wichtig ist – und es auch den anderen wichtig sein sollte.

Stichworte zum Thema ANGST

- In der Welt habt ihr Angst, aber seid getrost, ich habe die Welt überwunden.
- Jeder hat Ängste, sie gehören zum Leben, sind normal.
- Jesus hat nicht ohne Angst gelebt, z.B. vor dem Tod am Kreuz.
- Die Jünger Jesu hatten Angst vor Verfolgung.
- Liebe lässt Angst weniger werden.
- Gottes Liebe hilft, die Todesangst zu überwinden.
- Ich habe Angst vor ...
- Angst schützt auch vor Übermut und lebensgefährlichen Situationen.

Psalm 23 als Angst- und Ermutigungsgebet

Ich habe Angst vor Leuten,
die mich nicht leiden können.

Der Herr ist mein Hirte und Freund,
er ist immer für mich zu sprechen.

Ich habe Angst davor, zu versagen
und den Anforderungen nicht zu genügen.

Gott kennt mich. Vor ihm brauche ich mich
nicht zu überschätzen. Ihm bin ich wichtig genug.
Er macht mich tüchtig.

Ich habe Angst davor, unter falschen Einfluss
zu geraten, falsche Entscheidungen zu treffen.

Gott bietet mir die Fülle von dem, was mein Leben
ernährt und erfrischt und nicht vergiftet.

Ich habe Angst davor, einsam
und aus der Gemeinschaft ausgeschlossen zu sein.

Unter seinen Kindern finde ich Freunde,
die mit auf dem gleichen Weg sind.

Ich habe Angst, zu kurz zu kommen,
Angst vor Unfall und Gefahr.

Gott ist mein Freund, ich komme nicht zu kurz.
Mit seinem Namen übernimmt er die Garantie
dafür, dass mein Leben auch auf dunklen und
schwierigen Wegen ans Ziel kommt.

Ich habe Angst davor, ausgenutzt
und verlacht zu werden.

Selbst wenn die, die gegen mich sind, alles tun,
um mir zu schaden – Gott ist mein Helfer.
Er gibt meinem Leben Würde und mir Kraft,
auch an Schwerem zu wachsen.

Ich habe Angst vor Krieg und Gefahr,
Angst vor dem Tod.

Bei Gott bin ich zu Hause, jetzt und immer. Was ich
aber tue, lässt er Gutes bedeuten, und auch durch mich
soll die Welt friedvoller und angstfreier werden.

ARBEITSHILFE ZUM THEMA: BESITZ

Du hast Dir das Gottesdienstthema Besitz herausgesucht, weil Du es für wichtig hältst.

Deine Aufgabe ist es nun, die anderen davon zu überzeugen,
dass genau Dein Thema Besitz das richtige Thema für einen Gottesdienst wäre.

Die folgenden Stichworte und Gedanken sollen Dir dabei helfen, eigene Gedanken und Gründe zu finden, warum Dir dieses Thema wichtig ist – und es auch den anderen wichtig sein sollte.

Stichworte zum Thema BESITZ

- Was nützt es einem Menschen, wenn er die ganze Welt gewinnt, dabei aber sich selbst verliert und Schaden nimmt? (Lukas 9,25)
- Geld oder Leben?
- Wofür es sich zu leben lohnt!
- Freunde statt Geld
- Konsumverhalten
- Geld regiert die Welt.
- Geld verdirbt den Charakter.
- Ich wär so gerne Millionär!
- Wir leben nicht allein vom Brot.
- Für Geld kannst du dir *alles* kaufen.

Der große Häuptling in Washington sendet Nachricht, dass er unser Land zu kaufen wünscht ... Wie kann man den Himmel kaufen oder verkaufen – die Wärme der Erde? Diese Vorstellung ist uns fremd. Wenn wir die Frische der Luft und das Glitzern des Wassers nicht besitzen – wie könnt ihr sie von uns kaufen? ... Wir sind ein Teil der Erde, und sie ist ein Teil von uns. Die duftenden Blumen sind unsere Schwestern, die Ruhe, das Pferd, der große Adler – sind unsere Brüder. Die felsigen Höhen – die saftigen Wiesen, die Körperwärme der Ponys – und des Menschen – sie alle gehören zur gleichen Familie. Wir wissen, dass der weiße Mann unsere Art nicht versteht. Ein Teil des Landes ist ihm gleich jedem anderen, denn er ist ein Fremder, der kommt in der Nacht und nimmt von der Erde, was immer er braucht. Die Erde ist sein Bruder nicht, sondern Feind, und wenn er sie erobert hat, schreitet er weiter. Er lässt die Gräber seiner Väter zurück – und kümmert sich nicht. Er behandelt seine Mutter, die Erde, und seinen Bruder, den Himmel, wie Dinge zum Kaufen und Plündern, zum Verkaufen wie

Schafe oder glänzende Perlen. Sein Hunger wird die Erde verschlingen und nichts zurücklassen als eine Wüste. Ich weiß nicht – unsere Art ist anders als die eure ... Vielleicht weil der rote Mann ein Wilder ist und nicht versteht? ...

Aber mein Volk fragt, was denn will der weiße Mann kaufen? Wie kann man den Himmel oder die Wärme der Erde kaufen oder die Schnelligkeit der Antilope? Wie können wir euch diese Dinge verkaufen – und wie könnt ihr sie kaufen?

Könnt ihr denn mit der Erde tun, was ihr wollt – nur weil der rote Mann ein Stück Papier unterzeichnet – und es dem weißen Mann gibt? Wenn wir nicht die Frische der Luft und das Glitzern des Wassers besitzen – wie könnt ihr sie von uns kaufen? Könnt ihr die Büffel zurückkaufen, wenn der letzte getötet ist? ...

Doch eines wissen wir – unser Gott ist derselbe Gott. Diese Erde ist ihm heilig. Selbst der weiße Mann kann der gemeinsamen Bestimmung nicht entgehen. Vielleicht sind wir doch Brüder. Wir werden sehen.

ARBEITSHILFE ZUM THEMA: FRIEDEN

Du hast Dir das Gottesdienstthema Frieden herausgesucht, weil Du es für wichtig hältst.

Deine Aufgabe ist es nun, die anderen davon zu überzeugen, dass genau Dein Thema Frieden das richtige Thema für einen Gottesdienst wäre.

Die folgenden Stichworte und Gedanken sollen Dir dabei helfen, eigene Gedanken und Gründe zu finden, warum Dir dieses Thema wichtig ist – und es auch den anderen wichtig sein sollte.

Stichworte zum Thema FRIEDE

- Christus ist unser Friede – in allen Völkern und Rassen.
- Unfriede um uns herum – wir klagen an: ...
- Herr, mach uns zum Werkzeug deines Friedens.
- Friede beginnt in unserer Beziehung zu anderen Menschen.
- Ich fühle mich bedroht, wenn ...
- Friede sei mit dir.
- Schwerter zu Pflugscharen.
- Streit fängt immer der andere an.

„Selig sind, die Frieden stiften,
denn sie werden Gottes Kinder heißen.“
(Matthäus 5,9)

DIENST AM FRIEDEN ist es, sich dafür einzusetzen, dass die Menschenrechte geachtet werden, dass die Schwachen, Armen und Unterdrückten ihr Recht bekommen.

DIENST AM FRIEDEN ist es, mitzuhelfen, dass Vorurteile abgebaut und überwunden werden gegenüber Andersdenkenden, gegenüber anderen Völkern und Rassen.

DIENST AM FRIEDEN ist es, die Fähigkeit zu entwickeln zum Protest, zur Parteinahme und zum gewaltlosen Widerstand gegen Unrecht und Unwahrheit.

DIENST AM FRIEDEN ist es, Brückenbauer zu sein zwischen verfeindeten Menschen und Gruppen, Zeichen der Versöhnung zu setzen bei familiären Streitereien, bei politischen Auseinandersetzungen, bei Feindseligkeiten zwischen den Völkern.

Frieden als Pause bis zum nächsten Streit?
Irgendwann an diesem Vormittag hatte es angefangen.

Eigentlich waren sie ja Freunde, Nachbarsjungen mit gemeinsamem Schulweg, brüderlich ausgeheckten Streichen. Mit den Rechenaufgaben ging es wohl los, die einer abschreiben wollte und die der andere nicht hergab.

Die Schmähworte, zwischen zusammengebissenen Zähnen in der Schule hervorgezischt, erregten die Aufmerksamkeit des Lehrers. Ein Tadel folgte. Dann klatschte das Buch, scheinbar unabsichtlich mit dem Ellenbogen angestoßen, auf den Fußboden. Ein Tritt vors Schienbein, ein Boxhieb in die Rippen – endlich, unter dem drohenden Blick des Lehrers, hasserfülltes Schweigen.

Nach dem Klingeln, kurz hinter dem Schultor, begann die große Beschimpfung. Aufgestaute Wut entlud sich in unerhörten Beleidigungen. Wenig später regierten die Fäuste.

ARBEITSGRUPPE LESUNG

Eure Aufgabe ist es:

- eine Begrüßung zu erarbeiten,
- eine Schriftlesung (siehe Vorschläge) herauszusuchen
- einen Psalm passend zum Thema herauszusuchen (siehe Psalmheft)

Als Hilfe können Euch folgende Tipps dienen:

- In der Begrüßung sollte das Thema des Gottesdienstes erwähnt werden. Außerdem gehört an das Ende der Begrüßung, warum und für wen wir diesen Gottesdienst feiern, nämlich:
  Wir feiern diesen Gottesdienst im Namen des Vaters und des Sohnes und des Heiligen Geistes.
- Der Text für die Schriftlesung kann gelesen oder vorgespielt werden.
- Sprecht den Psalm im Wechsel.
- Bestimmt, wer:
  - den Psalm liest,
  - die Schriftlesung spielt oder liest,
  - die Gottesdienstbesucher begrüßt.

Vorschläge für die Schriftlesung stehen in:

-
-
-
-

ARBEITSGRUPPE MUSIK

Eure Aufgabe ist es:

- ein Lied zum Thema zu finden, welches zu Beginn des Gottesdienstes,

- ein Lied zum Thema zu finden, welches zum Schluss des Gottesdienstes (Segenslied),

- ein Lied zu finden, das zum Predigttext (Predigtgruppe fragen) gesungen werden kann.

- Überlegt Euch zu jedem Lied einen kurzen Hinweis, den Ihr den Gottesdienstbesuchern mitteilt, warum Ihr Euch gerade für dieses Lied entschieden habt.

Als Hilfe können Euch folgende Tipps dienen:

- Die Lieder müssen *einfach* zu singen sein.

- Längere Lieder durch die Auswahl der Strophen kürzen (ca. 3-4 pro Lied).

- Überlegt, ob Ihr die Lieder evtl. mit eigenen Musikinstrumenten begleiten wollt?

- Die Lieder sollten möglichst alle im Gesangbuch stehen.

- In der Ansage sollte vorkommen:
  - wie das Lied heißt,
  - wo das Lied steht,
  - welche Strophen ausgewählt wurden,
  - ob das Lied von anderen Instrumenten als der Orgel begleitet wird,
  - ein Satz, warum Ihr gerade dieses Lied ausgesucht habt.
  - Ihr könnt die Ansage z.B. so beginnen: Wir singen jetzt gemeinsam das Lied ...

ARBEITSGRUPPE COLLAGEN

Eure Aufgabe ist es:

- fertigt eine Collage (Sammlung vonTexten [Gedanken, Ideen] und Bildern aus Zeitschriften) zum Thema an.
- Überlegt Euch einen Text, wie Ihr Eure Collage im Gottesdienst vorstellen wollt.

Als Hilfe können Euch folgende Tipps dienen:

- Es muss unbedingt *großflächig* gearbeitet werden, damit auch die hinteren Reihen der Gottesdienstbesucher etwas sehen.
  - Verwendet am besten DIN A 3 Plakatkarton als Untergrund.
  - Kleinere Texte aus Zeitungen besser mit Edding groß abschreiben.
  - Möglichst große Bilder ausschneiden.
- Überlegt Euch beim Ausschneiden und Aufkleben:
  - *WO* kommt dieses Thema, vielleicht versteckt, in Bildern und Texten der Zeitungen vor?
  - *WIE* kann mit Hilfe von Texten und Bildern deutlich werden, dass das Thema für den Menschen wichtig ist?
- In der kurzen Einleitung zu Eurer Arbeit könnte Folgendes vorkommen:
  - Ein Hauptgedanke zum Thema, den Ihr mit der Collage/Dias deutlicher machen wollt.
  - WO, WANN, WARUM ist dieses Thema für Menschen wichtig?
- Eine andere Möglichkeit besteht in der Verwendung von Dias mit Text:
  - Jedem Dia muss ein kurzer Text folgen, mit dem ausgedrückt wird, was das Dia mit dem Thema zu tun hat.
  - Zwischen den Dias Pausen zum Betrachten lassen.
  - Im Hintergrund sollte *leise* Instrumentalmusik laufen. Bitte heraussuchen.

ARBEITSGRUPPE LITURGIE

Eure Aufgabe ist es:

• ein Gebet zu entwickeln, das ziemlich am Anfang des Gottesdienstes gebetet wird (siehe Buch – Anregungen!).

• ein Fürbittgebet zu entwickeln.

• einen Segen zu erarbeiten (Anregungen siehe Buch).

• festzulegen, wer welche Gebete/den Segen vorträgt.

Als Hilfe können Euch folgende Tipps dienen:

• Euer Gebet besteht aus *Euren* Gedanken und Sätzen.

• Überlegt, inwieweit diese auch für andere wichtig sein könnten.

• Die einzelnen Sätze für ein Gebet sollten kurz sein, aber nicht abgehackt wirken (Stichwörter / Roboter).

• Das Fürbittengebet ist eine Bitte um Unterstützung, Hilfe etc. für andere Menschen.

• Übt das langsame Sprechen und achtet darauf, wie Eure Sätze klingen.

• Prüft, ob das rüberkommt, was Ihr sagen wollt?

ARBEITSGRUPPE ANSPIEL

Eure Aufgabe ist es:

• Denkt Euch ein *kurzes* Rollenspiel zum Thema aus.

• Entwickelt eine *kurze* Einführung in Euer Anspiel.

Als Hilfe können Euch folgende Tipps dienen:

• Schreibt Eure Ideen und Gedanken *zuerst* auf.

• Einigt Euch dann auf *eine klare* Szene.

• Verwendet keine komplizierten und langen Sprechtexte.

• Spielt diese Szene ein *paar Mal* durch.

Vorschläge für ein Anspiel:

• Von Frieden kann bei uns keine Rede sein. Wenn ich mir nur unsere Klasse anschaue. Da geben ein paar Leute den Ton an. Wenn du dich mit deiner Meinung denen nicht anpasst, dann hänseln sie dich, lachen dich aus. Und einige von der Gruppe können dann sogar handgreiflich werden.

• „Die Kreissäge zerschnitt spielerisch den Körper ..." Horrorfilme machten ihm nichts aus. Angst – ein Fremdwort für ihn. Nein, damit konnte er sogar in der Schule prahlen. Aber jeden Morgen, bevor er in die Schule ging, verspürte er dieses komische Gefühl im Bauch. Richtig schlecht war ihm. Es hörte erst wieder auf, wenn er aus der Schule nach Hause kam, wenn er wieder für sich war.

In der Klasse wollte keiner neben ihm sitzen, und jede Pause musste er zusehen, dass er nicht zum Spott der Klassenkameraden wurde. Beim Sport war es besonders schlimm. Er war kein guter Mitspieler, und wenn er dann doch mal ran musste, dann ... Er wusste schon im Voraus, dass es nicht klappen würde und – davor fürchtete er sich.

• In der Clique halten immer alle zusammen. Meistens wurde auch echt was los gemacht. Neulich erst, da hatten sie in einer ganzen Straße bei sämtlichen Autos die Luft aus den Reifen gelassen. Sie hätten nur noch gern gehört, wie die Leute am nächsten Morgen geflucht hätten. Ja, langweilig war ihnen nie.

Und dann war da die Idee von dem Fahrradrennen in der alten Schottergrube. Alle hatten gleich zugestimmt. Klar, die Idee kam ja auch vom Chef (wie ihn alle nannten). Der hatte gerade zum Geburtstag ein neues Mountainbike bekommen. Das Neueste und Beste vom Besten. Seine Eltern konnten es sich auch leisten, andere mussten da schon zweimal das Geld umdrehen. Dass er damit angab, war ja klar. Aber die Idee ließ einige mit ihren Schrottmühlen ziemlich alt aussehen.

In der Zeitung stand dann nur eine kurze Meldung: „Letzte Nacht haben drei Jugendliche im Alter zwischen 12 und 15 Jahren versucht, in dem Fahrradgeschäft „Radgeber" einzubrechen und sind dabei gesehen worden. Die Polizei konnte alle drei unter Sicherstellung der Diebesbeute – drei hochwertige Fahrräder – festnehmen."

GOTTESDIENSTABLAUFPLAN

Ablauf „normal"	Vorbereitungsgruppe	Kommentare
1. Eingangsläuten		
2. Vorspiel		
3. Eingangslied		
4. Begrüßung		
5. Psalm		
6. Gebet		
7. Stilles Gebet		
8. Schriftlesung		

9. Hauptlied

10. Predigttext

11. Predigt

12. Predigtlied

13. Fürbittengebet

14. Vaterunser

15. Schlusslied

16. Abkündigungen

17. Opfer

18. Segen

19. Nachspiel

GRUPPENPLAN UND GRUPPENAUFGABE

Arbeitsgruppe Lesung:

Aufgabe: Begrüßung, Schriftlesung, Psalm

Teilnehmer:

➤

➤

➤

Arbeitsgruppe Musik:

Aufgabe: Eingangslied, Schlusslied (Segenslied), Predigtlied, kurze Liedansage

Teilnehmer:

➤

➤

➤

Arbeitsgruppe Collage:

Aufgabe: Collage, Vorstellungstext

Teilnehmer:

➤

➤

➤

Arbeitsgruppe Liturgie:

Aufgabe: Gebet (stilles Gebet), Fürbittengebet, Segen

Teilnehmer:

➤

➤

➤

Arbeitsgruppe Anspiel:

Aufgabe: kurzes Rollenspiel, Einführung

Teilnehmer:

➤

➤

➤

Arbeitsgruppe Predigt:

Aufgabe: Heraussuchen des Predigttextes, Mithilfe bei Predigt, Gottesdienstablaufplan erstellen, Zusammenführen und Motivation der Gruppen, Einschätzung des Gesamteindrucks nach der Probe

Teilnehmer:

➤

➤

Arbeitseinheit zum Thema:
Vorbereitung eines Konfigottesdienstes

Zeit	Inhalt	Aktion	Material
15'	Begrüßung, kurze Runde zum Befinden. Lied zum Thema des Abends.	Sitzkreis: gemeinsames Singen	Liedblätter, Unterstützung durch Tonträger, evtl. Gitarre
15'	Auswählen des Gottesdienstthemas durch drei Konfirmanden-(gruppen). Dies erfolgt parallel zu der Einteilung in Arbeitsgruppen der restlichen Konfirmanden	Drei (sechs) freiwillige Konfirmanden sollen sich je ein Thema (Frieden, Angst, Besitz) heraussuchen und dieses nach Ablauf der Vorbereitungszeit der restlichen Konfirmandengruppe präsentieren.	Informationen zum Thema
15'	Einteilung der Arbeitsgruppen für die Gottesdienstvorbereitung	Die Arbeitsgruppen setzen sich nach Möglichkeit aus freiwilliger Bereitschaft und Neigung zusammen: • Lesung • Musik • Liturgie • Collage • Anspiel • Predigt	Liste mit den Arbeitsgruppen, Aufgaben für die Arbeitsgruppen, Ablaufplan eines Gottesdienstes, (farbige) Stifte
60'	Themenwahl durch die Konfirmandengruppe incl. Wahl	Die drei Themen, die zur Auswahl für den Gottesdienst stehen, werden von den Konfirmanden	Arbeitsgruppenbeschreibungen mit Tipps,

Zeit	Inhalt	Aktion	Material
	eines Konfirmanden-Leitungsteams. Erarbeitung der einzelnen Beiträge zum Gottesdienst.	einzeln nacheinander präsentiert. Die Gesamtgruppe entscheidet am Schluss in einer demokratischen Abstimmung, welches Thema genommen wird, und damit auch ihre zukünftige Konfirmandenleitung. Die Arbeitsgruppen erhalten nun ihre Aufgabenblätter und sollen im Zusammenhang mit dem Thema einen Beitrag zum Gottesdienst gestalten.	Buchmaterialien, Zeitungen (Illustrierte), Scheren, Papier, Pappe, (farbige) Stifte, Eddings, Klebestifte, Dias, Gesangbücher, evtl. weitere Liederbücher, Ablaufplan vom Gottesdienst
10'	Pause		
30'	Der Probelauf dient: • dem Überblick über dem Arbeitsstand • Stärkung von Vertrauen und Sicherheit • Erkennen des Sinnzusammenhangs zwischen der Leistung der einzelnen Gruppe und dem gesamten Gottesdienst	Mit Hilfe einer VHS-Videokamera wird der Probelauf aufgenommen. Er soll eine leichtere und motiviertere Auswertung im Anschluss ermöglichen. Das Konfirmandenleitungsteam gestaltet den Ablauf.	Ergebnisse der einzelnen Arbeitsgruppen, Ablaufplan, Videokamera (incl. Netzgerät oder Akku), Stativ, Videokassette, Verlängerungskabel
50'	In der Auswertung sollen die Konfirmanden ihre eigene Arbeit reflektieren und einschätzen. Zudem sollen etwaige Brüche und Stolperstellen	Die Konfirmanden bekommen alle einen Ablaufplan (sofern dies nicht schon vorher geschehen ist). Es wird jeweils $1/3$ des Films (Eingangslied bis Schriftlesung, Hauptlied bis Predigttext; Fürbittengebet bis Segen)	Fernseher, Videorecorder, Scartkabel (notfalls Antennenkabel), Verlängerungskabel,

Zeit	Inhalt	Aktion	Material
	benannt werden, um eine Nacharbeit zu ermöglichen.	gezeigt, danach angehalten, und die gesamte Gruppe kann ihre Kommentare zu dem Gezeigten abgeben (! = schlechte Akustik; ? = nicht nachvollziehbarer Inhalt/Darstellung). Die Konfirmandenleitung gibt zum Schluss eine Einschätzung des Gesamteindrucks wieder.	Ablaufpläne, Stifte, erstellter Film
15'	Schlussrunde: Reflexion des Tages und Formalia	Sitzkreis: Auswertungsrunde, folgende Fragen sind dabei wichtig: • Was nimmst du heute Abend mit nach Hause? • Wie geht es dir jetzt? Daneben wird nochmals an Termine und Nachbearbeitungen erinnert.	Keins

6.2 Konfitage

6.2.1 Arbeitseinheit: Gerechtigkeit, Schuld und Vergebung

Zeitumfang: 6 h
Räumlichkeiten: großer Raum, mehrere kleine Räume, Nischen, Flure
Gruppen: Plenum, Kleingruppen, Einzelarbeit

- **Ankommen und Schokoladenspiel (35 min)**
Inhalt/Aktion: Den Konfirmanden soll Raum gegeben werden, sich auf die Gruppe und die gemeinsame Zeit einzustellen. Alle sitzen im Kreis auf dem Fußboden. In einer kurzen Runde soll jeder und jede einen kurzen Satz zu seiner momentanen Befindlichkeit mitteilen. Wichtig ist dabei, dass die Konfirmanden frei sprechen, d.h. ohne Meldung. Sie sollen ein Gespür für ein „wann kann ich mich einbringen" entwickeln, verbunden mit gleichzeitigem Hören auf die anderen.
Diese Einstiegsrunde wird in dieser Einheit ergänzt durch ein Spiel:
- Wenn etwa die halbe Runde an Beiträgen gelaufen ist, stellen Sie einen Teller mit Süßigkeiten verschiedenster Art in die Mitte des Sitzkreises. Auf dem Teller dürfen aber nur so viele einzelne Süßwaren liegen, dass bis auf drei oder vier Konfirmanden für jeden nur eine Süßware gedacht ist.
Unsere Erfahrung zeigt, dass nicht nur eine Sorte von Süßwaren genommen werden sollte. Wichtig für den weiteren Verlauf ist nur, dass der Teller so attraktiv ist, dass er „ohne Rücksicht auf Verluste" von den Konfirmanden geleert wird.
Nun werden sich (in der Regel) die Konfirmanden auf den Teller stürzen. Sollten sie hierbei jedoch Hemmungen haben, können Sie sie durch den Satz ermuntern: *Ihr dürft Euch gerne bedienen, ich wollte jedem von Euch mal eine Freude machen.* Sie dürfen auf gar keinen Fall zuteilen oder den Hinweis geben, dass nur eine bestimmt Anzahl auf dem Teller liegt und jeder nur maximal eine Süßware nehmen darf.
- Der Teller wird also hoffentlich schnell geleert. Die Verteilung wird in einem Überblick kurz festgestellt. Dabei werden sich einige reichlich, andere maßvoll bedient haben und vielleicht auch ein paar leer ausgegangen sein, die gerne etwas gehabt hätten. Evtl. werden auch einige kein Interesse an Süßwaren haben.
- Als nächster Schritt wird gefragt, wie diejenigen sich fühlen, die zwar auch etwas wollten, aber nichts abbekommen haben. Versuchen Sie sie ruhig zu einer ehrlichen Aussage zu ermuntern. Es geht hier nicht um Verurteilung, sondern um die Wahrnehmung von Bedürfnissen innerhalb einer Gemeinschaft und den Umgang damit.

- Im Gespräch sollen alle zu Wort kommen. Insbesondere stehen die folgenden Fragen im Raum:
  - Wie wird das Verteilungsverhältnis aus der Sicht einer Gemeinschaft empfunden? (Gerecht – ungerecht)
  - Was hat dazu geführt, dass einige viel und andere gar nichts bekommen haben?
  - Was kann getan werden, um eine solche Situation zu vermeiden? (Verzicht, Rücksichtnahme, Klärung von Bedürfnissen) Wie würde sich ein solches Verhalten auf das Klima in einer Gruppe auswirken?
  - Ist ein solcher (rücksichtsvoller) Umgang überhaupt wichtig und notwendig in einer Gemeinschaft?

Im Anschluss daran wird das Lied „Wo ein Mensch Vertrauen gibt" gesungen.

Ziele: Sensibilisierung für den persönlichen Beitrag im Zusammenhang mit Reden und Zuhören, Bedürfnisse anderer wahrnehmen, alternative Verhaltensweisen zu egoistischer Vorgehensweise, Erfahren, dass Verzicht auch eine Steigerung des Persönlichkeitswertes in der Gruppe darstellen kann.

Material: einzelne Süßwaren (Anzahl: Gruppengröße weniger 3-4), Teller, Kassette und Recorder oder Gitarre, Liedblätter

- **Planspiel Schuld[31] (130 min)**

Inhalt/Aktion: Im nun folgenden Planspiel geht es um die Frage nach Schuld, bzw. moralfreier formuliert, um Verantwortung und den Mechanismen, sich davon freizuhalten (verantwortungslos) – die Frage nach dem Sündenbock. Anders als in der Vorlage von Hans Frör gibt es in dieser Version keinen eindeutig Schuldigen. Dagegen wird der Sündenbockmechanismus stärker in Verbindung mit sozialen Vorurteilen gebracht.

Die Übernahme von Verantwortung für sich und das eigene Handeln ist nicht nur gesellschaftlich von grundlegender Bedeutung, sondern bildet auch ein sich durch alle Religionen ziehendes Fundament des Glaubens. Dabei ist in diesem Grundwert immer der Einzelne gegenüber einer Gemeinschaft gefragt.

Neben dem für Planspiele üblichen „Briefverkehr" wurde in der Schlussphase der sogenannte Pool eingebaut. Dies ist eine Methode, die die Jugendlichen aus der relativen Anonymität des Briefeschreibens in die „Auge in Auge" Auseinandersetzung eines Gespräches bringt. Hier fällt es wesentlich schwerer, dem anderen unsachliche Vorwürfe zu machen, ohne sich dabei von anderen Gruppierungen zu isolieren oder eben gerade in das Rampenlicht des Sündenbockmechanismus zu schieben.

Wichtig ist für uns auch, dass der geschichtsgemäßen Androhung von Vergeltung eine „Realstrafe" gegenübersteht. Wenn wir die Einheit z.B. im Sommer durchgeführt haben, dann stellten wir in Aussicht, dass den Schuldigen (die Gruppe) eine kalte Dusche mit dem Gartenschlauch erwartet oder wenn eben keiner gefunden werden sollte (absichtliche Verweigerung), dass alle Gruppen herangezogen werden.

Eine Ausführung dieser Androhung erfolgt natürlich nicht, da es hierbei nur um die Erzeugung des in Realsituationen vorhandenen Drucks geht. Zum anderen lässt sich dann in der Auswertungsphase darüber diskutieren, welche Auswirkungen eine „Kollektivstrafe" aufgrund des verantwortungslosen Verhaltens Einzelner für die Gruppe hat.

Im Übrigen ist der Begriff Schuld sehr schwierig und zumeist zu sehr mit fragwürdigen Moralvorstellungen überlagert, als dass eine offene Auseinandersetzung darüber möglich ist.

In der Auswertungsphase sollte der Begriff Schuld durch die Frage nach Verantwortung für das eigene Handeln bzw. Übernahme von genereller Verantwortung ersetzt werden.

In der Durchführung werden folgende Schritte gegangen:

- *Phase 1 (maximal 80 min):* Zunächst werden die Gruppen eingeteilt. Dies kann so geschehen, dass die entsprechenden Rollen (ohne Inhalt) an eine Wand gehängt werden und sich zu jeder Gruppe 3-4 Konfirmanden eintragen. Sollte bei einer Rolle ein Überhang entstehen, ist die Gruppe angehalten, dies in einer einvernehmlichen Entscheidung selbst zu regulieren. Dieser Prozess ist allerdings nur dann zu empfehlen, wenn die Gruppe in der Lage ist, solche Einigungen ohne größere Motivationsverluste der Betroffenen herbeizuführen. Das Leitungsteam sollte bei diesen Verhandlungen immer als Vermittler/Moderator fungieren.

  Eine andere Möglichkeit, die Kleingruppen zu bilden, besteht mit Hilfe von Wollfäden verschiedener Farbe oder/und Länge.[32] Diese werden vorbereitet (z.B. Fäden gleicher Länge = eine Gruppe). Die Mischung der Gruppen erfolgt nach dem Zufallsprinzip, wobei je nach Gruppe dies günstig oder weniger günstig für die Motivation ist.

  Neben den Spielgruppen können 1-2 Konfirmanden sich zur Post bzw. Beobachtungsgruppe (Leitungsteam) zuordnen.

- Nachdem die Gruppen eingeteilt sind, wird von der Gruppenleitung die Eingangsgeschichte (s. Vorlage 6.7.1) erzählt, wobei gilt: um so freier, um so besser. Danach bekommt jede Gruppe die Kommunikationsregeln erklärt:
  - Der Austausch untereinander darf *nur schriftlich* (Briefe) erfolgen.
  - Mit jedem Brief ist ein Durchschlag zu erstellen.
  - Briefe werden *nur von der Post* an den Empfänger befördert unter der Beachtung, dass nur Briefe von der Post befördert werden, die einen Durchschlag besitzen.
  - Für Briefe ist die Vorlage zu verwenden.

Die Durchschläge verbleiben bei der Post / den Beobachtern, damit sie den Verlauf überblicken, evtl. eingreifen, aber in jedem Fall in der Auswertung Beobachtungen beisteuern können.

Evtl. muss nochmals die Aufgabe / das Ziel klar ausgesprochen werden.

- Die Gruppen erhalten jetzt ihr Rollenspielblatt, die Eingangsgeschichte, Blaupapier, Briefpapier und einen Raum zugewiesen. Damit die Post anschließend leichter und schneller die entsprechenden Empfänger findet, ist es sinnvoll, mit Kreppklebeband ein entsprechendes Schild von außen an die Tür zu kleben.

- Zunächst wird es nötig sein, dass das Leitungsteam noch in die Kleingruppen geht, um erste Impulse für Anschreiben zu vermitteln. Wir haben beobachtet, dass die Informationen schon am Anfang so viele waren, dass die Problemlage und die daraus folgende Konsequenz wieder in den Hintergrund getreten ist. Dies sollte den Konfirmanden nochmals in Erinnerung gerufen werden und vielleicht auch der erste Schritt, wen sie ansprechen könnten.

Die Beobachter können auch die Möglichkeit nutzen und selbst kurze Briefe abfassen (natürlich mit falschem Absender) und dadurch Impulse in die Gruppen bringen. Ist die erste Lähmung verschwunden und haben sich alle Gruppen an diese Art der Kommunikation gewöhnt, ist bisher immer eine fast schon nicht mehr zu bewältigende Flut von Briefen über die Post hereingebrochen.

- Die Aufgabe der Beobachter (Konfirmanden) sollte, neben dem Austragen der Post, auch darin bestehen, die Argumentationslinien zu verfolgen. Das kann sehr arbeitsintensiv sein, so dass wirklich mindestens zwei Konfirmanden dafür benötigt werden. Zwei Arten von Beobachtungsmöglichkeiten wollen wir Ihnen vorschlagen:

  1. Sie legen diejenigen Briefe raus / oder quer im Stapel, die wichtige Schritte oder Argumente beinhalten. Unabhängig davon, ob sie zu einer Lösung beitragen oder nicht.

  oder:

  2. Sie übertragen (zumindest stichwortartig) diejenigen Argumente, die sachlich sind, auf Plakatkarton oder eine Wandzeitung. Das bedeutet, dass Sie 21 Gesprächslinien aufzeichnen müssen.

  Genauer:

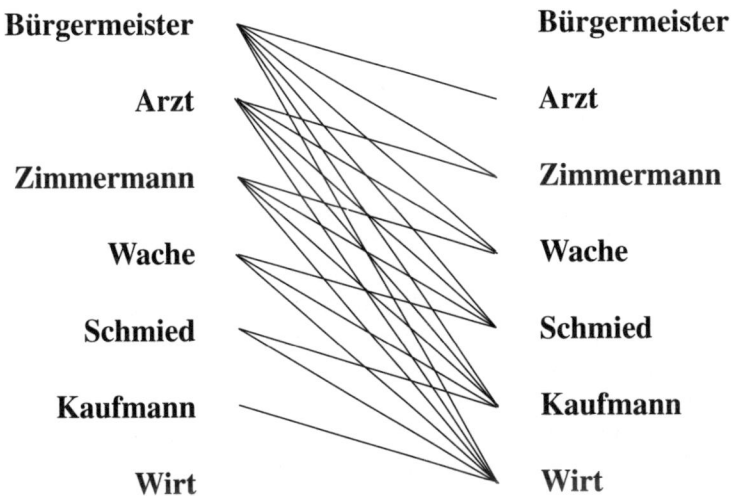

Bürgermeister		Bürgermeister
Arzt		Arzt
Zimmermann		Zimmermann
Wache		Wache
Schmied		Schmied
Kaufmann		Kaufmann
Wirt		Wirt

Hier wird stichwortartig der Gesprächsverlauf festgehalten (deswegen im Übrigen auch die fortlaufende Nummerierung auf den Briefen), um in der Auswertung dann ablesen zu können, wie sehr sich um eine Lösung oder eben um ein Vertuschen der eigenen Verantwortung bemüht wurde, d.h. an welchen Stellen der Sündenbockmechanismus gegriffen hat, z.B. in Form von gemeinsamen Verabredungen gegenüber Einzelnen etc.

Diese Methode ist zwar wesentlich aufwendiger, aber auch effektiver. Ihnen und den Konfirmanden steht so der ganze Verlauf beständig im Überblick zur Verfügung. Gerade für die einzelnen Gruppen ist manchmal eine Auswertung schwierig, weil in den Unterlagen gewühlt wird (meist vergeblich), um die einzelnen Entwicklungen nachzuvollziehen.

Die Aufzeichnungen werden für die Zeit der Diskussion im Pool abgehängt. Dies bedeutet zwar einen Aufzeichnungsverlust, ist aber angesichts der Tatsache zu verschmerzen, dass sich im Pool meistens keine neuen Argumentationsketten ereignen, andererseits bilden die Beobachter während der Poolphase genügend Ergebnissicherung.

- *Phase 2 (20 min):* Der schriftliche Teil dieses Planspiels incl. der Erläuterungen und Gruppenbild am Anfang sollte nicht länger als 80 min dauern. Ist diese Zeit um, folgt der zweite Teil. Dazu werden alle Gruppen im Plenum zusammengerufen, d.h. alle schriftlichen Aktivitäten müssen abgebrochen werden.

Das Plenum, nachfolgend Pool genannt, wurde von Ihnen folgendermaßen vorbereitet:

173

Für jede Rollenspielgruppe außer der Post/Beobachtergruppe wird ein Stuhl in einen Innenkreis (Pool) gestellt. Hinter jedem dieser Stühle stehen in ca. 2 m Abstand weitere Stühle für die restlichen Gruppenmitglieder. Die Beobachter werden außerhalb dieser zwei Kreise plaziert.

Die einzelnen Gruppen nehmen nun in der vorgegebenen Weise Platz. Zunächst ist es egal, wer in der Mitte sitzt. Die Aufgabe für die Gruppe besteht weiterhin in der Suche nach einem Schuldigen bzw. einer Lösung. Um dies in den verbleibenden 20 min zu forcieren, wird nicht mehr schriftlich gestritten, sondern mittels einer Diskussion. Da es wenig bringt, wenn alle miteinander reden, wird ein sogenannter Stellvertreterpool gebildet. Innerhalb dieses Stuhlkreises sitzen jeweils ein Vertreter der einzelnen Rollen. Nur diese dürfen miteinander reden, streiten, diskutieren (tätliche Auseinandersetzungen sind natürlich verboten).

Hinter jedem Vertreter sitzen die weiteren Rollenmitspieler. Diese sind nicht zur Passivität verdammt, sondern können dadurch in den Prozess der Diskussion eingreifen, dass sie ihrem Vertreter auf die Schulter klopfen und mit ihm die Plätze tauschen. Dieser Tausch hat ohne Diskussion und verbalen Austausch zu erfolgen.

Außerhalb des Pools darf nicht diskutiert oder geredet werden. Die Vertreter oder auch die anderen Mitspieler dürfen sich schriftliche Notizen machen bzw. diese im Stuhlkreis nutzen.

Zu Beginn der Pooldiskussion bekommt jede Gruppe 5 min Zeit, um einen ersten Vertreter auszuwählen und sich eine Strategie zu überlegen.

Danach beginnt die Pooldiskussion. Die Diskussion hört erst dann auf, wenn entweder eine Lösung gefunden wurde,

- der *alle* Parteien zustimmen

oder

- wenn die 20 min um sind.

Das Leitungsteam ermächtigt zu Beginn den Bürgermeister, als Oberhaupt der Stadt die Runde zu eröffnen und für einen flüssigen Ablauf zu sorgen. Er hat auch am Schluss das Ergebnis festzustellen und dem Leitungsteam (als Vertreter der Anklagepartei) mitzuteilen.

Ansonsten greift das Leitungsteam nur dann ein, wenn der Bürgermeister Unterstützung in seiner Leitungsfunktion braucht. Allerdings sollte ruhig auch einmal Chaos in der Redeleitung herrschen.

Nach der Hälfte der Zeit und nach 15 min sagt das Leitungsteam die *noch verbleibende* Zeit an.

- *Phase 3 (mindestens 20 min):* Egal wie der Stand der Dinge ist, nach Ablauf der 20 min wird der Pool beendet, und der Bürgermeister verkündet das Endresultat. Wahrscheinlich wird es zu keiner Einigung und damit auch zu keiner Lösung gekommen sein. Jetzt wird erstmal betroffenes Schweigen herrschen, in der Erwartung der kommenden Dinge.

Sie lassen alle zu einem Stuhlkreis zusammenkommen und fragen, *bevor* Sie erklären, dass niemand direkt schuldig ist und folglich auch niemand „bestraft" wird, wie dieses Endergebnis von den Beteiligten empfunden wird. In den allermeisten Fällen ist das Endergebnis dergestalt, dass der arbeitslose Zimmermann als der wahrscheinlichste Sündenbock herhalten muss.

Danach nehmen Sie die Spannung aus der Gruppe, um eine weitere Auswertung möglich zu machen. Dazu erklären Sie kurz den Sachverhalt der Geschichte, dass es keinen direkt Schuldigen gibt, aber jeder mit seinem Verhalten dazu beigetragen hat, dass die Ausgangssituation eingetreten ist. Weiterhin decken Sie auch die Verstrickungen der einzelnen Rollen untereinander auf. Hier wird es wahrscheinlich zuerst einmal Empörung und Protest geben.

Als nächstes sollen die Beobachter ihren Eindruck von der Entwicklung des Ergebnisses abgeben, insbesondere über den letzten Teil im Pool. Wichtig ist, dass sie eine Rückmeldung über den Verlauf geben, d.h. ob eine sachliche Argumentation oder eher eine Suche nach dem Sündenbock stattgefunden hat. Die Beobachter vergleichen die Verhaltensweisen der Spieler mit dem Spielergebnis.

Im letzten Schritt werden die angefertigten Gesprächslinien aufgehängt und im gemeinsamen Gespräch die Stellen markiert, an denen deutlich wird, dass Schuld zugewiesen oder zumindest heftigst Kritik am anderen geübt, aber gleichzeitig vom eigenen Anteil daran abgelenkt wird.

An welchen Stellen werden Vorverurteilungen gefällt bzw. aufgrund unsachlicher und unsozialer Argumente Einzelne für besonders tatverdächtig erklärt?

Die Auswertung sollte folgende drei Themenbereiche beinhalten:

- Wie schnell waren Schuldzuweisungen getroffen und mit welchen Begründungen? (Fakten/Verhalten, die es besonders leicht machen, Schuld zuzuweisen?)
- Wie wurde mit dem eigenen, durchaus fragwürdigen Verhalten umgegangen?
- Was führt dazu, dass der eigene Anteil an Verantwortung bei Fehlverhalten oder Fehlentwicklungen verdrängt wird, und was müsste geschehen (kann jeder tun), damit diese Verantwortung ernster genommen wird?

Zum Abschluss wird das Erleben Jesu mit seinen Jüngern im Garten Getsemani vorgelesen (Matthäus 26,36-46). Dies ist so zu gestalten, dass während des Lesens genügend Zeit bleibt, sich die einzelnen Sätze zu merken und in Bezug zu sich und dem gerade Erlebten zu bringen. Allerdings sollte der Textfluss auch nicht zu sehr leiden.

Ziele: Förderung von Verantwortungsbewusstsein und -übernahme, Selbstvertrauen auch im Zusammenhang mit „Fehlern", Sensibilisierung für von sozialen Eindrücken geprägte Einstellungen, Differenzierung zwischen sachlichen und emotionalen Argumenten, Förderung von Solidarität mit schwachen Gesellschaftsgruppen gegenüber Vorverurteilungen, Erkennen des Zusammenhangs vom Verantwortungsbewusstsein des Einzelnen mit dem Lebensverbund innerhalb eines Gesellschaftssystems/Gruppengefüges

Material: Arbeitsblätter: Geschichtsverlauf und Spielrollen (befinden sich nicht im Anschluss an die Einheit, sondern unter Punkt 6.8.1), Briefpapier, Blaupapier (DIN A 5), Stifte, Unterlagen (zum Schutz der Tische), Plakatkarton oder Papierrolle für Wandzeitung, Edding, verschiedenfarbige und/oder -lange Wollfäden, Rollen-Türschilder, Kreppklebeband

- **Mittagspause (1 h 30 min)**

- **Fußwaschung (50 min)**

Inhalt/Aktion: Die Übernahme von Verantwortung und damit verantwortungsbewusstes Leben gegenüber unseren Mitmenschen, der Schöpfung und nicht zuletzt auch Gott gegenüber ist, wie beschrieben, ein Teil unserer Glaubensgrundlage. Verantwortung zu übernehmen gehört zum alltäglichen Leben. Es ist kein Wert, der sich besonders präsentiert oder zu prahlerischer Selbstdarstellung eignet. Die Übernahme von Verantwortung ereignet sich meist im Stillen ohne besondere Hervorhebung. Verantwortungsübernahme bedeutet Selbstbewusstsein und Stärke, aber auch eine Form von Demut, die allerdings nichts von Selbstverleugnung oder leidender Erduldung hat. Dem zugehörig ist die Vergebung.

Wer verantwortlich und selbstbewusst handelt, begeht Fehler oder wird auch mit Fehlern anderer konfrontiert. Da der Mensch nicht perfekt ist, bedarf er der Nachsicht oder anders ausgedrückt, der Vergebung anderer. Dazu gehört die Stärke, sich dies einzugestehen und dabei die eigene Person nicht abzuwerten oder als abgewertet zu erleben. Das ist letztlich ein selbstbewusster Akt von Stärke.

Vergebung ist auch ein Akt der Erkenntnis der Unterordnung in vorhandene Strukturen, ohne die eigene Persönlichkeit, deren Ziele und Stellung innerhalb einer Gemeinschaft zu verlieren. Vergebung heißt, sich seiner Verantwortung und seiner Schwächen bewusst zu sein und sich damit ganz in eine Gemeinschaft einzufügen. In der Fußwaschung Jesu vor dem Abendmahl wird dies in eindrücklicher Weise deutlich.

Um mit Konfirmanden diese reichhaltigen Aspekte und Erlebnisweisen von Vergebung im Zusammenhang mit Verantwortung und Gemeinschaft aufzuzeigen, führen wir diese Fußwaschung durch.

Wie Ihnen sicherlich bewusst sein wird, bedarf es für die Umsetzung der Fußwaschung eines vertrauten Umgangs innerhalb der Gruppe und auch eines guten Vertrauensverhältnisses gegenüber dem Leitungsteam. Von daher verbietet sich der

Einsatz dieser Einheit zu Beginn des Konfirmandenjahrganges und auch direkt im Anschluss an längere Pausen, wie durch die Sommerferien verursacht.

Nach der Bekanntgabe der Aufgabenstellung, sich einen Partner des Vertrauens zu suchen und im Wechsel eine Fußwaschung vorzunehmen, wird dies zunächst als Zumutung empfunden. Hier muss von Seiten des Leitungsteams ein Höchstmaß an Feingefühl zwischen förderlichem Zwang und Motivation geleistet werden. Wichtig ist dabei, dass den Unmutsäußerungen Raum gegeben werden kann, um einen Abbau des ersten Widerstandes zu ermöglichen. An dieser Stelle zu diskutieren führt in der Regel zu keinem Ergebnis, außer zu dem, dass sich in Argumentationen festgefahren wird, so dass ein weiteres Herangehen an die Aufgabe unmöglich wird.

Einen wesentlichen Anteil an dem Widerstand hat auch die zunächst fehlende Information über den Ablauf. Dieser sollte so schnell wie möglich bekannt gegeben werden, so dass deutlich wird, dass nichts Unmögliches und zunächst auch kein Reflektieren verlangt wird. Jeder soll sich zuerst einmal nur auf die Aufgabe konzentrieren und die Außenwelt außen vor lassen.

Der Ablauf der Fußwaschung sieht dann wie folgt aus:

- Jede/r Konfirmand/in sucht sich einen vertrauten Partner. Hier ist besonders auf Außenseiter zu achten. Gegebenenfalls muss ein vorsichtiges Dirigieren von Seiten der Leitung erfolgen.
- Für jeden steht ein eigenes Handtuch zur Verfügung, darüber hinaus für jedes Paar eine Schüssel, Seife und Massageöl. Außerdem gibt es ein Handtuch zum Schutz vor einer Überschwemmung auf dem Boden. Die Schüssel sollte groß genug für einen Fuß sein und nicht allzu hoch – also in keinem Fall ein Eimer.
- Es wird ein Stuhlkreis gebildet, in dem zwischen jedem Paar genug Platz ist, um die Intimsphäre zu wahren. Als Alternative kann bei Vorhandensein eines Hungertuches dieses als Blickzentrum für die dann im Halbkreis sitzenden Konfirmanden dienen. Während der Fußwaschung können sie dieses im Zusammenhang mit der Handlung und dem Text betrachten und „erleben".
- Jeder Konfirmand zieht seine Schuhe und Strümpfe selber aus und wieder an. Die Fußwaschung beinhaltet lediglich das Waschen, Trocknen und Einölen der Füße.
- Zu der Fußwaschung läuft leise Hintergrundmusik, und ein Mitglied des Leitungsteams wird Gedanken zum Thema sprechen. Die Konfirmanden sollen sich nicht persönlich aufeinander, sondern nur auf ihre Aufgabe (zulassen bzw. ausführen) der Fußwaschung und die Musik/den Text konzentrieren. Wer von den „passiven" Konfirmanden mag, kann gerne die Augen schließen.
Wichtig ist, dass *kein Kontakt zum Nachbarn* aufgenommen und *nicht gesprochen* wird. Jede/r Konfirmand/in soll sich für seine Aufgabe Zeit lassen und in

bewusster Ausführung seine Bewegungen durchführen (d.h. nicht trocken rubbeln, sondern abtupfen etc.).

Die Leitung gibt hier am besten die einzelnen Handlungsschritte vor: ersten Fuß waschen, dann abtrocknen, zweiten Fuß waschen, dann abtrocknen, Füße einölen. Ebenfalls wird von der Leitung der Wechsel angesagt.

Nach dem anfänglichen Widerstand und der Einberechnung von Aus- und Anziehaktionen sowie dem Holen von frischem, *warmem* Wasser kann für die eigentliche Waschaktion ein Zeitraum von 10-15 Minuten pro Konfirmand/in angesetzt werden.

- Während der Fußwaschung liest oder spricht, am besten frei, ein Leitungsteammitglied Gedanken zum möglichen Erleben der Konfirmanden. Dazu kann der Textvorschlag verwendet werden. Wichtig ist, dass der Text nicht die Schwierigkeit, die die Konfirmanden mit ihrer Handlung haben, ausblendet, sondern vielmehr die Betonung auf die persönliche Stärke legt, die eine solche Handlung und Haltung erfordert. Es geht nicht darum, Konfirmanden zu erniedrigen, sondern ihnen zu ermöglichen, differenziert zwischen Vergebung (Anerkennung der Person bei gleichzeitiger Einordnung in ein anderes System) und Erniedrigung/Unterdrückung zu unterscheiden.
- Nach der Fußwaschung sollen alle Konfirmanden sich noch fünf Minuten still verhalten und das soeben Erlebte im Kopf und mit dem Körper (Füßen und Händen) nachwirken lassen. Dabei läuft die Musik weiter, aber es wird kein Text mehr gesprochen.

Ziele: Erleben von Vergebung durch Anerkennung der Person, Erleben von Ein- und Unterordnung, Stärkung von Vertrauen innerhalb der Gruppe durch Ausbleiben von verletzenden und verhöhnenden Aussagen, Sensibilisieren für den Unterschied zwischen unterwürfiger und demütiger, dem Nächsten zugewandter Handlung, Eröffnen des bewussteren emotionalen Zugangs zum Begriff Demut, Vergebung und Bitte, Sensibilisieren für das Erleben anderer durch eigene, als verletzend und abwertend empfundene Verhaltensweisen.

Material: Schüsseln, Seife, Ölflaschen (½ Anzahl der Teilnehmer), Handtücher (pro Paar 2 Stück), Instrumentalkassette oder CD, Abspielgerät, Gedankentext, Verlängerungskabel, wenn vorhanden Hungertuch

- **Auswertung (40 min)**

Inhalt/Aktion: Unserer Erfahrung nach sind die Konfirmanden im Anschluss an die Fußwaschung emotional noch sehr mit der Übung verbunden , so dass eine sprachliche Auswertung wenig Sinn hat. Wir haben uns deshalb dafür entschieden, den ersten Schritt einer Verarbeitung des Erlebten gestalterisch aufzuarbeiten.

- Die Konfirmanden sollen sich einen Platz im Raum suchen, an dem sie sich weitgehendst ungestört fühlen. Als Material bekommen sie einen DIN A 3 Bogen weißes Papier und Stifte (am besten aus Wachs) in den Regenbogenfarben und Schwarz ausgehändigt.

- Die Aufgabe lautet:
Male ein Bild von deinen Gefühlen während der Fußwaschung. Versuche zu trennen zwischen dem die „Füße gewaschen Bekommen" und dem „Ausüben der Fußwaschung".
Du kannst dein Bild gestalten, wie du willst. Es müssen keine erkennbaren Formen, Muster oder Darstellungen darin vorkommen. Wenn du welche malen willst, ist es nicht wichtig, dass sie perfekt gezeichnet sind, sondern dass sie deinem Gefühl entsprechen. Niemand kann zu deinem Bild gut oder schlecht, richtig oder falsch sagen. Für dein Bild hast du 25 min Zeit.
Während des Malens herrscht Sprechverbot und im Hintergrund läuft leise Instrumentalmusik.

- Nach ca. 20 min kommt der Hinweis vom Leitungsteam, dass jeder so langsam mit seiner Zeichnung zu einem Schlusspunkt kommen sollte, da nur noch fünf Minuten zur Verfügung stehen.

- Nachdem alle ihre Zeichnungen mehr oder weniger fertig zu einem Ende gebracht haben, soll zunächst ca. 5 min Zeit sein, die Bilder zu betrachten. Dazu werden alle Bilder in einen Kreis in der Mitte des Raumes gelegt.
In der Mitte dieses Kreises kann von Ihnen eine Dekoration, evtl. mit einer Kerze, vorgenommen sein. Es ist wichtig, den Konfirmanden den Wert ihrer Erfahrungen deutlich zu machen. Dies geschieht nicht zuletzt auch darin, dass Sie ein entsprechendes Ambiente bieten.

- Das an die Betrachtung anschließende Gespräch muss vorsichtig eingeführt und geleitet werden. Vor allem ist eine Wertung oder Interpretation von Aussagen und Bildgestaltung zu vermeiden. Wir haben die Erfahrung gemacht, dass nur ein ganz geringer Teil von Konfirmanden seine wirklichen Eindrücke hinter Aussagen und Gestaltungen wie „Käsefüßen" versteckt.
Impulse für ein Gespräch könnten sein:
  - Wie habt ihr euch gefühlt als jemand, der die Füße gewaschen bekommt?
  - Hättet ihr am liebsten den/die Wäscher/in von seiner/ihrer Aufgabe befreit, oder fandet ihr, dass es in Ordnung war?
  - Wie habt ihr euch als Wäscher/in gefühlt?
  - Kam dir deine Handlung wertvoll oder eher unangenehm und abstoßend vor?
  - Wenn du die ganze Fußwaschung, also beide Situationen, betrachtest, hast du dich mehr als Gebender oder mehr als Empfangender gefühlt?
Die Allermeisten sind bereit, sowohl negativ wie positiv erlebte Gedanken in Wort und Bild auszudrücken. Häufig vorkommende Eindrücke sind die in dem widerstreitenden Bild von Sklave und Herrscher ausgedrückten Gefühle, je nach-

dem, welche Situation in der Fußwaschung gerade erlebt wurde. Aber grundsätzlich sind die Gruppen sehr verschieden in ihrer bildlichen Gestaltung.

• Das Leitungsteam hat innerhalb dieser Auswertung oder besser gesagt während des Austausches im Wesentlichen nur die Aufgabe, Impulse zu setzen, die Beiträge zu würdigen (wichtig!) und die Gesprächsleitung zu übernehmen. Auch wenn es sonst eher üblich ist, dass jeder einen Beitrag zur Runde beisteuert, sollte hier davon Abstand genommen werden. Es genügt, wenn jemand stattdessen nochmals sein Bild der Runde deutlich zeigt.

• Das Leitungsteam beschließt die Runde, indem es die unterschiedlichen Eindrücke und Erlebnisweisen der Konfirmanden als wertvoll bestätigt.

Solche Übungen und Experimente lassen sich natürlich nicht innerhalb so kurzer Zeit (Durchführung und Auswertung) oder sei es eines Tages vollständig erfassen. Vieles wird erst im Laufe der weiteren Beziehung der Gruppe untereinander und auch später noch, lange nach dem Konfirmandenunterricht, sichtbar. Bis jetzt haben wir aber noch keine Gruppe erlebt, die die Fußwaschung als negatives Erlebnis im Nachhinein betrachtet. Sicher als ein besonderes und immer noch komisch anmutendes, aber eben nicht negatives.

Pädagogik und auch Glauben können nicht durch einmalige Erlebnisse zu dauerhaften Ergebnissen und Einstellungen führen. Aber solche Erlebnisse können positive Spuren hinterlassen, die vielleicht der Grundstein für eine spätere weitere Beschäftigung oder sogar Einstellung sind.

Ziele: Wertschätzung der eigenen Person und Leistung, Sensibilisieren für die Gratwanderung zwischen dem Gefühl Vergebung und Erniedrigung bzw. Herrschen und Verantwortung, Austausch und Erfahren ähnlicher Gefühlserlebnisse innerhalb der Gruppe, dadurch Stärkung des Gruppengefühls, Achtung durch das Leitungsteam

Material: DIN A 3 Kopierpapier/Zeichenblätter, Wachsstifte oder Buntstifte (Dickis) – keinesfalls Filzstifte oder Eddings, Hintergrundmusik, Abspielgerät, Verlängerungskabel, Dekomaterial (Blumen, Tischtuch, Kerze, Muscheln etc)

• **Schlussrunde (15 min)**

Inhalt/Aktion: Ähnlich der Einstiegsrunde soll hier die Möglichkeit gegeben werden, dem Tag ein eigenes Resümee/Befindlichkeit zuzuordnen. Diese Runde erfolgt nach den eingangs geschilderten Prinzipien.

Ziele: Ähnlich der Einstiegsphase mit zusätzlichem Gewicht auf eine rückblickende Verbindung zwischen dem Erfahrenen und der eigenen Person

Material: keins

BRIEFPAPIER FÜR DAS PLANSPIEL

Absender: .... Empfänger: .... Nr.: ....

Absender: .... Empfänger: .... Nr.: ....

Gedankentext für die Fußwaschung

Lesung von Johannes 13,3-17

Wer möchte schon gerne schwach sein? Wer möchte schon auf seine Position und seine Anerkennung bei den Kameraden verzichten? Wer möchte schon sein Wissen und seine Macht über andere aufgeben, um wieder ganz unten zu sein? ...
Und dann ist da noch der Schein ... die Maske, das Trugbild, das wir von anderen haben ... und vielleicht auch anderen von uns nur zeigen.
Stark sein, um jeden Preis ... Oben sein, koste es, was es wolle ... Der Erste sein, egal ob andere mithalten können oder nicht ... „In" sein, ob ich mich dabei wohlfühle oder nicht ...
Die Ersten werden die Letzten sein ... wer sich erniedrigt, wird erhöht werden ... Der Unsichere, der nur nach außen Starke, wird immer versuchen, stehen zu bleiben ... er hat Angst, nicht wieder aufstehen zu können, wenn er sich niederkniet.
Trotzdem bleibt ein komisches Gefühl im Bauch ...
Ich mache mich klein ... bitte andere um Vergebung, gebe Fehler und Schwächen zu ... lasse andere höher sitzen als mich ... wasche anderen die Füße ...
Aber was kann ich schon verlieren?
Mein Ansehen ... so wie mich die anderen an-sehen. Aber was sehen die anderen denn – an? Jemanden, der immer ganz vorne mitmischt, egal ob Klamotten, Schminke, Computer, Skates oder andere Dinge. Sie sehen jemanden, der Ahnung hat von Mädchen und Jungs, von Sex, Musik und Schule. Sie sehen jemanden, der immer n' passenden Spruch hat und sich von keinem was sagen lässt. Eben jemanden, der selber weiß, wo's für ihn langgeht.
Und wasche anderen die Füße ... Was kann ich schon verlieren?
Meine Anerkennung ... und was erkennen die anderen an mir – an? Dass ich großzügig bin, alles mit anderen teile. Dass ich mich durchsetzen kann, mit Worten – manchmal mit Fäusten. Dass ich immer mit dabei bin, nicht kneife oder Angst habe. Dass ich auch „über's Ohr hauen" kann. Meine absolut coole Art, kein Lehrer oder Erwachsener bringt mich aus der Ruhe. Ich hab's eben drauf, ich kann sagen, wo's lang geht – das kommt an, das erkennen die anderen gleich.
Und knie mich nieder, um anderen die Füße zu salben ... Was kann ich schon verlieren?
Die Achtung der anderen vor mir ... und vielleicht meine eigene Achtung vor mir selbst?
Und worauf achten die anderen bei mir? Dass ich gut drauf bin. Bloß keine Schwäche zeigen. Dass ich immer ganz vorne mitmische. Dass ich keinem die Füße küsse, stark bin. Immer den Schein wahre.
Das kann ich verlieren!

Ich knie nieder und verliere für einen Augenblick die Größe, die ich in den Augen der anderen habe. Für einen Augenblick stelle ich ihre Meinung von mir, ihr Bild auf die Probe. Ohne Vertrauen läuft gar nichts.

Ich vertraue darauf, dass sie erkennen, welcher Mut und welche Größe dazu gehören, all ihren Bildern und Meinungen zu widersprechen.

Ich vertraue ihnen, dass sie mich an-sehen, ohne auf mich herabzusehen. Jetzt wird sichtbar, was es bedeutet, sich anderen und ihrer An-sicht auszuliefern.

Ich vertraue ihnen, dass sie mich erkennen, trotz meiner gebeugten Haltung. Jetzt erkenne ich, wer mich um meiner selbst willen achtet, um der Stärke, die darin liegt, sich unter jemanden zu stellen, dem man sonst locker gewachsen wäre.

Ich habe gewonnen ... die Stärke ... das Vertrauen ... und den Mut in der Erkenntnis und dem Erleben von Vergebung.

Groß sein heißt zu wissen, wie es ist, auch klein zu sein. Echte menschliche Achtung kann man vor dem haben, der trotz seiner Größe, seiner Verantwortung, seinem Ansehen und seiner Macht über andere nicht vergessen muss, dass er ein Mensch ist wie du und ich auch. Einer, der klein war, gewachsen ist, Schutz brauchte, Hilfe, Verzeihen und Vertrauen.

Der mal Fehler macht ... wie achtsam sie mit ihm umgehen ... was sie in ihm erkennen, ohne sich vom falschen Schein blenden zu lassen.

Lesung der Fußwaschung in Johannes 13,12-17

Schön oben bleiben ... Wer oben sitzt, hat den Überblick ... Bloß nicht fallen, da kann man sich heftige Beulen holen ... Wer oben ist, hat gut reden und leben ... Hier hat man was zu sagen ...

Man muss schon ganz schön hart kämpfen, um ganz oben mitzumischen. Wer was zu sagen haben will, bei Freunden, in der Klasse, in der Clique, der muss schon was bringen ... Hier gibt's nichts umsonst ... Hier ist sich jeder selbst der Nächste, da kann man nicht auch noch auf die Schwachen, die Duckmäuser, die Blödmänner und Looser achten.

Aber für wen macht man das eigentlich? ... Für sich selbst? Wohl kaum, so viel Stress, um sich selbst was zu beweisen. So blöd kann doch keiner sein ... Aber für wen denn? Für die anderen? ... Für die Schwachen ... die, die es nicht packen ... die einen brauchen, der sagt, was Sache ist ... die ewigen Verlierer? Kann doch wohl nicht sein? ...

Was hab' ich denn davon?

Verantwortung! Anderen Rede und Antwort geben können. Man hört auf das, was ich sage ... die wissen, hier wird nicht nur heiße Luft produziert ... Da kommt echt was rüber ... nicht immer die perfekte Lösung, aber wenigstens eine Antwort ...

Was hab' ich denn davon?

Vertrauen! Mir wird ganz schön was zuge-traut. Auf mich kann man bauen ... ich hab keine Angst ... ich brech mir keinen Zacken aus der Krone, wenn ich den anderen mal helfe ... Andererseits erledige ich viel ... mit vielen Aufgaben werde ich be-traut ... Was hab' ich denn davon?

Auf mich kann man sich verlassen! Was ich sage, das passiert auch ... Ich kann aber auch zu-lassen, dass mal ein anderer eine gute Idee hat. Das hebt mich nicht gleich vom Sockel ... Manchmal ist es auch entspannend, einfach los-zu-lassen und andere machen zu lassen.

Was hab' ich denn davon?

Geltung! Was ich sage, gilt. Ich kenn die Spielregeln ... ich hab meine Erfahrungen ... mir glaubt man ... Und wenn ich dann manchmal ... heimlich ... mich über die dankbaren Gesichter freue, dann ist das Vergeltung genug.

Ich habe davon Größe, Anerkennung, Vertrauen und Verantwortung ... So wie ich bin, bin ich für andere jemand.

... nicht der Superheld ... keiner, der mit Macht und Anstrengung die anderen anführt ... niemand, der mit viel Show und Tricks ein Bild von Größe und Ansehen aufbauen muss.

Arbeitseinheit zum Thema:
Gerechtigkeit, Schuld und Vergebung

Zeit	Inhalt	Aktion	Material
35'	Einstieg und Ankommen im Sitzkreis, Einstieg ins Thema	Im Sitzkreis teilt jeder seinen momentanen Zustand (Motivation, Emotion etc.) den anderen mit. Ein Teller mit Süßwaren wird in die Mitte gestellt mit der Aufforderung, sich zu bedienen. Die einsetzende Gier wird thematisiert. Im Anschluss daran wird die gleiche Aufgabe mit der Bedingung gestellt, dass man sich nur nehmen darf, wenn man etwas angeboten bekommt. Unterschiede thematisieren.	Teller, Süßwaren: Schokolade, Haribo o.Ä., Liedblätter, Gitarre oder Abspielgerät, Musikkassette, Verlängerungskabel
130'	Planspiel zum Thema Schuld. Offenlegung von Mechanismen, die zu Ungerechtigkeit, Verschleppung von echten Lösungen, Vertuschen von Schuld und Verantwortung führen	Es gibt 7 Rollen, die zusammen in einen Todesfall verwickelt sind. Die einzelnen Rollen werden mit Kleingruppen besetzt. Aufgabe ist es nun, den Schuldigen für den Todesfall herauszufinden. Die letzten 20' werden in Form des Pool's („Stuhlkreis") für die Lösung des Problems verwendet. Bei keiner gefundenen Lösung droht eine „Strafe" für alle. Im Anschluss an die Lösung, soweit erfolgt, werden der Ablauf und die Inhalte bzw.	Rollentexte: • Bürgermeister • Schmied • Arzt • Zimmermann • Wirt • Wächter • Kaufmann Briefpapier, Blaupapier, Stifte, Unterlagen, Plakatkarton oder

Zeit	Inhalt	Aktion	Material
		Befindlichkeiten in den einzelnen Rollen reflektiert.	Papierrolle, Edding, Fäden, Türschilder, Kreppklebeband
90'	Mittagspause: Tisch decken, Essen, Abräumen, Spülen		
50'	Fußwaschung: Die Konfirmanden sollen die Dialektik von Verantwortung und Vergebung erfahren. Verhältnis von „Oben" und „Unten".	Die Konfirmanden werden in 2 Gruppen eingeteilt. Diese beiden Gruppen müssen sich nun in Pärchen zuordnen. Jedes Pärchen bekommt Handtücher, Seife, Schüssel und Wasser mit der Aufgabe, sich gegenseitig die Füße zu waschen und einzuölen. Dabei gilt ein absolutes Redeverbot. Neben der Handlung wird meditative Musik gespielt und ein Text zu dem aufgehängten Hungertuch gelesen (Leiter).	Kassette, Abspielgerät, Verlängerungskabel, Gedankentext, Schüsseln, Handtücher, Seife, Öl, Hungertuch
40'	Nachbereitung der Fußwaschung. Reflexion der eigenen Befindlichkeiten in den unterschiedlichen Rollen. Umsetzung in eigene vorhandene Erlebnisse	Mit Hilfe von Bildern, die als Auswertung der Fußwaschung gemalt werden sollen, soll in ein Gespräch – einen Austausch eingestiegen werden. Dabei ist es wünschenswert, wenn neben dem konkreten Erlebnis auch evtl. Ähnlichkeiten mit schon gemachten Erlebnissen hergestellt werden.	Papier, Wachsstifte/Buntstifte, keine Eddings, Hintergrundmusik, Abspielgerät, Dekomaterial (Blumen, Tischtuch, Kerze, Muscheln etc.)
15'	Schlussrunde: Reflexion des Tages	Sitzkreis: Auswertungsrunde, folgende Fragen sind wichtig: • Was nimmst du heute Abend mit nach Hause? • Wie geht es dir jetzt?	keins

6.2.2 Arbeitseinheit: Anderssein – Umgang mit Behinderungen

Zeitumfang: 6 h
Räumlichkeiten: großer Raum, mehrere kleine Räume, Außenbereich
Gruppen: Plenum, Kleingruppen, Einzelarbeit

- **Vorbemerkungen**

Dieser Konfirmandentag beginnt am Vormittag mit dem Besuch einer Behinderteneinrichtung, in der auch Mehrfach- und Schwerstbehinderte leben. Diesem Besuch
geht natürlich eine Planung von am besten mehreren Monaten voraus. Er sollte in
jedem Fall mit dem dortigen Pfarrer/Diakon, der Einrichtungsleitung *und* der Pflegedienstleitung vorbereitet werden.

Das Ziel besteht darin, dass die Konfirmanden in tatsächlichen Kontakt mit den dort
lebenden Bewohnern kommen, d.h. mit ihnen die Zeit gestalten, evtl. Mahlzeiten
einnehmen ... Dahinter steht die Auseinandersetzung mit den Begriffen: Leben, Lebenswert, Möglichkeiten der Gestaltung von Lebensalltag, Lebensanspruch, Lebens-
freude, Lebensqualität ... aber auch die Frage nach: heil sein, Heilung, Krankheit,
Einschränkung, Ausgrenzung ...

Da es zumeist das erste Mal ist, dass Konfirmanden in einer derartigen Dichte mit
diesen Fragen konfrontiert sind, sollte der Zeitraum auf der Station oder in der Gruppe zwischen $1^{1}/_{2}$ und 2 h angesetzt werden.

Da es sich nicht um eine Besichtigungstour (Affen im Zoo) handelt, ist dieses Ziel
nur erreichbar, wenn die Konfirmanden in Kleinstgruppen von ca. 2-3 Personen aufgeteilt werden. (Es sollte keine Einzelgänger geben, und die Gruppen sollten nicht
größer als 4 Konfirmanden sein.)

Natürlich ist es hier wenig sinnvoll, große Vorgaben zu machen, da es um die Zusammenarbeit mit unterschiedlichsten Arten von Behinderteneinrichtungen geht, deren
Möglichkeiten und Kooperationsvermögen völlig verschieden ist. Deswegen ist es
wichtig, dass weit im Vorfeld über eine solche Aktion mit den oben genannten Personen gesprochen wird.

Gerade für die Pflegedienstleitungen bedeutet dies in der Regel (auch wenn versucht
wird, möglichst wenig Arbeit zu verursachen) einen nicht unbeträchtlichen Organi-
sationsaufwand. Die Mitarbeiter der in Frage kommenden Station müssen gefragt
werden. Es muss geklärt werden, ob an dem möglichen Termin nicht schon andere
Aktivitäten geplant sind, die dadurch gestört werden etc.

Bei der Terminwahl sind Sie allerdings ziemlich festgelegt auf einen Samstag (oder
Sonntag, Feiertag, Ferientag, was aber noch schwieriger ist), da die Zeit benötigt
wird, und es uns nicht sinnvoll erscheint, diesen Tag in zwei Veranstaltungen zu teilen. Für die Einrichtung ist dieser Tag wahrscheinlich aufgrund von Personal-
verknappung etc. eher ungünstig. Etwas Flexibilität könnte für Sie darin bestehen,

den Vormittag und Nachmittag zu tauschen. Wie sinnvoll dies ist, können wir nicht sagen, da wir glücklicherweise noch nicht in diese Situation gekommen sind. Auch der dortige Kollege in der Seelsorge wird seine Zeit ohne zusätzliche Belastung nicht als langweilig empfinden. Deshalb ist es wichtig, vorweg gemeinsam diesen Besuch zu gestalten. Dazu müssen Sie natürlich genau Ihre Vorstellungen und Ziele einbringen. Nur so kann geprüft werden, welche zu verwirklichen und welche im Alltag der Einrichtung nicht umsetzbar sind. Unsere Erfahrung zeigt aber, dass in der Regel große Bereitschaft vorhanden ist, solche Kontakte herzustellen und auch zu pflegen.

Wichtig ist, dass Sie den vorliegenden Entwurf als Anregung und Möglichkeit einbringen, gleichzeitig aber flexibel und offen für Änderungen und neue Perspektiven sind. Hier werden sicherlich Ihre eigenen Erfahrungen im Laufe der Zeit unseren Entwurf stark verändern.

Die Frage nach dem Transportmittel haben wir durch Fahrgemeinschaften der Eltern gelöst. Aufgrund dieser doch aufwendigeren Gestaltung des Konfirmandentages arbeiten wir von 9 – 12,30 und 14,30 – 17 Uhr. Der Umgang mit der Mittagspause wird unter diesem Punkt beschrieben.

- **Ankommen (15 min)**
Inhalt/Aktion: Im Gegensatz zu sonst steht hier, neben der aktuellen Befindlichkeit zu Beginn der Konfirmandenarbeit, ein weiterer Aspekt zur Betrachtung an. Der Konfirmandentag wird nach dieser Runde mit einem Besuch in einer Behindertenanstalt beginnen.
Dabei wird es sich nicht um eine „Besichtigung", sondern um einen Arbeitsablauf handeln. D.h., Kleingruppen von Konfirmanden werden auf bestimmten Stationen in Kontakt und in Betreuung mit den dortigen Bewohnern gebracht.
Die Einstiegsrunde soll dazu dienen, ersten Unsicherheiten und Phantasien Platz zu lassen und gegebenenfalls bei vereinzelten Ängsten dem Leitungsteam die Möglichkeit zu geben, stützende Aussagen zu machen.
Im Anschluss daran wird das Lied „Du bist da, wo Menschen leben" gesungen.
Diese Runde kann sowohl innerhalb der Einrichtung als auch vor Fahrtantritt erfolgen. Der Vorteil, sie in die Einrichtung zu verlegen, liegt darin, dass die dortige Mitarbeiterin, welche den Einstieg (s.u.) gestaltet, die Konfirmanden kennen und einschätzen lernt.
Ziele: Sensibilisierung für den persönlichen Beitrag im Zusammenhang mit Reden und Zuhören, Erfahrung von Selbstwert, indem der Beitrag durch Zuhören und Abwarten auch Respekt erfährt, Auffangen einzelner Unsicherheiten durch Austausch und dem Erkennen, dass es vielleicht vielen ähnlich geht.
Material: Kassette/CD, Abspielgerät, Gitarre, Liedblätter, Verlängerungskabel

188

- **Besuch einer Behinderteneinrichtung (ca. $2^1/_2$–$3^1/_2$ h ohne Fahrtzeit)**
  Inhalt/Aktion: Der Besuch gliedert sich in drei Phasen:
  Phase 1: Einführung in die Ziele, Aufgaben, Geschichte der Einrichtung, Erklärung verschiedener Behinderungen und deren Charakteristika, evtl. persönliche Erlebnisberichte von Konfirmanden oder den dortigen Mitarbeitern
  Phase 2: Besuch der einzelnen Stationen und Gruppen
  Phase 3: Aufarbeitung der Eindrücke und Erlebnisse von den Stationen und Gruppen, Eingehen auf die Begriffe. Lebensgestaltung, -wert, Gesundheit, Heilung etc.
- *Phase 1 (ca. 30 min):* Die Einführung wird von dem in der Einrichtung tätigen Kollegen übernommen, wenn möglich zusammen mit einem Mitarbeiter aus der Pflegedienstleitung.

Da die meisten Konfirmanden wenig Erfahrung und Einblick in die Lebenswelt von Behinderten haben, erzählt der Kollege zunächst aus seinem Arbeitsalltag, den Gesprächen, Ausflügen oder Erlebnissen bei Gottesdiensten.

Für die Konfirmanden wird es interessanter und abwechslungsreicher, wenn die Informationen und Erzählungen der Pflegedienstleitung ergänzend mit eingeflochten sind, anstatt hinten angestellt zu werden.

Dabei wäre neben Zielen und Aufgaben der Einrichtung wichtig, welche grundsätzlichen Behinderungen es gibt (körperliche und geistige), wie sie zustande kommen (z.B. Sauerstoffmangel bei der Geburt etc.) und welche Erscheinungsbilder charakteristisch sind. Hier geht es nicht um medizinische Definitionen, sondern um Orientierung für die Konfirmanden.

Jeder kennt die Anfangsschwierigkeiten einer neu zusammengesetzten Gruppe. Um so mehr existiert hier das Bedürfnis der Orientierung, also wissen zu wollen, mit wem man es zu tun hat. Wie begegne ich einem Menschen, der seit seiner Geburt an nur schwer hören und gar nicht sehen kann?

Diesem Bedürfnis nach Orientierung kann natürlich nur „theoretisch" durch Erzählung entsprochen werden. Es gehört mit zu den Erfahrungen, die Konfirmanden machen sollen. Wie „sind" Behinderte Menschen, wie und auf was reagieren sie? Wie kann ich ihnen begegnen, und wo fällt es mir schwer bzw. kann ich es nicht? Wie geht es mir damit? Welche Gefühle habe ich, Mitleid, Angst, Unsicherheit, Erschrecken, Freude an der eigenen Unversehrtheit etc.?

Der Bericht der Kollegin/des Kollegen und der Pflegedienstleitung ist so zu gestalten, dass die Konfirmanden durch Fragestellungen mit einbezogen werden, sie aber auch jederzeit selbst unterbrechen und Fragen stellen können. Wie schon bei der Ankommen-Runde erwähnt, ist es sinnvoll, diese in die Vorbereitungszeit einzubauen.

Der Einstieg sollte nicht wesentlich länger als 30 min dauern, da die Informationsmenge mehr als groß ist und die vorhandene Motivation durch weiteres Aufschieben eher erschlagen wird.

Die Gruppenbildung im Anschluss an die Informationen verläuft nach dem Freiwilligkeitsprinzip. Pädagogisch nicht unbedeutend wäre eine Mischung zwischen Jungen und Mädchen, was aber leider selten geschieht. Da beide Geschlechter recht unterschiedliche Weisen des Herangehens und unterschiedliche Sensibilität haben, kann eine gemischte Gruppe hier nur voneinander profitieren.

Im Übrigen entscheidet das Leitungsteam, inwieweit sie selbst ebenfalls einen Gruppenaufenthalt durchführt. Sie sollten jedoch keinesfalls mit den Konfirmanden auf eine Station gehen.

Für die Konfirmanden sollte nach dieser Aufwärmphase Folgendes klar sein:

- Mit wem bilde ich eine Kleingruppe?
- Wie lange dauert der Gruppenaufenthalt?
- Wie kommen sie zu ihrer Station/Gruppe? Am besten ist es, wenn gemeinsam zu den einzelnen Stationen/Gruppen gegangen wird.
- Auf Station / in der Gruppe soll jeder versuchen, Kontakt mit den dortigen Bewohnern aufzunehmen. Kontakt heißt manchmal nichts weiter, als dass die Bewohner auf die Ansprache reagieren. Es kann aber auch bedeuten, dass gemeinsam gespielt oder in sonstiger Weise miteinander „geredet" wird. Sollte die Möglichkeit bestehen, eine gemeinsame Mahlzeit einzunehmen, gehört dies mit zur Aufgabe.
- Kontakt heißt dabei keine punktuelle Aktion, sondern eine längere Beschäftigung.
- Das anwesende Pflegepersonal ist Ansprechpartner und Hilfe, aber nicht Ziel des Besuches. Weisungen des Pflegepersonals ist natürlich Folge zu leisten.
- *Phase 2:* Während die Konfirmanden die einzelnen Stationen und Gruppen besuchen, kann von Ihnen, soweit Sie nicht selbst in einer Gruppe sind, die Nachbereitung vorbereitet werden.
- *Phase 3 (30-45 min):* Die Nachbereitung beginnt am besten mit einem Rundgang durchs Gelände. Zum einen sollte der Eindruck des Lebensraumes der dortigen Bewohner den Konfirmanden nicht vorenthalten bleiben. Zum anderen können sich so die ersten Eindrücke und Anspannungen im wahrsten Sinne des Wortes Luft machen. Die Konfirmanden werden sich sicherlich untereinander austauschen und Ihnen bietet sich dadurch die Möglichkeit, ungezwungen an dem Austausch teilzuhaben. Natürlich soll es nicht nur dabei bleiben.

Im Anschluss an den Rundgang versammeln sich alle (Konfirmanden, Leitungsteam und Mitarbeiter der Einrichtung) in einem großen Raum.

- Zunächst kann in einer Gesprächsrunde nach dem *beeindruckendsten* Erlebnis/Erfahrung gefragt werden. Diese Frage ist bewusst neutral gehalten, um nicht vorzeitig zu kanalisieren.

Allerdings sollte darauf geachtet werden, dass die einzelnen Beiträge nicht zu stark ausufern. So wichtig das im Einzelfall auch sein mag, so anstrengend und ermüdend wird es für die Gesamtgruppe, wenn sich diese Runde in die Länge zieht. Es ist in Betracht zu ziehen, dass ja jeder etwas erlebt hat, was ihn drängt mitzuteilen.

- Als methodischer Zwischenschritt erfolgt nun eine eher kategorisierende Möglichkeit der Auswertung. An der Wand werden Plakatkartons (DIN A 3) mit Fragen/Einschätzungen aus den anfangs beschriebenen Bereichen Leben/Heilung (s. Vorschlagsblatt) aufgehängt. Jeder Konfirmand bekommt pro Karton einen (großen) Klebepunkt zur Markierung seiner Antworten. Dabei soll der Gesamteindruck wiedergegeben werden, keine Einzelfallbeschreibung.

- Als Abschluss der Nachbereitungsphase werden die Plakatkartons betrachtet, und es kann ein Gespräch stattfinden, warum bestimmte Eindrücke (mehrheitlich) zustande gekommen sind bzw. was dazu beiträgt. Interessant wäre es, wenn die Mitarbeiter der Einrichtung ebenfalls eine Auswertung dieser Fragebereiche vornehmen (Klebepunkt in einer anderen Farbe). Über die wahrscheinlich unterschiedlichen Einschätzungen kann dann ein abschließendes Gespräch geführt werden.

Natürlich ließe sich noch vieles, sowohl methodisch als auch inhaltlich, steigern. Unsere Erfahrung ist aber, dass die Konfirmanden auch Zeit und Luft brauchen, um die Eindrücke zu verarbeiten. Eine zu gewichtete Nachbereitung würde nicht unbedingt bessere oder mehr Ergebnisse bringen. Die Gefahr, dass das Erlebte dadurch als zäh und langweilig in Erinnerung bleibt, ist zu groß. Zu bedenken ist auch, dass der Konfirmandentag am Nachmittag weitergeht, zwar mit einer anderen Perspektive des Themas, aber auch hier sind noch Möglichkeiten der Reflektion und Aufarbeitung eingebaut.

Ziele: Sensibilisieren von: Wahrnehmung, Umgang, Schwierigkeiten, Gefühlen, Einstellungen, heil sein, Vorurteilen im Zusammenhang mit behinderten Menschen, Auseinandersetzung mit Fragen nach Grundwerten von Leben und dem Begriff Heilung (heilig = heil sein an Körper, Geist und Seele), Erleben von anderen Formen und Möglichkeiten der Lebensgestaltung im Verhältnis zum eigenen Lebensbewusstsein und -anspruch

Material: Eltern-Fahrgemeinschaften, Plakatkartons mit Fragestellungen (s. Vorschlagsblatt), Klebepunkte, Kreppklebeband

- **Mittagessen/Mittagspause (2 h)**

Inhalt/Aktion: Wir haben es nur einmal praktiziert, auch an diesem Konfirmandentag mit den Konfirmanden das Mittagessen gemeinsam einzunehmen. Mittlerweile findet dies nicht mehr statt, und wir treffen uns zu einer bestimmten Zeit wieder.

Warum? Zum einen ist der Zeitpunkt der Rückfahrt schwer genau vorauszuplanen, was bedeutet, dass die Kochgruppe entsprechende Schwierigkeiten mit der Zubereitung und Fertigstellung der Mahlzeit hat. Zudem erschien es uns wichtig, dass wirklich alle Konfirmanden erst einmal eine Pause haben, was sonst durch Tischdienste nur eingeschränkt gelten würde. Zum Schluss ist es einfach auch praktisch, wenn die einzelnen Fahrgemeinschaften die Konfirmanden direkt zu Hause absetzen.

- **Behindertenparcours (90 min)**
Inhalt/Aktion: Der Nachmittag beginnt mit einem Perspektivenwechsel. Stand der Vormittag eher unter der Perspektive, Leben mit Behinderungen von außen zu erleben und wahrzunehmen, so soll jetzt versucht werden, das Lebensgefühl von Behinderten nachzuvollziehen.
Trotz aller technischen Tricks und Hilfsmittel kann dies natürlich nur in Ansätzen und Spuren geschehen. Jedoch reicht dieses Eigenerleben durchaus aus und ist wirkungsvoller, als „nur" darüber zu reden. Dafür ist es natürlich wichtig, sich mit den Behinderungen so dicht wie möglich an der Wirklichkeit zu orientieren. Dies schließt verständlicherweise den Bereich der geistigen Behinderungen aus, was für die Auseinandersetzung aber nicht von gravierendem Verlust ist.
Das „Erleben" von Behinderungen wird mittels eines Parcours gesteuert, in dem die Konfirmanden von Station zu Station ihre „Behinderung wechseln" und jeweils eine bestimmte Aufgabe zu lösen haben. Dabei kommt es nicht so sehr auf die Erfüllung der Aufgabe, sondern vielmehr auf die dabei gemachten Erfahrungen und Eindrücke an. Diese soll jeder Konfirmand für sich auf einem „Erfahrungsprotokoll" (s. Arbeitsblatt) festhalten. Anschließend werden diese Eindrücke, ähnlich wie am Vormittag, gemeinsam ausgewertet und miteinander und mit dem Vormittag verglichen.
- Die Konfirmanden teilen sich in Kleingruppen ein. Dies ist wichtig, da manche Aufgaben nur mit Hilfe bewältigt werden können, und gleichzeitig fungieren die nicht „aktiven" Konfirmanden in der Gruppe als Sicherheitspersonal, welches Stürze oder andere Verletzungen verhindern soll.
Die Einteilung sollte unkompliziert und schnell gehen, da die Zeit für den Parcours benötigt wird. Von Vorteil wäre es, wenn gemischte Gruppen aufgrund der schon geschilderten Gründe entstehen. Als Methode eignet sich in diesem Fall vorzüglich das Abzählen. Es werden maximal sieben Gruppen von 3-4 Konfirmanden benötigt.
- Mit dem „Erfahrungsprotokoll" versehen bekommt jede Gruppe eine Anfangsstation zugewiesen. Jeder Konfirmand muss an jeder Station die Aufgabe durchlaufen. Dafür stehen der Gruppe 10-12 min zur Verfügung. Danach wird im Rotationsverfahren so lange die Station gewechselt, bis jede Gruppe alle durch-

laufen hat. Als Zeitzeichen kann hier durch die Leitung ein Gong oder eine Trillerpfeife benutzt werden.

• Nach jeder Aufgabe trägt jeder Konfirmand seinen Eindruck in das „Erfahrungsprotokoll" ein.

• Nach Absolvieren der Stationen kommen alle Konfirmanden wieder zu einer gemeinsamen Auswertung zusammen.

Im Folgenden werden der Aufbau der einzelnen Stationen und das benötigte Material beschrieben. Am besten ist es, wenn die einzelnen Stationen verschiedene Räumlichkeiten nutzen könnten, zumindest sollten sie aber so weit voneinander getrennt sein, dass es nicht zu gegenseitiger Störung (Neugierde) kommt.

1. *Blindenweg:* Benötigt werden ein Schal und ein Stock, weiterhin Tische und Stühle. Am besten geeignet ist ein Raum mit integrierten Treppenstufen. Im Raum wird durch Tische und Stühle ein einfaches Labyrinth aufgebaut.

Aufgabe der Konfirmanden ist es: Blind einen Weg von einer Seite zur anderen zu finden.

Angesprochen werden: Orientierungs- und Erinnerungsvermögen, Sensibilität für unterschiedliche Hindernisse (Treppenstufen), Konzentrationsfähigkeit.

2. *Turmbau:* Benötigt wird das Spiel „Jenga" (auch unter anderem Namen bekannt, beinhaltet einen Turm aus übereinander gestapelten Holzklötzen, jeweils drei in einer Reihe) und Kreppklebeband. Die Bauklötze des Turms werden lose in der Mitte des Raums aufgeschüttet. Die Konfirmanden bekommen die Hände am Handgelenk mit Hilfe des Kreppklebebandes auf den Rücken gebunden.

Aufgabe der Konfirmanden ist es: mit den Füßen (Schuhe vorher auszuziehen) gemeinsam oder alleine einen Turm zu stapeln. Diese Aufgabe kann von allen gleichzeitig durchgeführt werden.

Angesprochen werden: Gleichgewichts- und Tastsinn, Konzentration, Beweglichkeit, Geschicklichkeit, Feinmotorik.

3. *Blindfisch:* Benötigt wird ein sogenanntes „Fischauge", welches bei Kleinbussen häufig verwendet wird. Es ist eine flexible Plastikscheibe, die den Sichtbereich aus der Heckscheibe vergrößert (Autozubehör). Ferner werden Stühle und Tische benötigt. In das Fischauge wird an den Seiten jeweils ein Loch mit einem Locher gestanzt und ein Gummiband befestigt, so dass das Fischauge als Maske getragen werden kann.

Aufgabe der Konfirmanden ist es: Dieses Fischauge vor dem Gesicht zu tragen und einen Parcours aus Tischen und Stühlen (drüber, drunter, zwischendurch) zu durchlaufen.

Angesprochen werden: Gleichgewichts- und Orientierungsvermögen, räumliches Sehvermögen (Verzerrung), Konzentration, Gefühl für Abstände.

4. *Picasso:* Benötigt werden Wasserfarbkästen, Pinsel, Wasserbecher, die Finger

von Einmalhandschuhen, Malpapier (Din A 3), Kreppklebeband, Unterlage (Wachsdecken). Den Konfirmanden werden die Hände mit Hilfe des Kreppklebebandes auf den Rücken gebunden. Über die Pinsel werden bei jeder Gruppe neue Fingerstücke (Hygiene) gesteckt.

Aufgabe der Konfirmanden ist es: Ein Bild mit dem Pinsel im Mund auf die vor ihnen liegenden Malblätter zu malen. Die Hände dürfen nicht benutzt werden. Die Aufgabe kann von der ganzen Gruppe parallel gelöst werden.

Angesprochen werden: Geschicklichkeit, Geduld.

5. *Röntgenblick:* Benötigt werden zwei Schweißer-*Vollschutz*brillen (Baumarkt), Verpackungsfolie, Klebstoff, Tonkarton, Tesafilm, Öl, grobe Nähnadel, Nähgarn, kurzer Text, Stift, Papier. Bei den Schweißerbrillen werden die Verdunkelungsfolien entfernt (Aufschrauben der Brillengläser). Vor die nun durchsichtigen Gläser wird bei einer Brille vor ein Glas die Verpackungsfolie gelegt, auf das zweite mit Öl oder flüssigem Klebstoff ein starker Schmierfilm angebracht. Bei der zweiten Brille werden beide Gläser mit einer schwarzen Tonscheibe verschlossen, die in der Mitte ein Loch hat (Ø ca. 1,5 cm). Auf dieses Loch wird eine Röhre von ca. 7 cm Länge, ebenfalls aus schwarzem Tonpapier, dichtschließend angebracht, so dass die Sehmöglichkeit nur noch durch die zwei Röhren besteht.

Aufgabe der Konfirmanden ist es: Mit der Röhrenbrille soll versucht werden, den kurzen Text abzuschreiben, und mit der anderen Brille, den Faden in die Nadel einzufädeln. Hier kann teilweise parallel gearbeitet werden. Jeder sollte jede Brille einmal ausprobiert haben.

Angesprochen werden: Dreidimensionales Sehen, Konzentration, Geduld, Feingefühl und -motorik.

6. *Heißer Reifen:* Benötigt wird ein Rollstuhl (caritative Einrichtungen stellen bestimmt einen auf Anfrage zur Verfügung), Kreide, abschüssiges Gelände evtl. mit Rasen, Treppenstufen.

Aufgabe der Konfirmanden ist es: Einen Konfirmanden im Rollstuhl über eine vorher mit Kreide eingezeichnete Wegstrecke (über Rasen und Treppen) auf die Toilette zu bringen.

Es ist nicht wichtig, dass das Gemeindehaus dafür rollstuhlgerecht ist. Die Konfirmanden sollen ruhig die Erfahrung solcher Schwierigkeiten nachvollziehen. Der im Rollstuhl sitzende Konfirmand darf dabei keine Hilfestellung leisten.

Angesprochen werden: Koordination, Feingefühl, Sensibilität für andere Menschen, Hilflosigkeit, Wahrnehmung von Schwierigkeiten in der „normalen" Alltagswelt.

7. *„Wie bitte?"* Benötigt werden Streichhölzer und kurze Texte (möglichst bildhafte Beschreibungen wegen der vielen Adjektive)

Aufgabe der Konfirmanden ist es: Die kurzen Texte auf zwei Arten den „hörenden" Konfirmanden der Restgruppe mitzuteilen. Die eine Art besteht darin, dass ein Streichholz zwischen die Vorderzähne geklemmt und so eine Sprachbehinderung simuliert wird. Die zweite Art besteht in der Pantomime. Auch hier kann teilweise parallel gearbeitet werden.

Angesprochen werden: Aufnahmefähigkeit, Ausdrucksfähigkeit, Kreativität, Sensibilität, Geduld.

Nach Abschluss des Parcours kommen alle Konfirmanden zu einem Plenum zusammen. Hier sollen die gesammelten Eindrücke des Erfahrungsprotokolls auf entsprechend vorbereiteten Plakatkartons (DIN A 3) mit Hilfe von Klebepunkten wiedergegeben werden (s. Vormittag).

Da die Fragestellungen sich teilweise sinngemäß decken, kann in einem anschließenden Gespräch zum einen der Eindruck des Nachmittags als auch im zweiten Schritt der Vergleich mit dem Vormittag aufgearbeitet werden.

Die Fragen könnten in folgende Richtungen zielen:

• Woran glaubt ihr, liegt es, dass sich der Eindruck der Frage XY verschoben hat?

• Welche Möglichkeiten würdet ihr sehen, wenn sich beide Seiten (Behinderte und Nichtbehinderte) besser verstehen und ergänzen sollen?

• Woran liegt eurer Meinung nach der Hauptunterschied und die Hauptschwierigkeit zwischen Behinderten und Nichtbehinderten, wenn ihr mal die Behinderungen an sich ausklammert?

• Was hat sich an Eurem Eindruck von Leben und dem Umgang damit am meisten verändert, bzw. hat sich überhaupt etwas verändert?

Ziele: Erkennen und Erleben von Gemeinsamkeiten und Unterschieden zwischen Behinderten und Nichtbehinderten, Entwicklung von Einfühlungsvermögen und Perspektivenwechsel, Förderung von differenzierter Lebensbetrachtung, Sensibilisierung für mitmenschlichen Umgang, Entwicklung von Verantwortungsbewusstsein (für eine Gemeinschaft).

Material: Schal, Stock, Fischauge, Bauklötzespiel, Wasserfarbkästen, Pinsel, Papier, vorbereitete Schweißerbrillen, Rollstuhl, Stifte, Kurzgeschichten, Streichhölzer, Einmalhandschuhe, Kreppklebeband, Erfahrungsprotokolle, vorbereitete Plakatkartons, Klebepunkte, Plakatkartons des Vormittags

• **Heilungsgeschichte (20 min)**

Inhalt/Aktion: Nach der Auswertung des Behindertenparcours bleiben die Konfirmanden in einem Sitzkreis zusammen. In die Mitte werden zunächst zwei Egli-figuren (Markenname) in einem größeren Abstand zueinander aufgebaut.

• Die Konfirmanden werden aufgefordert, zunächst der Geschichte zu folgen. Während ein Teammitglied das Lebensumfeld und den Umgang von Menschen mit Aussätzigen zur Zeit Jesu erzählt, spielt ein anderer diese Erzählung nach. Es folgt ein fließender Übergang zur Geschichte von der Heilung des Aussätzigen (Matthäus 8,1-4), wobei zunächst nur die Verse 1-2 gelesen werden.

- Die Konfirmanden haben jetzt die Aufgabe, der Geschichte ihren Fortgang anzufügen: die mögliche Reaktion Jesu etc. Dies soll aber nicht nur erzählerisch geschehen, sondern die Konfirmanden sind aufgefordert, ihrer Version mit Hilfe der Figuren Gestalt zu verleihen.
  - Welche Körperhaltungen haben die Beteiligten?
  - Wie stehen sie zueinander (Distanz, ab- oder zugewandt)?
  - Berühren sie sich?

Dazu kann eine dritte Figur ins Spiel gebracht werden. Das Leitungsteam muss betonen, dass es nicht um ein Abfragen oder Erinnern der Geschichte aus der Bibel geht, sondern um die vielfältigen Reaktionsmöglichkeiten von Jesus (oder eben jedes anderen Menschen).

- Ziel ist es, dass die verschiedenen Verhaltensweisen und damit auch Menschenbilder zur Geltung gebracht werden. Drei sollten dabei erkennbar sein:
  - *Mitleidsvolle Hilfsbereitschaft,* Überversorgung, erstickender Altruismus. (Die Eglifiguren nehmen den Aussätzigen auf den Arm oder beugen sich ganz dicht über ihn.)
  - *Ablehnende, ignorierende, ausgrenzende Haltung.* (Die Eglifiguren stehen in bewusstem Abstand mit abgewandtem Gesicht zu dem Aussätzigen.)
  - *Partnerschaftliche Zuwendung,* die jedem seine Eigenverantwortung und sein Selbstbewusstsein lässt, ohne dabei Hilfe zu verweigern. (Eine Eglifigur, Jesus, nimmt den Aussätzigen an die Hand.)

Es geht nicht darum, dass die Konfirmanden diese Möglichkeiten genauso formulieren, allerdings sollten die Ansätze schon sichtbar werden.

- Wenn die Konfirmanden Schwierigkeiten haben, sich den Fortgang vorzustellen, dann kann ihnen mit den Fragen geholfen werden:
  - Wie würdet ihr mit so einem Menschen umgehen? Stellt die Figuren so auf, wie ihr euch verhalten würdet.

oder

  - Wie kann die Situation noch enden? Wie kann man sich noch gegenüber dem Aussätzigen verhalten? Ihr dürft ruhig alle möglichen Verhaltensweisen darstellen.

Sind alle Möglichkeiten erschöpft, so ergänzt das Leitungsteam evtl. noch und liest die Geschichte zu Ende, wobei wieder parallel die Figuren gestaltet werden.

Es sollte deutlich werden, dass Jesus sich als Partner der Menschen versteht. Dazu gehört in dieser Geschichte der Beitrag des Aussätzigen, dass er die Bereitschaft zum Glauben mitbringt. Auch danach geht es nicht um eine Glorifizierung Jesu (Vers 4), sondern um einen selbstverständlichen mitmenschlichen Umgang, der im Bereich des Möglichen liegt.

Auch im Fall der Ausgrenzung verhält sich Jesus anders als die Menschen damals, er wendet sich nicht ab, wenn er um Hilfe gebeten wird, drängt sich aber im Gegenzug auch nicht auf.

Ziele: Entwicklung verschiedener Umgangsformen mit Menschen und deren Bedürfnissen (indirekt damit auch Entwicklung verschiedener Menschenbilder), Förderung von differenzierten Sichtweisen von Hilfe, Verknüpfung der Tageserlebnisse mit jesuanischer Handlungsweise und Glaubensvorstellung

Material: Bibeltext Matthäus 8,1-4, drei Eglifiguren

- **Schlussrunde (15 min)**

Inhalt/Aktion: Ähnlich der Einstiegsrunde soll hier die Möglichkeit gegeben werden, dem Tag ein eigenes Resümee/Befindlichkeit zuzuordnen. Diese Runde erfolgt nach den eingangs geschilderten Prinzipien.

Ziele: Ähnlich der Einstiegsphase mit zusätzlichem Gewicht auf eine rückblickende Verbindung zwischen dem Erfahrenen und der eigenen Person

Material: keins

Vorschläge für Auswertungsfragen in der Behinderteneinrichtung

Welchen Eindruck hast Du bekommen, wie die Bewohner auf Deinen Besuch reagiert haben?
Der Besuch hat gestört, und sie haben sich teilweise darüber geärgert.
Es war ihnen unangenehm und peinlich, besucht zu werden.
Wir haben einfach dazugehört, und ein Besuch ist nichts Besonderes.
Wir waren etwas Besonderes für sie, und sie waren neugierig.
Der Besuch war ihnen wichtig, und sie haben sich sehr gefreut.

Wie hast Du Dich gefühlt, als Du mit den Bewohnern Kontakt aufnehmen solltest?
Ich hab' überhaupt nicht gewusst wie und mich dabei unsicher und hilflos gefühlt.
Es ist mir schwer gefallen und war mir peinlich.
Ich fand das völlig normal, und ich war mir sicher, das Richtige zu tun.
Ich kam mir blöd dabei vor und hätte am liebsten gar nichts gemacht.
Mir war klar, dass ich als Normaler der Einzige bin, der was Vernünftiges sagt.

Welchen Eindruck hast Du davon bekommen, wie die Bewohner mit ihrem Leben zurechtkommen?
Mein Eindruck war, dass die Bewohner vom Leben überhaupt nichts mitbekommen haben.
Ich hatte den Eindruck, dass die Bewohner sehr unter ihrem Leben leiden und unzufrieden waren.
Ich hatte das Gefühl, dass sie das Leben, so wie es gerade ist, für völlig normal gehalten haben.
Mir kam es so vor, als ob jede Kleinigkeit für sie etwas Besonderes ist, und sie sehr fröhlich und erfüllt leben.

Wie meinst Du, empfinden es die Bewohner, dass sie in einer besonderen Einrichtung leben müssen?
Ich habe das Gefühl, dass die Bewohner lieber in ihren Familien mit „normalen" Menschen zusammenleben würden.
Die Bewohner empfinden das als völlig normal, weil sie gar nichts anderes kennen.
Sie merken zwar, dass sie „anders" sind und leben, fühlen sich dort aber sicher und geborgen.
Die Bewohner fühlen sich ausgegrenzt und abgeschoben.

Hast Du den Eindruck, dass sich die Bewohner krank fühlen und geheilt werden wollen?
Ja, denn sie leiden sehr unter sich und würden gerne so wie ich sein.
Ja, aber sie merken auch, dass es nicht geht, und versuchen, so gut wie möglich mit ihrer Behinderung zurechtzukommen.
Nein, sie merken zwar, dass sie „anders" oder „krank" sind, fühlen sich damit aber völlig „normal" oder gesund.
Nein, denn sie erleben sich nicht als krank. Sie haben das Gefühl, so wie sie sind, sind sie O.K.

Wie wäre es für Dich, wenn Du mit Bewohnern der Einrichtung in einem Haus oder einer Straße zusammenleben müsstest?
Ich würde mich gestört fühlen, weil ich es nicht ertragen kann, ständig solchen Menschen zu begegnen.
Mir wäre es egal. Ich habe nichts damit zu tun, wenn neue Menschen ins Haus oder unsere Straße ziehen.
Ich fände es anstrengend, weil ich dann das Gefühl hätte, mich um diese Menschen kümmern zu müssen. Ich könnte nicht mehr so völlig ungehemmt mein Leben leben.
Ich könnte mir vorstellen, dass sich mein Leben ändern würde, weil ich vieles nicht mehr als so selbstverständlich empfinden würde.
Für mich würde sich viel ändern, weil ich es wichtig finde, solchen Menschen zu helfen, da sie nicht so frei und fröhlich leben können wie ich.

Was meinst Du, können die Bewohner mit ihrem Lebensalltag anfangen?
Gar nichts, weil eh' für sie alles gleich ist und sie nichts mitkriegen.
Wenig, da sie kaum etwas selber machen können und immer Hilfe brauchen.
Genauso viel wie andere auch, da sie das tun, was sie können, und mehr gar nicht wollen.
Viel, da immer jemand da ist, der ihnen hilft, etwas zu tun oder Neues zu lernen.

Wie ist es für Dich, dass Menschen mit Behinderungen (geistig oder körperlich) zu unserer Gesellschaft dazugehören?
Kann ich nicht verstehen, da sie doch nur eine Belastung und teuer in der Pflege sind.
Von mir aus, wenn ich nichts mit ihnen zu tun haben muss und sie mich nicht stören.
Sie sind eben einfach da, und jetzt muss auch dafür gesorgt werden, dass sie so gut wie möglich leben können.
Sie gehören dazu und sind wichtig, weil es zeigt, dass Leben nicht nur in bestimmten Formen richtig und wertvoll ist.
Leben ist immer wertvoll, egal wie es ist. Der Mensch darf gar nicht darüber bestimmen, ob jemand dazugehören darf oder nicht.

Erfahrungsprotokoll für den Parcours

Kreuze bitte nach *jeder* Station alle die Aussagen an, die für Dich zutreffen. Es sind mehrere Kreuze möglich.

Station 1 – Blindenweg

Deine Aufgabe ist: Finde blind und nur mit Hilfe des Stocks einen Weg durch das Labyrinth.

Ich habe mich schwach, unsicher und hilflos gefühlt. ☐

Ich war neugierig, aber sicher, dass ich mit der Aufgabe klarkomme. ☐

Ich kam mir blöd und unbeholfen gegenüber den anderen vor. ☐

Ich hatte Angst, dass ich mich lächerlich benehme, und es war mir peinlich. ☐

Ich habe mich zwar behindert, aber dabei völlig normal gefühlt. ☐

Ich könnte mit dieser Behinderung nur schwer fröhlich und sinnvoll leben. ☐

Ich könnte zwar nicht so leben wie andere, aber damit klarkommen. ☐

Ich habe mich irgendwie anders, nicht dazugehörend empfunden. ☐

Ich würde mich im Umgang mit „Normalen" nicht wohlfühlen. ☐

Ich war froh, als ich die „Behinderung" ablegen konnte (geheilt wurde). ☐

Ich habe mich nicht als behindert empfunden, nur in anderer Weise „normal". ☐

Station 2 – Turmbau

Deine Aufgabe ist: Ziehe Deine Schuhe aus, lasse Dir die Hände mit dem Klebeband auf dem Rücken zusammenbinden, und baue nur mit Deinen Füßen einen Turm aus Bauklötzen.

Ich habe mich schwach, unsicher und hilflos gefühlt. ☐

Ich war neugierig, aber sicher, dass ich mit der Aufgabe klarkomme. ☐

Ich kam mir blöd und unbeholfen gegenüber den anderen vor. ☐

Ich hatte Angst, dass ich mich lächerlich benehme, und es war mir peinlich. ☐

Ich habe mich zwar behindert, aber dabei völlig normal gefühlt. ☐

Ich könnte mit dieser Behinderung nur schwer fröhlich und sinnvoll leben. ☐

Ich könnte zwar nicht so leben wie andere, aber damit klarkommen. ☐

Ich habe mich irgendwie anders, nicht dazugehörend empfunden. ☐

Ich würde mich im Umgang mit „Normalen" nicht wohlfühlen. ☐

Ich war froh, als ich die „Behinderung" ablegen konnte (geheilt wurde). ☐

Ich habe mich nicht als behindert empfunden, nur in anderer Weise „normal". ☐

Station 3 – Blindfisch

Deine Aufgabe ist: Ziehe die Plastikmaske vor Dein Gesicht und gehe den Parcours ab.

Ich habe mich schwach, unsicher und hilflos gefühlt. ☐

Ich war neugierig, aber sicher, dass ich mit der Aufgabe klarkomme. ☐

Ich kam mir blöd und unbeholfen gegenüber den anderen vor. ☐

Ich hatte Angst, dass ich mich lächerlich benehme, und es war mir peinlich. ☐

Ich habe mich zwar behindert, aber dabei völlig normal gefühlt. ☐

Ich könnte mit dieser Behinderung nur schwer fröhlich und sinnvoll leben. ☐

Ich könnte zwar nicht so leben wie andere, aber damit klarkommen. ☐

Ich habe mich irgendwie anders, nicht dazugehörend empfunden. ☐

Ich würde mich im Umgang mit „Normalen" nicht wohlfühlen. ☐

Ich war froh, als ich die „Behinderung" ablegen konnte (geheilt wurde). ☐

Ich habe mich nicht als behindert empfunden, nur in anderer Weise „normal". ☐

Station 4 – Picasso

Deine Aufgabe ist: Nimm einen Pinsel. Stecke über den Stil eine Schutzhülle. Lass Dir die Hände auf dem Rücken mit Kreppklebeband zusammenbinden und male nur mit dem Mund ein Bild.

Ich habe mich schwach, unsicher und hilflos gefühlt. ☐

Ich war neugierig, aber sicher, dass ich mit der Aufgabe klarkomme. ☐

Ich kam mir blöd und unbeholfen gegenüber den anderen vor. ☐

Ich hatte Angst, dass ich mich lächerlich benehme, und es war mir peinlich. ☐

Ich habe mich zwar behindert, aber dabei völlig normal gefühlt. ☐

Ich könnte mit dieser Behinderung nur schwer fröhlich und sinnvoll leben. ☐

Ich könnte zwar nicht so leben wie andere, aber damit klarkommen. ☐

Ich habe mich irgendwie anders, nicht dazugehörend empfunden. ☐

Ich würde mich im Umgang mit „Normalen" nicht wohlfühlen. ☐

Ich war froh, als ich die „Behinderung" ablegen konnte (geheilt wurde). ☐

Ich habe mich nicht als behindert empfunden, nur in anderer Weise „normal". ☐

Station 5 – Röntgenblick

Deine Aufgabe ist: Setze die Brille mit den Röhren auf und schreibe den kurzen Text ab. Setze die zweite Brille auf und versuche, den Faden in die Nadel zu fädeln.

Ich habe mich schwach, unsicher und hilflos gefühlt. ☐

Ich war neugierig, aber sicher, dass ich mit der Aufgabe klarkomme. ☐

Ich kam mir blöd und unbeholfen gegenüber den anderen vor. ☐

Ich hatte Angst, dass ich mich lächerlich benehme, und es war mir peinlich. ☐

Ich habe mich zwar behindert, aber dabei völlig normal gefühlt. ☐

Ich könnte mit dieser Behinderung nur schwer fröhlich und sinnvoll leben. ☐

Ich könnte zwar nicht so leben wie andere, aber damit klarkommen. ☐

Ich habe mich irgendwie anders, nicht dazugehörend empfunden. ☐

Ich würde mich im Umgang mit „Normalen" nicht wohlfühlen. ☐

Ich war froh, als ich die „Behinderung" ablegen konnte (geheilt wurde). ☐

Ich habe mich nicht als behindert empfunden, nur in anderer Weise „normal". ☐

Station 6 – Heißer Reifen

Deine Aufgabe ist: Setze Dich in den Rollstuhl und lasse Dich von den anderen auf der vorgeschriebenen Strecke in die Toilette bringen.

Ich habe mich schwach, unsicher und hilflos gefühlt. ☐

Ich war neugierig, aber sicher, dass ich mit der Aufgabe klarkomme. ☐

Ich kam mir blöd und unbeholfen gegenüber den anderen vor. ☐

Ich hatte Angst, dass ich mich lächerlich benehme, und es war mir peinlich. ☐

Ich habe mich zwar behindert, aber dabei völlig normal gefühlt. ☐

Ich könnte mit dieser Behinderung nur schwer fröhlich und sinnvoll leben. ☐

Ich könnte zwar nicht so leben wie andere, aber damit klarkommen. ☐

Ich habe mich irgendwie anders, nicht dazugehörend empfunden. ☐

Ich würde mich im Umgang mit „Normalen" nicht wohlfühlen. ☐

Ich war froh, als ich die „Behinderung" ablegen konnte (geheilt wurde). ☐

Ich habe mich nicht als behindert empfunden, nur in anderer Weise „normal". ☐

Station 7 – „Wie bitte?"

Deine Aufgabe ist: Erzähle den anderen einen Text mit einem Streichholz zwischen den Zähnen. Erzähle einen zweiten Text nur mit deinen Händen, Füßen und deinem Körper ohne Töne, Laute oder Wörter. Höre dir an, was die anderen verstanden haben.

Ich habe mich schwach, unsicher und hilflos gefühlt. ☐

Ich war neugierig, aber sicher, dass ich mit der Aufgabe klarkomme. ☐

Ich kam mir blöd und unbeholfen gegenüber den anderen vor. ☐

Ich hatte Angst, dass ich mich lächerlich benehme, und es war mir peinlich. ☐

Ich habe mich zwar behindert, aber dabei völlig normal gefühlt. ☐

Ich könnte mit dieser Behinderung nur schwer fröhlich und sinnvoll leben. ☐

Ich könnte zwar nicht so leben wie andere, aber damit klarkommen. ☐

Ich habe mich irgendwie anders, nicht dazugehörend empfunden. ☐

Ich würde mich im Umgang mit „Normalen" nicht wohlfühlen. ☐

Ich war froh, als ich die „Behinderung" ablegen konnte (geheilt wurde). ☐

Ich habe mich nicht als behindert empfunden, nur in anderer Weise „normal". ☐

Auswertung:

Bitte erst am Schluss des Parcours durchführen!
Werte Deine Antworten aus: Für jede Antwort, die Du *mehr als drei Mal* angekreuzt hast, klebe später auf das Plakat mit dieser Antwort einen Klebepunkt.

Arbeitseinheit zum Thema:
Anderssein – Umgang mit Behinderungen

Zeit	Inhalt	Aktion	Material
150' – 180'	Besuch einer Behinderteneinrichtung. Information über Behinderungen, Aufgaben und Ziele der Einrichtung, Begegnung mit Behinderten und Teilnahme an ihrer Lebenswelt. Evtl. Informationen über die Behandlung von Behinderten im Dritten Reich.	Die Jugendlichen werden über Behinderungen, ihre Entstehungsweisen und Auswirkungen informiert. Weiterhin sollen in einem ersten Gespräch Erwartungen und Vorstellungen der Jugendlichen von ihrer Aufgabe berücksichtigt werden. Anschließend gehen die Jugendlichen in 2-3 Personengruppen auf die unterschiedlichen Stationen und Wohnungen. Dort ist ihre Aufgabe, den Behinderten zu begegnen, mit ihnen ein Stück Lebensalltag zu gestalten, ihnen Hilfestellung zu bieten, Kontakt und Berührung herzustellen. Die Nachbereitungsphase beginnt mit einem Rundgang. Im zweiten Schritt können die Konfirmanden ihren Erfahrungen aus den Stationen/Gruppen durch Markieren vorgefertigter Antworten einen ersten Ausdruck geben. Danach folgt ein Auswertungsgespräch.	Planung in Zusammenarbeit mit der Einrichtungsleitung, Pflegedienstleitung und dem zuständigen Pfarramt/ Diakonat. Auswertungsfragen auf Plakatkartons, Klebepunkte (zweifarbig)
120'	**Mittagspause ohne gemeinsames Essen**		

204

Zeit	Inhalt	Aktion	Material
100'	Behindertenparcours: Anhand von simulierten Behinderungen sollen die Jugendlichen eigene Erfahrungen mit Behinderung, deren Problematik und Gefühlserleben machen. Dabei sollen sie in einer späteren Auswertungsrunde ihre Erlebnisse in Verbindung mit dem Vormittag bringen.	Behindertenparcours mit sieben Stationen: • Turmbau (mit Füßen) • Blindenweg • Fischauge • Sehbehinderungen • Stumm / sprachbehindert • Bild mit dem Mund malen • Rollstuhlfahrer	Schal, Stock, Fischauge, Bauklötzespiel, Wasserfarbkästen, Pinsel, Papier, Schweißerbrillen, Rollstuhl, Stifte, Kurzgeschichten, Streichhölzer, Einmalhandschuhe, Kreppklebeband, Erfahrungsprotokolle, Plakatkartons, Klebepunkte, Plakate des Vormittags
20'	Umgang mit Behinderten in der Bibel: Matthäus 8,1-4, Entwicklung verschiedener Menschenbilder im Umgang mit Behinderten: Mitleid, Ausgrenzung, Partnerschaftlichkeit	Mit Hilfe vollbeweglicher Eglifiguren wird die Geschichte der „Heilung des Aussätzigen" nachgespielt. Diese wird jedoch an der Stelle unterbrochen, an der Jesus um Hilfe gebeten wird. Die Frage richtet sich an die Gruppe: Wie kann Jesus (und jeder andere) mit diesem Menschen umgehen (Menschenbilder). Die Jugendlichen können jetzt selbst versuchen, diese Geschichte zu Ende zu spielen. Am Ende spielt dann der Leiter die Geschichte in ihrem überlieferten Verlauf zu Ende.	Eglifiguren, Text

Zeit	Inhalt	Aktion	Material
15'	Abschlussrunde zum Tag	In einer Abschlussrunde wird jedem Jugendlichen die Möglichkeit gegeben, der Gruppe seine Empfindungen und bleibenden Eindrücke zu dem Tag mitzuteilen. Dies geschieht in einer frei gewählten Reihenfolge mit der Intention, dass die Jugendlichen gegenseitig aufeinander achten und sich zuhören.	keins

6.2.3 Arbeitseinheit: Christen und Politik

Zeitumfang: 6,5 h
Räumlichkeiten: Ausflug, großer Raum, mehrere kleine Räume
Gruppen: Plenum, Kleingruppen

- **Vorbemerkungen**

Dieser Konfirmandentag basiert auf der Ausstellung „Mit Gott für Volk und Vaterland" von 1995 des Landeskirchlichen Museums Ludwigsburg der Württembergischen Landeskirche.

Obwohl diese Ausstellung leider nicht mehr präsent ist, kann diese Arbeitseinheit auch mit anderen Ausstellungen zur Thematik Christen und Politik bzw. Ausstellungen zum Dritten Reich, die auch kirchliche Einstellungen und Verhaltensweisen thematisieren, durchgeführt werden. Als Beispiel seien die zahlreichen „Anne-Frank-Ausstellungen" angesprochen. Zur Vorbereitung ist es unbedingt erforderlich, die Ausstellung vorab zu besuchen und möglichst mit dem Führer zu sprechen, den die Konfirmanden bekommen werden.

Im Falle, dass Sie eine entsprechende Ausstellung finden, sollte also nur der Teil nach dem Mittagessen dieser Arbeitseinheit anschließend durchgeführt werden. Bezüglich des Mittagessens wird dann auch so wie in der Einheit „Anderssein – Umgang mit Behinderungen" (6.2.2) verfahren.

Für den Fall, dass sich keine entsprechende Ausstellung anbietet, haben wir eine Arbeitseinheit ohne Ausstellung entwickelt. Allerdings muss gesagt werden, dass der Gestaltungsvorschlag des Vormittags in dieser Zusammenstellung von uns noch nicht praktisch erprobt worden ist.

- **Ankommen (15 min)**

Inhalt/Aktion: Den Konfirmanden soll Raum gegeben werden, sich auf die Gruppe und die gemeinsame Zeit einzustellen. Alle sitzen im Kreis auf dem Fußboden. In einer kurzen Runde soll jeder und jede einen kurzen Satz zu seiner momentanen Befindlichkeit mitteilen. Wichtig ist dabei, dass die Konfirmanden frei sprechen, d.h. ohne Meldung. Sie sollen ein Gespür für ein „wann kann ich mich einbringen" entwickeln, verbunden mit gleichzeitigem Hören auf die anderen.

Im Anschluss daran wird das Lied: „Ich lobe ... aus der Tiefe" gesungen.

Ziele: Sensibilisierung für den persönlichen Beitrag im Zusammenhang mit Reden und Zuhören, Erfahrung von Selbstwert, indem der Beitrag durch Zuhören und Abwarten Respekt erfährt

Material: Kassette und Recorder oder Gitarre, Liedblätter

- **Mauerblümchen (20 min)**

Inhalt/Aktion: Jugendliche erleben häufig Glauben, Religion und Kirche als etwas Rückständiges, Unmodernes, für den Alltag nicht Relevantes, mit einem Wort – Weltfremdes. Dies einmal zu überprüfen und zur Diskussion bzw. Auseinandersetzung zu bringen, dient diese Methode.

- An einer Wand wird die große Überschrift *„Wofür es sich in meinem Leben zu kämpfen lohnt!"* angebracht.
- Die Konfirmanden sollen nun jeweils ein Stichwort pro DIN A 4 Seite zu diesem Motto aufschreiben und an die Wand unter der Überschrift hängen. Das können die zur Zeit aktuellen Bedürfnisse und Wünsche sein, aber auch welche mit weit in die Zukunft gerichteter Perspektive (z.b. guter Schulabschluss, Arbeitsplatz, Freundschaft etc.).
  Die Blätter sollten so aufgehängt werden, dass sie die Steine einer Mauer bilden.
- Auf die linke Seite der Mauer wird die Überschrift *„Da mischt Kirche mit, spielt Glauben eine wichtige Rolle."* gehängt. Die Aufgabe des Leitungsteams besteht darin, „Steine" unter dieser Überschrift zu benennen.
- Die Konfirmanden sollen sich anschließend die entstandene Mauer mit ihren Steinen ansehen. In einem ersten Überblick soll festgehalten werden, ob sich die Steine unter einer bestimmten *Überschrift* (oder mehreren) fassen lassen, z.B. „materielle Wünsche".
- In einem zweiten Schritt kann geklärt werden, ob für die vom Leitungsteam gefundenen Steine die Kirche der tatsächlich zuständige Ansprechpartner ist, bzw. ob dafür der Glaube eine Rolle spielt.
- Im dritten Schritt wird herausgearbeitet, wo es zwischen den Steinen (Überschriften) der Jugendlichen und denen der Teamer Schnittstellen gibt.

Ziele: Verknüpfung von relevanten Lebensfragen Jugendlicher mit Glaubensaspekten bzw. kirchlichem Engagement, Unterscheidung verschiedener Bereiche menschlicher Bedürfnisse, Sensibilisieren für die Diskrepanz zwischen Erwartungshaltung/Anspruch und tatsächlicher Zuständigkeit, Motivation zur weiteren Auseinandersetzung (s. „Heißer Stuhl")

Material: DIN A 4 Papier in zwei Farben, Edding, Kreppklebeband, Überschriften, DIN A 3 Papier für weitere Überschriften

- **Heißer Stuhl (30 min)**

Inhalt/Aktion: Diese Methode ist als Fortsetzung und Vertiefung des vorangegangenen Schrittes gedacht. Ziel ist es, die Jugendlichen zu ermuntern und ihnen zu signalisieren, Kirche, deren Mitarbeiter und den Glauben als Diskussionspartner herauszufordern. Das heißt auf der anderen Seite, dass wir auch die Bereitschaft mitbringen, uns von den Konfirmanden herausfordern zu lassen. Praktisch bedeutet dies, uns unbequemen Fragen zu stellen bzw. es auch auszuhalten, wenn wir Antworten auf Fragen schuldig bleiben müssen.

• Die Konfirmanden bilden einen Stuhlkreis, in dessen Mitte ein Mitglied des Leitungsteams auf einem Stuhl (dem „heißen Stuhl") sitzt. Es wird den Konfirmanden erklärt:

    • ... dass dieses Teammitglied ein offizieller Vertreter der Kirche und des christlichen Glaubens ist.

    • ... dieser sich bereit erklärt hat, allen Fragen offen und ehrlich zu begegnen.

• Die Konfirmanden werden nun aufgefordert, Fragen an den Mitarbeiter zu stellen. Dabei gelten die Regeln:

    • Es dürfen nur Fragen an den Mitarbeiter gerichtet werden.

    • Die Fragen müssen sich auf die Steine aus der Mauer (des Leitungsteams oder der Konfirmanden) oder auf Antworten des Mitarbeiters beziehen. Z.B.: *„Warum sollte der Schöpfungsbericht für meine Ansicht von Umweltschutz wichtig sein?"* Der Mitarbeiter auf dem heißen Stuhl darf nur Antworten geben, aber keine Fragen stellen oder kommentieren. Die Antworten dürfen keine Wertung der Ansichten des Fragestellers beinhalten.

    • Die Einhaltung der Regeln wird von einem Schiedsrichterteam (Konfirmand/ Mitarbeiter) überwacht.

• Nach Ablauf von 25 min müssen alle Fragen gestellt worden sein. Es besteht die Möglichkeit für alle (einschließlich der Mitarbeiter), eine abschließende Meinung zu äußern. Diese Äußerungen sind kommentarlos von allen zur Kenntnis zu nehmen.

Der Mitarbeiter wird bewusst in die schwächere Position gebracht, um die Konfirmanden zu ermutigen, ihre Fragen anzubringen. Deshalb wird dabei auch ganz bewusst auf Diskussion und Fragemöglichkeit des Mitarbeiters verzichtet. Der Konfirmand soll erleben können, dass er mit seinen Fragen, Zweifeln und Ansichten ernst genommen wird und ohne Angst vor einer Diskussion, der er vielleicht nicht gewachsen ist, im Mittelpunkt steht.

Nebenbei bemerkt ist es für uns kirchliche Mitarbeiter sicherlich interessant zu erfahren und zu erleben, was die Konfirmanden bewegt und wie stark dabei religiöse Einstellungen und Gedanken eine Rolle spielen oder eben nicht.

Ziele: Motivation zur bewussten Auseinandersetzung mit „Kirche" und Glaubensinhalten in Bezug auf das eigene Leben, Stärkung von Selbstbewusstsein und Verantwortung für die eigenen Lebensbezüge, Sensibilisierung für den Wert christlicher Glaubenswerte für die persönliche Lebensgestaltung, Entwicklung differenzierter Sichtweisen und Einstellungen gegenüber christlichen Werten und Institutionen

Material: Ergebnis der Methode „Mauerblümchen"

- **Interview (90 min)**

Inhalt/Aktion: Nachdem die Konfirmanden erlebt haben, wie stark christliche Werte und christlicher Glaube in ihrem Leben eine Rolle spielt oder spielen könnte, sollen sie dies in einen Vergleich mit der Bevölkerung stellen.
- Dazu bilden sie Kleingruppen mit je 3-4 Konfirmanden. Die Einteilung erfolgt selbstständig.
- Jede Gruppe bekommt eine Anzahl von Fragebögen mit, die von Passanten ausgefüllt werden sollen.
- Nach Ablauf von 60 min versammeln sich wieder alle im Gemeindehaus. Die Fragebögen werden nach Altersgruppen (6-12 / 14-20 / 21-35 / 36-65 / 65-?) sortiert ausgewertet.
  D.h., für jede Altersgruppe wird (mindestens) ein DIN A 3 Karton mit allen Fragen und Antwortmöglichkeiten erstellt. Die Konfirmanden übertragen ihre ausgefüllten Fragebögen mit Hilfe von Klebepunkten auf die Kartons.
- An die statistische Auswertung angeschlossen erfolgt ein Auswertungsgespräch. Je nach Ergebnis können folgende Impulse (Varianten) als Fragestellungen dienen:
  - Woran liegt es eurer Meinung nach, dass ältere Menschen einen stärkeren Bezug zwischen Alltag und Glauben herstellen?
  - Warum wollen gerade junge Menschen keine Einmischung von Kirche in politische Entscheidungen?
  - Wie kommt es, dass ältere Menschen die Kirche aktiver in der Gesellschaft erleben oder jüngere wenig Bereiche kennen, in denen Kirche sich für sie einsetzt?
  - Warum spielt der Glaube z.B. im beruflichen Alltag bei den Erwachsenen so wenig eine Rolle, bei den Jugendlichen in der Schule aber schon?

Ziele: Vergleich der eigenen Einstellung (und vorangegangenen Ergebnissen) mit einer breiten Bevölkerungsschicht, Förderung von differenziertem Wahrnehmen der eigenen Einstellung gegenüber anderen Personengruppen, Entwicklung eines Gesamteindrucks von der Repräsentanz und Bedeutung von Glaube und Kirche in der Gesellschaft (Umgebung), Förderung von Selbstbewusstsein und Auftreten durch die Interviewsituation, Motivation und Interesse an Auseinandersetzungen

Material: Fragebogen, Stifte, je Altersgruppe ein Auswertungsplakat, Klebepunkte

- **Mittagessen und Pause (1 h 30 min)**

- **Planspiel Kirchenasyl (135 min)**

Inhalt/Aktion: Das Planspiel „Kirchenasyl" soll aufzeigen, dass christliche Werte und Einstellungen auch heute noch relevant sind, Politik mitbestimmt haben und auch weiterhin mitbestimmen (sollten). Damit schließt es in aktueller Form an die Ausstellung an oder ergänzt den Diskurs vom Vormittag.

210

Der Ablauf und die Vorbereitungen eines Planspiels sind in der Arbeitseinheit 6.2.1 „Gerechtigkeit, Schuld und Vergebung" ausreichend dargestellt worden. An dieser Stelle sollen nur noch ergänzende Hinweise zum Spielziel und zur Situation im „Pool" gegeben werden, da sich die Ausgangssituationen hier stark unterscheiden.

- Die Zielvorgabe besteht darin, dass das Ordnungs- bzw. Ausländeramt eine Entscheidung über das weitere Verfahren mit dem Asylanten fällt. Ergänzend dazu können weitere Strafverfahren gegenüber den einzelnen Spielgruppen eingeleitet werden.
- Auch hier sollten tatsächliche Konsequenzen den psychischen Druck der Wirklichkeit in das Spiel übertragen. D.h. im Fall der Abschiebung und/oder weiterer Verfahren gegen andere Spielgruppen können z.b. Aufräumarbeiten, Tageszusammenfassungen etc. drohen.
- Ein wesentlicher Unterschied zum Planspiel „Schuld" besteht darin, dass nicht alle Gruppen in gleichem Maß mit der Problematik verbunden sind. Darüber hinaus gibt es eine für alle gültige Machtinstanz (Ausländeramt). Ergänzend dazu übernimmt die Spielleitung die Funktion des Landtages und des Verfassungsgerichtes.
- Diese Spielbedingungen verändern auch das Verfahren im Pool. Der Pool stellt einen nichtöffentlichen Vermittlungsausschuss der beteiligten Gruppen dar. Es müssen alle Spielgruppen daran teilnehmen, dürfen jedoch nur in unterschiedlichem Maß aktiv sein. Konkret heißt das:
  - Ausländeramt = volles Rede- und alleiniges Entscheidungsrecht über Anträge, Anhörungsrecht
  - Presse = volles Informationsrecht aller Beteiligten
  - Kirchengemeinderat/-vorstand = volles Rede und Antragsrecht
  - Asylbewerber = keine Rechte außer der Beratungsmöglichkeit mit der Kirchengemeinde
  - Eine-Welt-Kreis = volles Rederecht
  - Bürgerkreis = Rederecht nur bei Aufforderung
  - Stadtverwaltung = volles Rederecht, Anträge werden nicht gestellt
  - Spielleitung = passives Rederecht (Reaktion auf Anträge und Petitionen) und Weisungsbefugnis gegenüber dem Ausländeramt. Die Spielleitung nimmt nicht direkt am Pool teil.

Im Anschluss an den Pool hat das Ausländeramt fünf Minuten Zeit, unter Ausschluss aller anderen Gruppen (Spielleitung sollte als Beobachter dabei sein) eine Entscheidung zu treffen. Die Entscheidung muss in jedem Fall ausreichend begründet sein, da sonst ein Einschreiten der Bundesbehörde für Ausländerfragen (Spielleitung) einen Abschiebeentscheid fällen muss, mit evtl. Nebenanklagen gegen andere Spielgruppen.

- Die Auswertung verläuft ähnlich dem Planspiel „Schuld", jedoch sollte hier zunächst der Hauptaugenmerk auf die unterschiedlichen Eingriffsmöglichkeiten der einzelnen Gruppen im Pool gerichtet sein. D.h.,
  - ... wie ging es dem Asylbewerber damit, dass hier über seinen Kopf hinweg bestimmt worden ist?
  - ... von welcher Seite hätte er sich mehr Unterstützung gewünscht und warum?
  - ... wie erging es den anderen Gruppen mit ihren Rollen und Rechten?
  - ... wie wurde die letztliche Abhängigkeit von der Entscheidung des Ausländeramtes empfunden?
  - ... welche Rolle haben das Kirchenasyl und die christlichen Werte gespielt?
  - ... wie erging es der Bürgergruppe mit ihrer ablehnenden Haltung gegenüber dem Kirchenasyl (nicht gegenüber der Asylbewerbergruppe!)?
  - ... wie erging es der Ausländeramtsgruppe mit der alleinigen Entscheidung und damit Verantwortung für das Flüchtlingsschicksal?

Ziele: Erkennen von Verbindungen zwischen Grundwerten und christlichen Werten, Förderung der Erkenntnis von politischer Relevanz christlicher Werte und Institutionen, Sensibilisierung für gesamtgesellschaftliche Entwicklungen, Förderung von Verantwortungsbewusstsein und Entscheidungsfindung, Sensibilisierung für Solidarität mit Randgruppen innerhalb einer Gemeinschaft oder der Gesellschaft, Erleben von Machtstrukturen, Abhängigkeiten, ausgeliefert sein

Material: Eingangsgeschichte und Rollenbeschreibung (s. Punkt 6.7.3), Blaupapier, Briefpapier (s. Arbeitsblätter der Einheit 6.2.1), Stifte, Aufzeichnung der Gesprächslinien

- **Schlussrunde (15 min)**

Inhalt/Aktion: Ähnlich der Einstiegsrunde soll hier die Möglichkeit gegeben werden, dem Tag ein eigenes Resümee/Befindlichkeit zuzuordnen. Diese Runde erfolgt nach den eingangs geschilderten Prinzipien.

Ziele: Ähnlich der Einstiegsphase mit zusätzlichem Gewicht auf eine rückblickende Verbindung zwischen dem Erfahrenen und der eigenen Person

Material: keins

FRAGEBOGEN FÜR INTERVIEW

Alter: ....

1. *Wie stark ist für Sie/Dich Glaube und/oder Kirche in Ihrem/Deinem Alltag maßgebend?*

   ☐ sehr

   ☐ ausreichend

   ☐ wenig

   ☐ gar nicht

2. *Sollte der Glaube / die kirchliche Meinung eine Grundlage für politische und staatliche Entscheidungen sein?*

   ☐ ja, viel stärker

   ☐ zumindest berücksichtigt d.h. gefragt werden

   ☐ nur, wenn es um Grundrechte und Soziales geht

   ☐ nein, sollte sich völlig raushalten

3. *Wo (in welchen Bereichen) setzt sich die Kirche für Sie/Dich oder Ihre/Deine Altersgruppe aktiv ein?*

4. *Wo ist der Glaube bei Ihnen/Dir eine praktische Lebenshilfe?*

☐ in der privaten Lebensführung

☐ im beruflichen/schulischen Alltag

☐ in meinen mitmenschlichen Ansichten/Handlungen

☐ in meinem Freizeitverhalten

☐ während persönlicher Not- und Krisenzeiten

☐ nirgends

5. *Welchen Wert stellt die Kirche als christliche Gemeinschaft Ihrer/Deiner Meinung nach in der Gesellschaft (am meisten) dar?*

☐ Aufrechterhaltung von Moral, Ordnung und Anstand

☐ Behinderung von Fortschritt, Aufklärung und Weiterentwicklung der menschlichen Gesellschaft

☐ Vertretung und Schutz sozial Schwacher und Außenseiter

☐ einen der größten Arbeitgeber mit politischem und wirtschaftlichem Einfluss

☐ die Vertretung und Verkündigung der göttlichen Ordnung und des Evangeliums

☐ Bewahrung kultureller Werte und Traditionen

Arbeitseinheit zum Thema:
Christen und Politik

Zeit	Inhalt	Aktion	Material
15'	Ankommen und Einstiegslied zum Thema	Es wird ein Sitzkreis gebildet, in dem jeder Konfirmand seinen momentanen Zustand (Motivation, Emotion etc.) den anderen mitteilt.	Liedblätter, Gitarre oder Abspielgerät, Kassette, Verlängerungskabel
20'	Einstiegsspiel „Mauerblümchen" zu Themenbereichen und Inhalten, die für Konfirmanden wichtig sind und eine wesentliche Rolle in ihrem Leben spielen (zukünftig und gegenwärtig). Diese sollen vom Leitungsteam in Zusammenhang mit Glaubensaspekten und kirchlichem Engagement gebracht werden.	Die Konfirmanden bekommen DIN A 4 Blätter und sollen zu der aufgehängten Überschrift „Wofür es sich in meinem Leben zu kämpfen lohnt" Stichwörter aufschreiben und darunter als „Mauersteine" aufhängen, dabei bleibt immer für eine Reihe Steine Platz frei. In diese Reihe ordnet das Leitungsteam den Stichwörtern Glaubenskriterien bzw. kirchliches Engagement unter der Überschrift „Da mischt Kirche mit, spielt der Glaube eine Rolle" weitere „Mauersteine" zu (DIN A 4 Blätter in einer anderen Farbe). In einer ersten Auswertung werden für die Lücken oder Zuordnungen Zwischenüberschriften benannt.	DIN A 4 Blätter in zwei Farben, Eddings, Kreppklebeband, Überschriften, DIN A 3 Blätter für weitere Überschriften

Zeit	Inhalt	Aktion	Material
30'	Die Konfirmanden sollen aus einer starken und freien Position heraus sich der Auseinandersetzung mit einem Mitarbeiter des Leitungsteams als Vertreter der Kirche stellen. Dabei geht es um die Relevanz des Glaubens bzw. der kirchlichen Aktivitäten für das Leben der Konfirmanden.	Der „heiße Stuhl" steht in der Mitte eines Sitzkreises. Auf ihm sitzt ein Mitarbeiter des Leitungsteams. Die Konfirmanden können diesen Mitarbeiter nun zu allen Themen im Zusammenhang mit der vorangegangenen Methode befragen. Der Mitarbeiter darf lediglich direkt antworten, ohne selbst Fragen zu stellen. Ebenfalls ist eine Wertung oder ungefragte Meinungsäußerung nicht erlaubt. Zum Schluss erfolgt eine kommentarlose Meinungsrunde.	Ergebnisse der Methode Mauerblümchen
90'	Die Konfirmanden sollen mit Hilfe von Fragebögen und deren Auswertung einen Vergleich zwischen ihrer Einstellung und einer breiteren Bevölkerungsgruppe erstellen. Die Thematik schließt sich an die beiden vorangegangenen Methoden an: die Relevanz von Glauben und christlichen Werten für das persönliche und gesellschaftliche Leben.	In Kleingruppen von 3-4 Personen gehen die Konfirmanden zu publikumsreichen Plätzen und Geschäften. Dort bitten sie Passanten um die Beantwortung des Fragebogens. Nach 60 min werden die Fragebögen im Gemeindehaus nach Altersgruppen getrennt ausgewertet. Im Anschluss folgt ein Auswertungsgespräch.	Fragebögen, Stifte, Auswertungsplakate nach Altersgruppen (mindestens DIN A 3)
90'	**Mittagspause:**		
	Tisch decken, gemeinsames Essen, Abräumen, Spülen		

Zeit	Inhalt	Aktion	Material
135'	Im Planspiel „Kirchenasyl" werden die Konfirmanden in Konflikt mit staatlichen Entscheidungen und christlichen Grundwerten gebracht. Sie sollen spielerisch entscheiden und erleben, wie weit christliche Werte für sie eine Entscheidungsgrundlage bilden. Dabei wird auch die Frage nach dem Aushalten rechtsstaatlicher Sanktionen erlebt.	Im Planspiel wird einer drohenden Abschiebung einer Asylbewerbergruppe mit Unterstützung des Kirchengemeinderates durch ein Kirchenasyl der Gruppe entgegen gewirkt. Die verschiedenen Gruppierungen müssen durch Briefwechsel eine Klärung der Situation herbeiführen. Die letzten 20 min werden in Form des Pools („Stuhlkreis") für die Lösung des Problems verwendet. Das Ausländeramt muss nach Ablauf dieser Frist in jedem Fall eine Entscheidung fällen, die sich je nach Ausgang auf verschiedene Gruppen auswirkt. Im Anschluss an die Entscheidung werden der Ablauf und die Inhalte bzw. Befindlichkeiten in den einzelnen Rollen reflektiert.	Rollentexte, Einstiegsgeschichte, Briefpapier, Blaupapier, Stifte, Unterlagen, Plakatkarton oder Papierrolle für Wandzeitung, Edding, verschiedenfarbige und/ oder -lange Fäden, Rollentürschilder, Kreppklebeband
15'	Schlussrunde: Reflexion des Tages	In einer Abschlussrunde wird jedem die Gelegenheit gegeben, seine Eindrücke zu diesem Tag mitzuteilen.	keins

6.2.4 African-Day – Ökumene

• **Vorbemerkungen**

Diese Einheit wurde und wird in Zusammenarbeit mit dem „Dienst für Mission und Ökumene" durchgeführt. Diese in der Württembergischen Landeskirche tätige Institution hat auch in anderen Landeskirchen Entsprechungen (s. Adressenliste im Anhang).

Die Einbeziehung der Referenten ist in der Regel kostenlos, muss jedoch langfristig vorgeplant werden. Die Zeiträume und Bedingungen sollten aber mit dem jeweilig zuständigen Referat besprochen werden.

Die Gestaltung der Einheit wird selbstverständlich in Zusammenarbeit mit dem jeweiligen Referenten festgelegt, wobei die im Folgenden geschilderten Erfahrungen besonders positiv bei den Konfirmanden angekommen sind, so dass sie als Gestaltungsgrundlage für Sie und die Referenten dienen können.

Dadurch dass nicht immer Referenten aus dem afrikanischen Raum zur Verfügung stehen, muss dieser Vorschlag natürlich auf Referenten aus anderen Ländern abgestimmt werden. Die Grundlage bleibt jedoch jedesmal dieselbe, die Konfirmanden sollen christliche Glaubensformen und -praktiken aus anderen Ländern und Kulturen kennen lernen.

Als ein besonderer Punkt sollte noch das landestypische Mittagessen hervorgehoben werden, welches in Abstimmung und mit einer Rezeptvorlage des Referenten von Müttern zubereitet wird. Im Fall eines Referenten aus Indien wurde das Essen auch in landestypischer Weise zu sich genommen – mit den Fingern. Befürchtungen im Vorfeld, dass der Fußboden danach einem Schlachtfeld gleicht, erfüllten sich nicht. Im Gegenteil, diese Erfahrung hat sehr zu einem positiven Erlebnis von fremden Kulturen beigetragen und war noch lange danach im Gespräch.

• **Ankommen (15 min)**

Inhalt/Aktion: Den Konfirmanden soll Raum gegeben werden, sich auf die Gruppe und die gemeinsame Zeit einzustellen. Alle sitzen im Kreis auf dem Fußboden.

In einer kurzen Runde soll jeder und jede einen kurzen Satz zu seiner momentanen Befindlichkeit mitteilen. Wichtig ist dabei, dass die Konfirmanden frei sprechen, d.h. ohne Meldung. Sie sollen ein Gespür für ein „wann kann ich mich einbringen" entwickeln, verbunden mit gleichzeitigem Hören auf die anderen.

Im Anschluss daran wird das Lied „Gott gab uns Atem" gesungen.

Ziele: Sensibilisierung für den persönlichen Beitrag im Zusammenhang mit Reden und Zuhören, Erfahrung von Selbstwert, indem der Beitrag durch Zuhören und Abwarten Respekt erfährt.

Material: Kassette und Recorder oder Gitarre, Liedblätter

- **Gegenseitiges Kennenlernen (40 min)**

Inhalt/Aktion: Der Referent stellt sich persönlich vor. Es sollte in der Vorbereitung geklärt werden, ob der Referent die Möglichkeit sieht, in der ortsüblichen, traditionellen Kleidung zu erscheinen.

Anhand einer mitgebrachten Karte werden das Land und die Heimatgegend des Referenten lokalisiert. Dies kann mit Schätzfragen aufgelockert werden, z.B.:

- Wie viele Länder liegen zwischen dem Land des Referenten und Deutschland?

oder

- Wie viele Kilometer liegen zwischen dem Heimatort des Referenten und dem hiesigen Ort?

Mit Hilfe von Dias werden das Land und die Menschen, Kultur und Gebräuche näher dargestellt. Je nach Material können auch spezielle Bereiche wie z.B. landes-/ortsübliche Jugendarbeit vorgestellt/erzählt werden.

- Die einzelnen Informationen können durch entsprechende Darstellungen von deutschen/ortsüblichen Vorgehensweisen durch die Konfirmanden ergänzt werden.

- Interessante Aspekte ergeben sich vielleicht, wenn hier von den Konfirmanden unterschiedliche Zuordnungen und Darstellungen erfolgen. Dies sollte ohne Diskussion zur Kenntnis genommen werden.

Zum Schluss kann ein kleines bekanntes Spiel diesen ersten Kennenlernprozess beschließen. Dabei wäre es jetzt von Vorteil, wenn der Referent in traditioneller, landesüblicher Kleidung erschienen ist.

- Der Referent verlässt den Raum, und die Konfirmanden werden in vier Gruppen eingeteilt.

- Jede Gruppe bekommt die Aufgabe, möglichst viele äußere Merkmale des Referenten auf einen Zettel zu schreiben.

- Nach fünf Minuten wird der Referent wieder in den Raum geholt, und die Wahrnehmungen der Gruppen werden miteinander verglichen.

Ziele: Wahrnehmung fremder Kulturen, Gebräuche und Ansichten, Förderung von differenzierter Wahrnehmung, Entwicklung von Offenheit für fremde Eindrücke und gleichzeitiger Verbundenheit mit der eigenen Kultur, Kennenlernen des Referenten

Material: Dias, Diaprojektor, Verlängerungskabel, Leinwand, Papier, Stifte, Informationen, die für die Ratespiele benötigt werden, Landkarte o.Ä.

- **Pause (10 min)**

- **Musik, Tanz, Sprache (75 min)**

Inhalt/Aktion: Der Dia-Vortrag soll nun durch das praktische Erlernen von Tänzen und Liedern, möglichst in der Landessprache, ergänzt werden. Gerade im afrikanischen Raum spielen diese Formen des Ausdrucks eine große Rolle, auch im religiösen Bereich. Es werden Lieder und Tänze eingeübt, die im weiteren Verlauf des Tages noch benötigt werden. Dazu kommen Musikinstrumente zum Einsatz, wie sie in dem Land verwendet werden. Diese werden in der Regel vom Referenten mitgebracht. Sollte dies nicht möglich sein, jedoch nicht gänzlich darauf verzichtet werden wollen, kann versucht werden, einfache Instrumente aus:

• Schulen (Grundschulen)
• Dritte (Eine) Welt Läden
• Waldorfschulen und Kindergärten

zu leihen. Teilweise sind auch Trommeln u.ä. im Besitz der Eltern von Konfirmanden.

Ziele: Abbau von Hemmungen, Sensibilisieren für und Erleben von körperlichen Ausdrucksformen in fremdem, kulturellem Zusammenhang, Verstärkung der Aufnahmebereitschaft für fremde Werte, Förderung von Selbstvertrauen und Gruppengefühl

Material: nach Absprache mit dem Referenten, Musikinstrumente

• **Einüben von Tisch- und Gebetsritualen (20 min)**

Inhalt/Aktion: Neben dem ersten praktischen Ausflug in Musik und Tanz sollen die Konfirmanden jetzt fremde Gebetspraktiken und Tischsitten kennen lernen und ausprobieren.

• Nachdem eine erste Sicherheit entwickelt worden ist, sollte durch das Ausführen der bekannten und vertrauten Gebetsrituale ein direkt erlebter Vergleich erfolgen.
• Die dabei gewonnenen Eindrücke und Vergleiche sollten in einer kurzen Austauschrunde allen zur Verfügung gestellt werden.

• **Landesübliches Mittagessen und Mittagspause (90 min)**

• **Religion praktisch (60 min)**

Inhalt/Aktion: Gemeinsames und Verschiedenes von Christen in verschiedenen Ländern lässt sich am besten anhand von religiösen Festen entdecken. In ihnen spiegeln sich Kultur, Tradition und Religiosität in lebendiger und dichter Form wider. Die Konfirmanden können erfahren, dass sich christlicher Glaube nicht in spezifischen (westeuropäischen) Ausprägungen manifestiert, als einzig „wahre" Lehre, sondern dass gerade in der Vielfalt der „Reichtum" des Christentums liegt. Als diesem Entwurf zugrunde liegendes Fest wurde Ostern gewählt, wie es in Ghana u.a. gefeiert wird. Die dabei benötigte Kleidung wurde von den Konfirmanden mitgebracht.

- Die Konfirmanden bilden drei Gruppen (zwei größere mit jeweils ca. 8-10 Personen, eine kleinere mit ca. 4-6 Personen).
- Die zwei größeren Gruppen bilden in dem Raum ein von der Tür ausgehendes Spalier, durch das die dritte (kleinere) Gruppe den Raum betritt. Im Hintergrund läuft jetzt von Kassette Trauermusik aus Ghana.
- Die kleinere Gruppe (in Schwarz gekleidet) trägt einen Konfirmanden als Leichnam bis an das Kopfende. Dort angekommen knien alle nieder und stimmen ein Lied an, welches vorher einstudiert worden ist.
- Der Referent erklärt die Bedeutung der Farben und Musik dieser Handlungen für die Feierlichkeiten innerhalb des Osterfestes.
- Die Konfirmanden sollen jetzt ein Trauerbild (DIN A 3 Papier) mit zwei Farben (schwarz/braun) malen. Inhalt soll sein, Umstände und Gegebenheiten, die sie traurig machen. Nach Fertigstellung der Bilder nimmt die kleinere Gruppe diese mit nach draußen.
- Kurze Zeit später erscheint diese Gruppe wieder, diesmal in Weiß gekleidet und geht wiederum durch das Spalier nach vorne. Die Musik hat sich von Trauermusik in fröhliche und lebendige Musik verwandelt.
- Die Konfirmanden tanzen und singen ein Lied, welches sie am Vormittag zusammen gelernt haben.
- Wiederum sollen die Konfirmanden ein Bild malen, diesmal jedoch ein fröhliches und lebendiges Bild.
- Der Referent erklärt wiederum die Bedeutung der Musik, Farben und Handlungen dieser Szene.

Aus verständlichen Gründen kann diese Beschreibung nur eine kurze, beispielhafte Beschreibung sein, um die grundsätzliche Art der Gestaltung dieser Einheit deutlich zu machen. Unsere Erfahrungen haben gezeigt, dass die Konfirmanden sich gerne auf rollenspielähnliche Elemente einlassen, um die Gestaltung des christlichen Glaubens in anderen Ländern kennen zu lernen. Es sollte also nach Möglichkeit mit dem Referenten über eine solche Gestaltungsmöglichkeit seiner Mitarbeit gesprochen werden.

Ziele: Förderung von Toleranz und Akzeptanz fremder Formen von Religionsausübung – insbesondere des christlichen Glaubens, Sensibilisierung für die Verbindung zwischen Glaubensinhalten/-aussagen und körperlichem Ausdruck, Erleben von multikultureller/ökumenischer Gemeinschaft über den christlichen Glauben, Erleben fremder Frömmigkeitsstile

Material: Nach Absprache und in Vorbereitung mit dem jeweiligen Referenten

- **Pause (10 min)**

- **Schlussrunde (25 min)**

Inhalt/Aktion: Ähnlich der Einstiegsrunde soll hier die Möglichkeit gegeben werden, dem Tag ein eigenes Resümee/Befindlichkeit zuzuordnen. Den Auftakt dieser Runde bilden die zuvor gemalten Bilder. Sie werden in die Mitte ausgelegt, und alle Konfirmanden betrachten sie sich 5 min lang.

Nachdem alle wieder im Kreis sitzen, beginnt die erste Reflexionsrunde:
- Jeder Konfirmand soll sich ein Bild heraussuchen, das ihn am meisten beeindruckt, und kurz darstellen warum. Danach legt er es wieder in die Mitte, und jemand anderes kann sich äußern.
- Nachdem sich so alle geäußert haben, erfolgt eine neue Runde, an der jeder erzählen soll, welches Erlebnis ihn an diesem Tag am meisten beeindruckt hat und warum.

Ziele: Ähnlich der Einstiegsphase mit zusätzlichem Gewicht auf eine rückblickende Verbindung zwischen dem Erfahrenen und der eigenen Person

Material: Bilder der Osterfestlichkeiten

Arbeitseinheit zum Thema:
African-Day / Ökumene

Zeit	Inhalt	Aktion	Material
20'	Ankommen, Austausch von aktuellen Befindlichkeiten, Singen	Sitzkreis, Lied „Gott gab uns Atem"	Recorder, Kassette, evtl. Gitarre, Liedblätter
40'	Kennen lernen des Referenten und erster Eindruck vom Herkunftsland des Referenten und der dort lebenden Jugendlichen (wenn möglich)	Dia-Vortrag mit verschiedenen Auflockerungen, z.B.: • Schätzung, wie weit das Herkunftsland vom Heimatort entfernt ist • Wie viele Länder liegen zwischen dem Herkunftsland und der BRD? • Ergänzung der Informationen durch Zuordnung deutscher Verhältnisse und Praxis • Wahrnehmungsübung	Diaprojektor, Dias, Leinwand, Verlängerungskabel
10'	**Pause**		
60'	Kennen lernen von landestypischen christlichen Liedern, Tänzen und Ritualen, Anknüpfung an die Informationen aus dem Diavortrag	Praktische Einübung in: • Sprache • Musik (Instrumente) • Tänze • Rituale	In Absprache mit dem Referenten, Musikinstrumente, Kassettenrecorder etc.

Zeit	Inhalt	Aktion	Material
20'	Kennen lernen und Vergleichen christlicher Praktiken und Gebete vor dem Essen	Durchführen von • Tischliedern • Festtänzen • Tischgebeten möglichst von beiden Nationen	In Absprache mit dem Referenten
90'	**landestypisches Mittagessen und Pause**		
75'	Vergleich von christlichen Traditionen in Deutschland und dem Herkunftsland. Kennen lernen fremder Glaubenspraktiken und Frömmigkeitsstile am Beispiel von christlichen Festen. Erleben der Vielfalt an Möglichkeiten, Glaubensinhalte zu vermitteln und zu gestalten. Erkennen der Verbindung zwischen Glaubenspraktiken und Kultur.	Rollenspielähnliche Gestaltung der Osterfeier in Ghana	In Absprache mit dem Referenten
10'	**Pause**		
25'	Schlussrunde: Reflexion des Tages	Sitzkreis, Reflexionsrunde: • Welches Bild/Element der Feierlichkeiten hat dich am meisten beeindruckt und warum? • Was hat dich heute beeindruckt und warum?	Im Zusammenhang mit den Feierlichkeiten

6.3 Konfirmationswochenenden

Nach unserer Erfahrung dürfte es kaum sinnvoll sein, Wochenendkonzepte in allen Details und Ausarbeitungen zur Nachahmung vorzulegen. Zu verschieden sind die Rahmenbedingungen, die dabei zu berücksichtigen sind. Dennoch sind unsere Wochenenden nicht völlig wahllos gestaltet, sondern erfüllen, neben aller Freizeit und frei gestaltbarer Zeiten, ergänzende Aufgaben.

Wir haben uns deshalb entschlossen, Ihnen einen groben Abriss unserer Wochenenden vorzustellen und, wo sinnvoll und nötig, eine detailliertere Ausführung zu machen. Es versteht sich, dass es sich dabei natürlich nur um Vorschläge handeln kann, aber eben um welche, mit denen wir im Einzelnen als auch im Gesamtkonzept gute Erfahrungen gemacht haben.

Wir hoffen so, zum einen Hilfestellung geben zu können, aber auch genug Freiraum für die eigene Gestaltung zu lassen.

Grundsätzlich gilt, dass die entwickelten Arbeitseinheiten (bis auf wenige Ausnahmen) auch an den Wochenenden durchgeführt werden können.

6.3.1 Einstiegswochenende

Freitag
Ankunft: 15 bis 16 h
Programm: Organisation, Teile der Arbeitseinheit „Wir als Gruppe" *oder*
                    Geländeerkundung, Kooperationsspiel
Abendprogramm: Olympiade, Wetterbericht, Stille Zeit

* **Kooperationsspiel**[33]
Inhalt/Aktion: In einem großen Raum wird ein Parcours aus Tischen und Stühlen aufgebaut. Mit Kreide wird ein Laufweg auf dem Boden gezeichnet, wobei deutlich sein muss, wo dieser über oder unter den verschiedenen Hindernissen verläuft.

Die Konfirmanden teilen sich in Vierer-Gruppen ein. Jede Gruppe bekommt einen großen (DIN A 2) Plakatkarton und einen Tischtennisball.

Die Aufgabe der Gruppe besteht darin:
* dass alle vier an der Ecke des Plakatkartons anfassen müssen und
* den darauf in der Mitte liegenden Tischtennisball ohne weitere Berührung oder Verlust durch Herunterfallen
* auf dem vorgeschriebenen Weg durch den Parcour transportieren müssen.
* Dabei soll eine möglichst kurze Zeit erzielt werden.

Zum Schluss wird die beste Zeit prämiert. Erweitert werden kann diese Übung dadurch, dass man nach den Vierergruppen diese teilt und einen Paarlauf veranstaltet. Hierbei sollte dann die zulässige Fehlerzahl auf 5 erhöht werden.

Nach beiden Versionen (einfach oder erweitert) ist es sinnvoll, eine kurze Reflexionsrunde durchzuführen:

- Wie musste die Gruppe miteinander umgehen, damit ein Erfolg erzielt wurde?
- Was hinderte oder erschwerte einen Erfolg?

- **Olympiade**

Inhalt/Aktion: In diesem abendfüllenden Programm (mindestens $2^{1}/_2$ h) wird in lustigen Spielen versucht, olympische Disziplinen nachzustellen. Wie bei jeder Olympiade gibt es hier Nationalmannschaften, Länderflaggen und Nationalhymnen und natürlich Medaillen. Einen zusätzlichen Reiz bringen die Joker in den Spielverlauf.

- Die Gruppen werden mit Hilfe des „Meyer"-Spiels gebildet. Dazu werden auf vorbereitete Zettel die verschiedenen Varianten dieses Namens (Maier, Meier, Meyer, Mayer) mit dem entsprechenden Familienstand dieses Mitglieds geschrieben (z.B. Opa Mayer, Tochter Meier etc.). Die Größe der Familie (Opa, Oma, Mutter, Vater ...) steht nachher für die Gruppengröße.
- Die so vorbereiteten Zettel werden gut gemischt und jeder Konfirmand nimmt sich einen. Auf Kommando öffnen alle gleichzeitig ihre Zettel und versuchen, durch lautes Zurufen ihre Familienmitglieder zu finden.
- Es hat die Familie gewonnen, die als erste der Reihenfolge nach (Opa unten, dann aufsteigend) auf *einem* Stuhl sitzt. D.h. Opa nimmt Oma auf den Schoß, diese den Vater etc. ... Die Gewinnergruppe bekommt einen Punkt Vorschuss für besondere Trainingsleistungen in der Winterpause.
- Nun gehen alle Gruppen auseinander mit der Aufgabe, aus dem vorgegebenen Material (Tonkarton, Stifte, Klebstifte etc.) eine Nationalfahne mit entsprechendem Namen des Landes (Phantasie) und einen Joker zu erstellen. Außerdem muss eine Nationalhymne mit eigenem Text einstudiert werden. Die Melodie kann von einem bekannten Lied kommen. Dafür haben alle Gruppen 20 min Zeit.
- Die Auswertung erfolgt per Abstimmung. Jeder/jede hat nur eine Stimme. Für die eigene Gruppe darf nicht gestimmt werden. Die Punkteverteilung verläuft absteigend, d.h. der Sieger bekommt 4, der Zweite 3 Punkte usw.

Die Olympiade enthält insgesamt sieben Disziplinen. Jedes Gruppenmitglied sollte mindestens an einer Disziplin teilgenommen haben. Die Joker können nur vor dem Start der jeweiligen Disziplin gesetzt werden und verdoppeln die gewonnene Punktzahl. Das Setzen der Joker erfolgt nach Bekanntgabe der Disziplin, jedoch *vor* der näheren Erläuterung zur Durchführung. Die Punkteverteilung erfolgt wie bei der Beurteilung der Fahnen, Joker und Nationalhymnen.

Die Disziplinen:

Rudern im Einer (2 Spieler pro Gruppe)
Vorbereitungen: Jeder Spieler bekommt zwei Scheuertücher. Auf das eine setzt er sich und auf das andere stellt er seine Füße. Die Spieler einer Gruppe setzen sich gegenüber hinter einer jeweiligen Startlinie (Distanz dazwischen ca. 5 m).
Durchführung: Auf Kommando startet die eine Hälfte der Spieler, um so schnell wie möglich durch Überqueren der anderen Linie mit dem Gesäß den zweiten Spieler zu starten. Ist dieser hinter seiner Ziellinie angekommen, hat er sich plaziert. Die Fortbewegung erfolgt durch ruderähnliche Bewegungen der Füße und des Gesäßes (heranziehen, wegschieben). Die Hände und Arme dürfen zur Haltung des Gleichgewichts eingesetzt werden oder um die Scheuerlappen zu fixieren, jedoch nicht, um die Fortbewegung zu unterstützen, d.h. die Hände dürfen keinesfalls Bodenkontakt haben.
Material pro Spieler: 2 Scheuerlappen

Basketball (2 Spieler pro Gruppe)
Vorbereitungen: Beide Spieler stellen sich gegenüber im Abstand von 2 m auf (Linie). Die eine Hälfte der Spieler bekommt einen Eimer (10 l), den sie dicht vor der Brust starr mit ihren Armen festhalten müssen. Sie dürfen sich nicht weiter bewegen. Die anderen Spieler bekommen jeweils einen Luftballon in einer Größe, die mit nicht zu viel Spiel in den Eimer passt.
Durchführung: Die Aufgabe der Spieler ist es, diesen Luftballon per Wurf in den Eimer zu werfen. Dabei darf die Linie nicht übertreten werden. Vorbeugen ist erlaubt. Jeder Übertritt, auch durch Gleichgewichtsverlust, führt zu Punktverlust. Jeder Spieler hat drei Würfe.
Material: 10 l Eimer, Luftballons

Hürdenlauf (2 Spieler pro Gruppe)
Vorbereitungen: Die Spieler stellen sich beide an einer der Linien vom Rudern auf. Jeder Spieler bekommt einen Knickstrohhalm. Vor ihnen steht eine Schüssel mit Trockenerbsen. Gegenüber von ihnen, an der anderen Linie, steht eine leere Schüssel.
Durchführung: Die Aufgabe ist, die Trockenerbsen mit dem Strohhalm anzusaugen und in die leere Schüssel zu transportieren. Erbsen, die unterwegs verloren gehen oder aus der Schüssel heraus springen, dürfen nicht wieder aufgehoben werden. Es gewinnt die Gruppe, die innerhalb von 3 min die meisten Erbsen sammeln konnte.
Material: Trockenerbsen, Schüsseln, Strohhalme

Speerwerfen (3 Spieler pro Gruppe)
Vorbereitungen: Die Spieler stellen sich an einer Grundlinie auf. Jeder bekommt einen Strohhalm.
Durchführung: Jeder Spieler versucht nun, seinen „Speer" möglichst weit zu werfen. Es hat die Gruppe gewonnen, deren Spieler die größte Gesamtdistanz (Summe der Einzelentfernungen) erzielt haben.
Material: Strohhalme, Maßband

Ringen (2 Spieler pro Gruppe)
Vorbereitungen: Jede Gruppe bekommt 5 Luftballons. Die zwei Spieler stellen sich vor ihrer jeweiligen Gruppe auf.
Durchführung: Durch kräftiges Umarmen müssen die 5 Luftballons einzeln zum Platzen gebracht werden. Hier benötigen sie die Unterstützung der Gruppe. Sollten Luftballons absichtlich auf andere Weise zum Platzen gebracht werden, wird diese Gruppe disqualifiziert.
Material: Luftballons

Hochsprung (1 Spieler pro Gruppe)
Vorbereitungen: Für jede Gruppe wird eine Möhre auf ein starkes Seil gefädelt, aber nicht fixiert. Die Möhren hängen im Abstand von ca. 1,5 m. Das Seil wird dann quer im Raum gespannt, so dass die Möhren ca. 30 cm über den Köpfen der Spieler hängen. Die Spieler dürfen sich darunter aufstellen.
Durchführung: Die Spieler müssen nun gleichzeitig auf Kommando beginnen und versuchen, ein Stück von der Möhre abzubeißen. Die Möhre darf dabei nicht heruntergerissen oder mit den Händen berührt werden. Die Reihenfolge des Abbisses stellt die Platzverteilung dar.
Material: Seil, Möhren

Marathon (alle Spieler einer Gruppe)
Vorbereitungen: keine
Durchführung: Jede Gruppe soll auf Kommando eine möglichst lange Schlange aus ihren Kleidungsstücken bilden. Schmuck, Schnürsenkel und Gürtel dürfen nicht verwendet werden. Der Anstand sollte gewahrt bleiben. Für die Aufgabe stehen 5 min zur Verfügung. Die Länge der Kette entscheidet über die Platzierung.
Material: Stoppuhr, Maßband

Das Schiedsrichterteam rechnet die Ergebnisse aus und stellt den Sieger fest. Die Urkundenverteilung und Medaillenvergabe erfolgen nach dem gemeinsamen Singen der Nationalhymne der Sieger.

- **Wetterbericht**

Inhalt/Aktion: Wie auch schon in den Arbeitseinheiten zu Beginn und am Schluss ist es uns wichtig, eine Möglichkeit zu haben, mit den Konfirmanden über die persönlichen Wahrnehmungen des Tages oder der Arbeitseinheit zu reflektieren.

Auf den Wochenenden gestalten wir dies in Form eines Wetterberichtes. In der Mitte eines Sitzkreises liegen vier verschiedene Wetter (strahlender Sonnenschein, Bewölkung, Regen, Gewitter). Durch Klebepunkte wird der persönliche Wetterbericht erstellt.

Das Leitungsteam erklärt nochmals die Grundregeln des Wetterberichtes:
- Die Beiträge werden von der Gruppe und der Leitung nicht kommentiert.
- Jeder muss seine Klebepunkte abgeben und sollte *nach Möglichkeit* dabei seinen Wetterbericht kommentieren.
- Jeder ist aufmerksam und offen für die Berichte der Gruppenmitglieder, wie diese auch für den seinen.

Jeder Konfirmand bekommt nun drei Klebepunkte und gibt seinen Bericht zur Wetterlage des Tages ab. Dabei kann er seine Punkte nach freiem Ermessen verteilen. Die Reihenfolge der Berichte erfolgt durch Selbststeuerung innerhalb der Gruppe.

Als Ergänzung kann zu diesem Wetterbericht in einem zweiten Durchgang noch die Wettervorhersage für den nächsten Tag erfolgen.

- **Stille-Zeit**

Inhalt/Aktion: Kein Leiter rechnet wirklich ernsthaft mit störungsfreier Nachtruhe, wenn er mit Konfirmanden auf ein Wochenende fährt. Dennoch ist es nicht unvorteilhaft, den Konfirmanden, wenn es auf die Nachtruhe zugeht, ein entsprechendes „Beruhigungsprogramm" auf der Basis einer freiwilligen Teilnahme anzubieten.

Hinter unserer „Stille-Zeit" verbirgt sich eine Entspannungsmeditation mit anschließender „Massage". Entsprechend angekündigt nehmen unserer Erfahrung nach ca. 30 – 60 % der Konfirmanden dieses Angebot an. Und nicht immer nur die sowieso ruhigen, sondern eben auch diejenigen, die eine Dämpfung zur Nachtruhe durchaus nötig haben. Sicherlich stellt der dabei ungezwungene Kontakt zum jeweils anderen Geschlecht eine starke Motivation dar.

Nicht immer tritt ein voller Erfolg ein, jedoch zumeist eine spürbare Beruhigung der Gemüter.

Als Meditationen zu entspannender Musik eignet sich jegliche Art von Körper- und Phantasiereisen, wie sie in den Beispielbüchern der Literaturliste enthalten sind.

Bei den Massagen sollte vorsichtig agiert werden. Es geht nicht um medizinische Wirkungen, sondern um die Form eines aktiven Wohlfühlens und Aufbauens nach einer Entspannung. Als geeignet haben sich die Tennis-/Igelball-Massage und die Regentropfen-/Klopfmassage erwiesen.

- Bei der Ballmassage geht es darum, den entsprechenden Ball auf dem Körper (vornehmlich Rücken) des Partners unter leichtem Druck entlang zu rollen. Die Wirbelsäule und der Nierenbereich werden ausgespart.
- Bei der Klopfmassage klopft der Partner zuerst mit den Fingerspitzen, später mit der flachen Hand auf den Rücken und die Beine des Liegenden. Auch hier sind die Wirbelsäule und der Nierenbereich auszuschließen.

Diese Form der Massage eignet sich auch gut als integrativer Bestandteil einer Phantasie- oder Körperreise.

Weitere Formen von beruhigender und zugleich aktiver Entspannung werden vielfach von den Krankenkassen in Lehrerhandbüchern angeboten.

Samstag

Vormittag: Außenaktivität, Thema Abendmahl
Nachmittag: Spaziergang, Werkgestaltung eines Kerzenkreuzes, Gottesdienstkerzen (s. 6.1.1)
Abendprogramm: Gemeinschafts- und Kooperationsspiele, Disco, Stille-Zeit

• Abendmahl

Inhalt/Aktion: Die Konfirmanden sollen das Abendmahl als Gemeinschafts- und Erinnerungsfest kennenlernen. Die Frage von Schuld und Bekenntnis soll dabei nur am Rande mitschwingen. Sie ist implizite Voraussetzung, um Gemeinschaft erleben zu können und sich dort geborgen und wohl zu fühlen.

- *Erinnerungsspiel* (20 min): Jeder/jede schreibt auf jeweils einen Zettel eine Begebenheit von gestern, letzter Woche, letztem Jahr, seiner Kindheit, an die er sich noch erinnern kann. Danach werden die Zettel nach Erinnerungszeiträumen sortiert aufgehangen und betrachtet.

Im gemeinsamen Gespräch wird erarbeitet, welche Wesensmerkmale unsere Erinnerungen prägen, je länger sie her sind. Am Anfang werden sicherlich noch fast jedes Detail und jede Wahrnehmung gespeichert sein. Je größer der Zeitraum wird, werden sich unsere Erinnerungen immer mehr auf Wesentliches und Besonderes im Zwischenmenschlichen beschränken.

- *Assoziation/Symbolbetrachtung* (25 min): Auf dem Boden stehen die vier Symbole des Passahfestes in Form von Bitterkräutern, einem süßen Rosinenteig in Lammform, Fladenbrot und rotem Saft (Wein).

Die Konfirmanden erhalten die Aufgabe, zunächst ein Dia zu betrachten und dem entsprechenden Text zuzuhören (s. Konfirmandenabendmahl 6.6). Nach ca. 3 min wird die Gruppe aufgefordert, auf einen ausliegenden Karton (DIN A 2) mit Eddings Assoziationen, Gedanken, Bilder, Texte, Stichwörter oder Sätze zu schreiben oder zu malen. Im Hintergrund läuft ruhige Meditationsmusik. Nach weiteren 3 min wird das nächste Symbol betrachtet. Der weitere Verlauf wird wie folgt geschildert.

- *Collage* (45 min): Nach der Betrachtung aller Symbole wird die Gruppe in vier Kleingruppen aufgeteilt. Sie erhalten die Aufgabe, eine Collage aus den Assoziationen eines Symbols zu erstellen. Die Materialien zur Gestaltung der Collage (Zeitungen, Naturmaterialien, Plastik, Karton etc.) bleiben ihnen freigestellt. Wichtig ist, dass die Assoziationen in der Collage eine Gesamteinheit bilden.
- *Vorstellung und Auswertungsgespräch* (30 min). Die einzelnen Gruppen stellen ihre Arbeitsergebnisse vor. Dabei sollen nicht nur die Werke, sondern auch die gestalteten Begriffe aus der Symbolbetrachtung vorgestellt werden.

Nach der Vorstellung wird in einem Gespräch geklärt, welche Assoziationen schwer einzubauen oder miteinander zu verbinden waren, welche leicht. Zum Schluss werden die für die Konfirmanden wesentlichen Merkmale des Abendmahls in einer kurzen Runde gesammelt.

- **Werkgestaltung eines Kerzenkreuzes**
Inhalt/Aktion: Aus Holz wird ein Kerzenständer für die Gottesdienstkerzen der Konfirmanden hergestellt. Dabei werden in Kleingruppen die einzelnen Teile hergestellt und bearbeitet.

Nach unserer Erfahrung hat sich die praktische und handwerkliche Arbeit gerade auch zum Einstieg in die Gruppenarbeit, wie sie das Konfirmandenjahr prägen soll, bestens bewährt.

Der Gemeinschaftscharakter der Arbeit kann durch die lockere Arbeitsweise besonders gut zur Geltung kommen. Außerdem bedeutet die spätere Nutzung in der Kirche ein nicht unerhebliches Potential an positiver Motivation und Hebung des Selbstbewusstseins. Wichtig ist, dass die Arbeiten einen Bezug zum Konfirmanden darstellen, in diesem Fall als Ergänzung seiner persönlichen Gottesdienstkerze. Dabei ist die Planung des Werkstücks so zu gestalten, dass in mehreren Arbeitsgängen und verschiedenen Gruppen gearbeitet wird. Der langsame Prozess des „Werdens" und Zusammenwachsens der einzelnen Bauteile kann durchaus als Synonym zur Entwicklung in der Gruppe gedacht werden.

- **Gemeinschafts- und Kooperationsspiele**
  - **Zick-Zack**
    Vorbereitung: Ein Zollstock wird im Zick-zack geknickt und auf den Boden gelegt. Auf die Gelenke werden kleine Gegenstände (Damesteine, Kieselsteine, Legosteine etc.) positioniert.
    Aufgabe: Die Gruppe muss den Zollstock gerade biegen, ohne dass ein Gegenstand herunterfällt.

Variante: Eine schwierige Variante entsteht, wenn der Zollstock von der Gruppe hochgehoben und in der Luft gerade gebogen werden soll.

Material: Zollstock, kleinere Gegenstände

- **Wind im Wald**

  Vorbereitung: Es wird ein Spieler ausgewählt, der den Raum verlassen muss (mehrere Durchgänge möglich). Die Gruppe stellt sich innerhalb eines Raumes frei verteilt auf. Es können dabei auch Gruppen gebildet werden.

  Aufgabe: Der Spieler wird mit verbundenen Augen hereingeführt. Er soll nun durch einen Zauberwald gehen. Die in diesem Wald stehenden Bäume sind verhext und giftig. Eine Berührung mit ihnen führt zu Verletzungen. Allerdings warnen sie den Spaziergänger vor einer möglichen Berührung, indem sie ihn leicht anpusten. Ansonsten verhalten sich die Bäume völlig still und unbeweglich.

  Der Spieler soll nun einen Weg durch den Wald von einer Seite des Raumes zur gegenüberliegenden finden.

  Variante: Sollte das Spiel als Gruppenspiel (2 Gruppen) gespielt werden, kann festgelegt werden, dass jeder Spieler, der den Wald durchquert, 15 Punkte bringt. Für jede „Verletzung" werden 5 Punkte abgezogen. Bei mehr als drei „Verletzungen" stirbt der Spieler, was zu einem zusätzlichen Punktverlust von 5 Punkten führt. Die Spieler wandern durch den jeweils von der anderen Gruppe gebildeten Wald (evtl. Spielfeld begrenzen).

  Material: Schal

- **Schornsteinspiel**

  Vorbereitung: Es werden pro Gruppe 3-5 aufgeblasene Luftballons benötigt. Jede Gruppe besteht aus 3-4 Spielern. Diese stehen eng beieinander und haben die Arme um die Schultern gelegt. Die Luftballons werden auf den Boden des „Schornsteins" gelegt.

  Aufgabe: Die Gruppe muss ohne Handbenutzung in möglichst kurzer Zeit die Luftballons oben aus dem Schornstein ausstoßen. Luftballons, die den Schornstein auf anderem Weg verlassen, werden wieder auf den Boden gelegt.

  Material: Luftballons

- *Weitere Spiele können den Spielehandbüchern der Literaturliste entnommen werden.*

Sonntag

Vormittag:	Vorbereitung eines Gottesdienstes mit Abendmahl, Abendmahlsgottesdienst, Auswertung der Freizeit, Aufräumen
Nachmittag:	Abfahrt gegen 14 Uhr

• **Auswertung**

Inhalt/Aktion: Ein Wochenende, besonders wenn es sich um ein Einstiegswochenende handelt, bietet eine gute Möglichkeit, sich über den Stand des Gruppenklimas und die Interessenlagen der Konfirmanden zu orientieren. Wir haben es oft erlebt, dass unsere Einschätzungen nur zum Teil mit denen der Konfirmanden übereinstimmten. Es gibt viele verschiedene Variationen von Feedback, von denen wir hier nur die darstellen, in denen wir selber Erfahrungen gesammelt haben. Daneben gibt es aber noch viele weitere Möglichkeiten, die der Literatur entnommen werden können. Für die Auswertung sollte sich insgesamt *mindestens* eine Stunde Zeit genommen werden.

Grundsätzlich arbeiten wir in zwei Phasen bei einer Schlussauswertung: einer ersten, schriftlichen Einzelauswertung mit Hilfe eines Auswertungsbogens (s. 6.7.4) und danach eine mündliche Auswertung in Form der Beispiele.

• *Schlussrunde:* Jede/jeder sagt seine positivste und seine negativste Wahrnehmung bzw. Erlebnis des gesamten Wochenendes. Diese beiden Aussagen können auch an Hilfsmittel wie Highlight (Kerze) und Stolperstein, Schatzkiste und Papierkorb, Traumhaft (Wattewolke) und Alptraum (Fratze) gekoppelt werden.

• *Kugellager:* Jede/jeder sucht sich einen Partner. Diese Paare stellen sich in Kreisform auf, so dass ein Innen- und Außenkreis entsteht. Nun wird von dem Leitungsteam ein Frageimpuls in die Paare gegeben, über den sich die nächsten 4 Minuten im Wechsel ausgetauscht werden soll. Am Ende der Zeit verabschiedet man sich von dem Partner, und der Innen- oder Außenkreis dreht sich nach links/rechts um zwei Plätze weiter. Hier erfolgt ein neuer Impuls usw. Es sollten nicht mehr als drei Impulse an die Gruppe ergehen. Mögliche Impulse könnten sein:

• Was hat dir am meisten Spaß an diesem Wochenende gemacht?
• Wobei hast du dich am meisten von der Gruppe angenommen und akzeptiert gefühlt?
• Welche Erfahrungen nimmst du von dem Wochenende für dich mit nach Hause?
• Was sollte in der Gruppe das nächste Mal besser laufen?

• *Schreibgespräch:* In den vier Ecken des Raumes liegt jeweils ein Plakat (DIN A 2) mit einer Ausgangsthese. Die Gesamtgruppe teilt sich in vier Gruppen auf. Auf dem Plakat soll nun ein *stilles* Schreibgespräch zu dieser These stattfinden. D.h. jeder/jede kann/soll zur Ausgangsthese schriftlich Stellung nehmen. Zusätzlich kann er/sie aber auch auf jede andere Äußerung auf dem Plakat reagieren, so dass ein Schreib-Gespräch entsteht. Das alles geschieht jedoch nicht verbal, sondern schriftlich auf dem Karton. Die Gruppen rotieren nach ca. 5-8 min. Mögliche Thesen wären:

- Wer dieses Wochenende verpasst hätte, wäre schön doof gewesen.
- In der Gruppe herrschte immer Friede, Freude, Eierkuchen-Stimmung.
- Die Nächte waren kurz, doch die Tage dafür um so länger.
- Wenn ich an Stelle der Leitung gewesen wäre, dann ...
- *Vier Ecken – vier Meinungen:* Ähnlich dem Schreibgespräch wird vom Leitungsteam eine Ausgangsthese zum Verlauf des Wochenendes, zur Gruppensituation oder zu einzelnen Spielen, Aufgaben etc. mündlich gestellt. Jeder Einzelne kann sich nun für eine Möglichkeit der Zustimmung oder Ablehnung entscheiden, indem er eine Ecke aufsucht. Den Ecken werden ganz bestimmte Qualitätsaussagen zugeschrieben:
  - Stimme ich voll zu.
  - Ist nicht ganz meine Meinung, aber doch in vielen Teilen.
  - Trifft kaum meine Meinung.
  - Kann ich gar nicht zustimmen.

6.3.2 Abschlusswochenende

Freitag

Nachmittag: Anreise 16 / 17 Uhr, Organisation, Geländeerkundung, Konfirmationssprüche

Abend: Auswertung des Konfirmandenpraktikums, Gemeinschaftsspiele, Wetterbericht, Stille-Zeit

- **Konfirmandensprüche**

An den Wänden im Tagesraum werden Vorschläge für Konfirmationssprüche aufgehängt. Jede/r Konfirmand/in soll sich bis zum Schluss des Wochenendes den für ihn/sie richtigen Spruch ausgesucht haben. Natürlich kann auch ein nicht in der Liste stehender Spruch ausgesucht werden.

- **Auswertung Konfirmandenpraktikum**

Inhalt/Aktion: Die im Konfirmandenpraktikum angefertigten Präsentationen werden hier den restlichen Konfirmandengruppen vorgestellt. Neben den Informationen für die Einzelnen soll jeder für sich noch eine Beurteilung der Präsentation vornehmen (s. 6.7.4). Die Einzelbewertungen werden zusammengezählt und am Schluss eine Gruppe als „beste Präsentation" gekürt. Als Prämierung wird ein attraktiver Preis (zumeist von einer Bank oder anderen Wirtschaftsunternehmen gestiftet, z.B. Konzertkarten) vergeben.

Als weitere Überlegung kann hier genannt werden, ob nicht (zusätzlich) ein Wanderpokal vergeben werden könnte, auf dem der Name des Siegers eingraviert wird. Dieser Pokal könnte dann in einem öffentlichen Raum (dem des Stifters) ausgestellt werden.

Am Schluss erfolgt eine kurze Auswertungsrunde über das Gesamtbild von Gemeinde und christliche Gemeinschaft, das sich dabei entwickelt hat.

Samstag:

Vormittag: Außenaktivität, Planspiel oder Vorbereitung des Konfirmationsgottesdienstes

Nachmittag: Spaziergang mit Gruppenfoto, Vorbereitung des Konfirmationsgottesdienstes, Außenaktivität

Abend: Kooperations- und Gemeinschaftsspiele, Wetterbericht, Stille-Zeit

- **Außenaktivität**[34]

Inhalt/Aktion: In Kleingruppen zu fünf Personen eingeteilt soll jede Kleingruppe einen imaginären Fluss (dargestellt durch zwei Linien, Distanz mindestens 10 m) überqueren. Als Hilfsmittel hat sie dafür sechs Felsen zur Verfügung. Drei, die nur mit dem linken, und drei, die nur mit dem rechten Fuß begangen werden dürfen. Als zusätzliche Regeln gelten:

- Alle Gruppenmitglieder müssen sich an den Händen halten und diese Verbindung darf bei der Flußüberquerung auch *nicht* gelöst werden.
- Die Felsen dürfen nur in vorbestimmter Weise benutzt werden.
- Die Bewegungen innerhalb der Gruppe dürfen nicht zeitgleich, sondern nur hintereinander ablaufen.
- Jede Gruppe hat vor Beginn des Spiels 5 min Bedenkzeit, um sich eine geeignete Strategie auszudenken.
- Die Gruppen überqueren den Fluß in gegenseitiger Konkurrenz, d.h. die schnellste Gruppe gewinnt.

Material: Teppichfliesen in zwei Farben

Inhalt/Aktion: Die Gesamtgruppe versammelt sich innerhalb eines markierten Bereiches (10 x 10 m), den sie während des Spiels nicht verlassen darf.

- Aufgabe der Gruppe ist es, die Bälle, welche nach und nach in den Bereich gegeben werden, beständig in Bewegung zu halten.
- Wenn mehr als drei Bälle gleichzeitig zum Stillstand gekommen sind oder außerhalb des Spielbereichs liegen, wird das Spiel abgebrochen.

Anfänglich wird dies sicher noch leicht sein, mit zunehmender Anzahl aber schwieriger. Die Zahl der Bälle, die ins Spiel gebracht werden, soll die Anzahl der Spieler um 4-5 übersteigen.

- Nach dem ersten Versuch bekommt die Gruppe die Gelegenheit, sich für 5 min zu beraten und eine Strategie zu entwickeln, wie die Aufgabe gelöst werden kann.
- Nach dem Ausprobieren verschiedener Strategien wird im Gespräch ausgewertet, welche Bedingungen nötig sind, um die Aufgabe zu lösen, sowohl strategische als auch gruppendynamische.

Material: Gymnastik- oder Tennisbälle

- **Planspiel „Kritische Konfirmanden"**[35]

- **Vorbereitung des Konfirmationsgottesdienstes**

Inhalt/Aktion: In den ersten Jahren haben wir die im Verlauf des Jahres bearbeiteten Themen auf Kleingruppen aufgeteilt mit der Aufgabe, die darin erarbeiteten Ergebnisse und Erlebnisse in Verbindung zu den Bibeltexten für die Gottesdienstbesucher zusammenzufassen. Am Sonntag wurden die einzelnen Arbeiten dann miteinander verbunden, so dass eine durchgehende Linie des Konfirmandenjahres entstand.

Mittlerweile gestalten wir den Konfirmationsgottesdienst unter einem Motto, zu dem dann in Kleingruppen an diesem Wochenende gearbeitet wird. Das Thema orientiert sich zumeist an einer Arbeitseinheit.

Als Beispiel möchten wir kurz im Überblick die Gestaltungsweise zum Thema *Gemeinde/Gemeinschaft* darstellen.

Für Konfirmandengruppen, die gerne und besser praktisch-handwerklich arbeiten, haben wir die Aufgabe ausgeteilt:

- Kleingruppen (2-3 Personen) zu bilden und sich einen Mitarbeiter der Kirchengemeinde auszusuchen.
- Seine Arbeit in Verbindung mit seiner Person und Funktion in der Gemeinde darzustellen.
- Die Darstellung erfolgt über (mehrere) Symbole, die Merkmale, Aufgaben und Bedeutung des Mitarbeiters widerspiegeln.
- Als Material zur Gestaltung der Symbole wurden Pappvorlagen genommen, die später mit Gipsbinden ausmodelliert wurden.
- Zusätzlich soll zu den jeweiligen Symbolen ein kurzer Erklärungstext erstellt werden.

Für Konfirmandengruppen, die lieber mit Text und Rollenspielen arbeiten, eignet sich folgende Aufgabenstellung:

- Als Ausgangspunkt wird ein Mitarbeiter genommen, den sie während des Gemeindepraktikums kennen gelernt haben. Dieser wird mit einem Problem konfrontiert, z.B.:
  Ein Mitglied seiner Jugendgruppe erscheint nur noch sporadisch und unpünktlich zu den gemeinsamen Treffen. Und das, obwohl dieses Mitglied sonst sehr

aktiv und pünktlich war. Auch hat sich sein Verhalten geändert. Er ist zumeist müde und sehr still.

- Die Konfirmandengruppe entwickelt zunächst, unter Hilfestellung des Leitungsteams, einen groben Verlauf des Lösungsansatzes und der Rollentexte.
- Dabei soll sich in dem Anspiel und Lösungsansatz möglichst die ganze Komplexität der gemeindlichen Arbeit widerspiegeln. D.h. der Pfarrer könnte von den Mitarbeitern um ein Gespräch gebeten werden, dieser führt mit den Eltern Gespräche, was auf eine spätere Unterstützung durch die Diakoniestation hinausläuft etc.
- In Kleingruppen werden dann die einzelnen Schritte (Anspiele) bis zur Lösung erarbeitet.
- Im letzten Schritt, am Sonntag, werden die Einzelarbeiten zu einem Gesamtergebnis zusammengebunden.
- Hinzu kommt, dass die Konfirmanden eine geeignete Einleitung/Ankündigung entwickeln müssen.

Sonntag

Vormittag: Organisation (Konfirmandengespräch, Gottesdienst), Abschluss der Gottesdienstvorbereitung, evtl. Besuch des Gottesdienstes (evtl. kath.) in der Ortschaft, Auswertung (Konfirmandenfreizeit und Konfirmandenjahr, s. 6.7.4)

Nachmittag: Aufräumen, Abfahrt gegen 14 Uhr

6.4 Konfifrühstücke

6.4.1 Konfifrühstücke

Beim Konfifrühstück spielt das an den Gottesdienst anknüpfende Frühstück eine *wichtige* Rolle. Der Gottesdienstbesuch wird für die Jugendlichen attraktiver. Gemeinschaft erlebbar und die Auseinandersetzung mit dem Gottesdienst möglich. Die Lebensmittel werden von den Konfirmanden besorgt. Dafür wird vom Leitungsteam eine Liste erstellt. Jeder Konfirmand bekommt an der letzten Einheit *vor* dem Konfirmandenfrühstück ein kleines Kärtchen mit dem von ihm zu besorgenden Anteil (incl. Mengenangaben, dadurch können teure Lebensmittel, wie z.B. Wurst und Käse, auf mehrere Personen aufgeteilt werden). Das Konfifrühstück findet sechsmal übers Jahr verteilt statt und dauert ca. 3 h.

Die Struktur des Konfirmandenfrühstücks sieht folgendermaßen aus:
* verpflichtende Teilnahme aller Konfirmanden
* gemeinsamer Gottesdienstbesuch unter einem Schwerpunktthema
* nach dem Gottesdienst gemeinsames Frühstück/Brunch
* anschließendes Aufarbeiten des Themenschwerpunktes

Folgende Schwerpunktthemen bilden den inhaltlichen Rahmen:
* Ablauf des normalen Sonntagsgottesdienstes
* die Predigt als Zentrum
* Taufe
* Gottesdienstopfer/Kollekte
* der „andere" Gottesdienst: ein Sondergottesdienst im Vergleich
* Collage: Unser Gottesdiensteindruck
* Vergleich des selbst verantworteten Gottesdienstes mit einem normalen Sonntagsgottesdienst.

Der genauere Ablauf des Konfifrühstücks gestaltet sich wie folgt:
* Ab 10 Uhr können die von den Konfirmanden mitgebrachten Lebensmittel in der Küche abgegeben werden. Ebenfalls (spätestens) ab jetzt ist eine Arbeitsgruppe von Konfirmanden da, die für das Aufdecken und Gestalten des Frühstücks (nachher auch für das Abwaschen) verantwortlich ist.
* 10,15 Uhr wird das Schwerpunktthema bekannt gegeben und evtl. nötige besondere Hinweise bzw. Materialien ausgegeben.
* 10,30 Uhr Beginn des Gottesdienstes
* 11,30 Uhr Ende des Gottesdienstes und anschließend gemeinsamer Beginn des Frühstücks

- 12,00-12,20 Uhr Abräumen des Frühstücks (gemeinsam)
- 12,20-13,00 Uhr Aufarbeitung des Schwerpunktthemas
- 13 Uhr Schluss, Abwaschen des Geschirrs von der Arbeitsgruppe.

Die Arbeitsgruppen werden so eingeteilt, dass jeder Konfirmand einmal drankommt. Kosten für Kerzen, Servietten etc. werden erstattet. Da es sich hierbei nicht gerade um die Lieblingsaufgaben der Jugendlichen handelt, kann das Ganze mit einem Wettbewerb aufgewertet werden. Zur Disposition steht dabei die Gestaltung des Frühstückstisches. *Bevor* das Frühstück beginnt, geben alle Konfirmanden (außer der Arbeitsgruppe) ihre Wertung in Form von Punkten ab (z.B. 3 Punkte für Spitzengestaltung, 2 Punkte für gute Gestaltung, 1 Punkt für mäßige Gestaltung). Am Ende der Konfirmandenfrühstücke kann dann hierfür ein Preis winken.

Thema: Gottesdienstablauf

Hierbei geht es um das Erfassen der einzelnen Gottesdienstteile und deren Reihenfolge. Die Auswertung erfolgt mittels TLP und Folie.
- Nach Bekanntgabe des Themas schließen sich die Konfirmanden zu zweit zusammen. Alle Gruppen bekommen die Aufgabe, von Beginn des Gottesdienstes an die einzelnen Teile des Gottesdienstes mitzuschreiben (Arbeitsblatt Puzzleschlange). Jedes Puzzleteil stellt einen Inhaltsteil des Gottesdienstablaufs dar.
- Nach dem Frühstück erfolgt dann die Auswertung mit Hilfe des Tageslichtprojektors. Diese kann in Form eines Wettbewerbs durchgeführt werden.
  - Von einer vorbereiteten Folie (die mehr als die notwendigen Gottesdienstteile enthält) werden die Teile herausgefiltert, die tatsächlich vorkamen. Für jedes richtig erkannte Teil gibt es einen Punkt.
  - Auf einer weiteren Folie (Puzzleschlange) werden die Gottesdienstteile in die richtige Reihenfolge gebracht. Für die Benennung der richtigen Position gibt es einen weiteren Punkt.
  - Im letzten Schritt werden einzelne Begriffe spezifiziert, z.B. wenn anstelle Gebet genauer Fürbittengebet benannt wird (dritter Punkt).
  - Der Sieger wird ermittelt und mit einem Preis bedacht.
- Sollte noch Zeit zur Verfügung stehen, kann ein Gesangbuch-Suchrätsel erfolgen.
  - Die Konfirmanden bekommen ein Arbeitsblatt mit spezifischen Fragen zu einzelnen Liedern aus dem Gesangbuch, z.B.: Wo arbeitete der Komponist des Liedes Nr. 153? *oder:* Mit welchem Wort endet das Lied 138?
  - Die Anfangsbuchstaben des ersten Wortes der Antworten ergeben dann ein Lösungswort.

Ziele: Kennen lernen der Gottesdienststruktur, Erkennen und Differenzieren unterschiedlicher Gestaltungsformeln und Inhalte

Material: Folie Gottesdienstteile, Puzzleschlange (Folie und Arbeitsblatt), Stifte, evtl. Gesangbuchrätsel

Thema: Predigt

Dieses Konfifrühstück rückt die Predigt ins Zentrum. Gottesdienst bedeutet nicht nur Bekenntnis zu oder Gespräch mit Gott, sondern auch Auseinandersetzung mit dem, was unseren Glauben inhaltlich füllt.

- Als Aufgabe vor dem Gottesdienst bekommen die Konfirmanden genannt: Achtet besonders auf die Predigt. Was soll gesagt werden (Ergebnis)? Wie hängt die Endaussage mit dem Ausgangstext zusammen? Der Predigttext wird den Konfirmanden ausgegeben.
  Als Predigttext eignen sich am besten Gleichnisse, da sie den Jugendlichen am leichtesten verständlich sind.
- Nach dem Frühstück werden die Antworten der Konfirmanden auf einen Karton geschrieben und an die Wand gehängt. Die Weiterarbeit erfolgt in Kleingruppen (3-4 Personen).
- *Variante Schreibgespräch (15 min):* Die Gruppe wird in vier Kleingruppen unterteilt. Jede Gruppe bekommt zwei Stifte und einen Karton mit einer These (inhaltlich oder allgemein) zur Predigt und die Aufgabe, darüber zu diskutieren.
- Endlich einmal eine Predigt, bei der ich alles verstanden habe.
- Diese Predigt wird mir noch lange in Erinnerung bleiben.
- Diese Predigt war eine praktische Lebenshilfe. Ich weiß jetzt, was ich tun soll.
- Wenn ich zu dem Thema XY etwas sagen müsste, dann würde ich sagen ...

Die Regeln des Schreibgesprächs:
- Keiner darf reden!
- Alle Fragen, Meinungen, Äußerungen o.Ä. werden auf den Karton geschrieben.
- Jeder darf seine Meinung etc. aufschreiben.
- Wenn ihr euch auf eine andere Aussage bezieht, verbindet eure Aussage mit einem Pfeil dorthin.

Die Gesprächsverläufe werden an die Wand gehängt und von allen betrachtet. Falls vorhanden, können Nachfragen zu Inhalten oder Verläufen erfolgen.

- Alle Kleingruppen bekommen einen kurzen Textabschnitt (unwissentlich den gleichen) und haben 15 min für Auslegung/Interpretation Zeit.
- Die einzelnen Auslegungen des Textes werden verglichen und im Gespräch reflektiert. Es wird deutlich werden, dass es Kernaussagen gibt, die alle Gruppen behandeln und evtl. sogar ähnlich deuten, und Inhalte, die nur vereinzelt ausgewählt und interpretiert werden.
- Wie schon beim Predigttext eignen sich Gleichnisse am besten, zudem bieten sie den größten Anreiz für eine Interpretation.

Ziele: Erleben der Predigt als Angebot einer Interpretation, Förderung von Differenzierung zwischen Textinhalt und Aussage, Sensibilisierung für Grundaussagen von Inhalten und eher individuellen Interpretationen

Material: Predigttext, Karton (mit/ohne Thesen), Edding, biblische Textabschnitte

Thema: Taufe

Taufe als ein Akt des *Übergebens* von menschlichem Leben(sinhalt) unter Gottes Schutz und des *Übernehmens* von Verantwortung für die Erziehung im Glauben an Gott. Diese Handlung steht bei diesem Konfirmandenfrühstück im Mittelpunkt.

* Eine Gruppe von fünf Konfirmanden beteiligt sich im Rahmen eines Taufgottesdienstes an der Taufhandlung: Nach dem Glaubensbekenntnis gehen der Pfarrer und die Konfirmanden gemeinsam zum Taufstein. Jeder Konfirmand liest einen Text (s. Anhang) zum Symbol Wasser und gießt danach etwas Wasser ins Taufbecken. Alle bleiben bis zum Schluss der Handlung beim Taufbecken stehen.
* Die restliche Gruppe beobachtet die damit in Zusammenhang stehenden Personenkreise (Taufpaten, Eltern, Gäste, Gemeinde):
    * Wie sind sie an der Taufe beteiligt?
    * Welche Bedeutung/Wirkung hat die Taufe für/auf sie?
* Nach dem Frühstück erfolgt eine Austauschrunde, in der zunächst die Konfirmanden berichten, die bei der Taufe unmittelbar beteiligt waren. Danach berichtet die Restgruppe von ihren *Wahrnehmungen* dieser Feier und ihrer Bedeutung für die Anwesenden.
* Die Gesamtgruppe teilt sich in fünf Gruppen. Jede Gruppe hat 20 min Zeit, einen Textabschnitt der Tauftexte in einem gemeinsamen Bild oder einem kurzen Anspiel zu interpretieren. Besonders die Bedeutung des Wassers soll dabei zum Ausdruck kommen.
* Die Bilder und Anspiele werden der Gesamtgruppe vorgestellt.

Ziele: Erleben von Taufe als Bekenntnis, Sensibilisieren für Taufe als Wert für eine Gemeinschaft, Entwickeln von eigenen, inneren Bezügen zur Taufe über die kreative Auseinandersetzung mit dem Symbol Wasser.

Material: Tauftexte, Plakatkarton, Farben, Pinsel, Becher

Thema: Gottesdienstopfer/Kollekte

In jeder Gemeinde wird die Aktion „Brot für die Welt" in irgendeiner Form eingeleitet. Wenn dies in Form einer Gottesdienstfeier geschieht, kann dazu ein Konfirmandenfrühstück veranstaltet werden. Es gibt verschiedene Varianten, die in ihrer Struktur etwas von den üblichen Frühstücken abweichen, je nachdem, wie eine Zustimmung und Zusammenarbeit mit dem Kirchengemeinderat/-vorstand vorliegt.

Möglichkeit 1:

* Die Gesamtgruppe trifft sich 45-60 min *vor* dem Gottesdienstbeginn mit dem Leitungsteam im Gemeindehaus.
* Sie teilt sich in 6 Gruppen (3-4 Personen) auf.
* Jede Gruppe hat 20-25 min Zeit, aus dem aktuellen Projektheft von „Brot für die Welt" ein Projekt herauszusuchen, für das die Gottesdienstopfer der Weihnachtsgottesdienste verwendet werden (s. Arbeitsblatt im Anhang).

- In der Gesamtgruppe werden die einzelnen Vorschläge begründet dargestellt und in einer gemeinsamen Entscheidung (wenn möglich nicht durch eine Abstimmung) ein Projekt ausgewählt.
- Die Gruppe, deren Projekt ausgewählt wurde, stellt dies der Gemeinde im Gottesdienst vor und begründet die Wahl.
- Nach dem Gottesdienst wird wie üblich gefrühstückt, eine weitere Arbeit danach erfolgt nicht.
- Der Kirchengemeinderat/-vorstand überträgt die Aufgabe den Konfirmanden.

Möglichkeit 2:
- Die ganze Einheit wird als Spiel definiert, bei dem es nicht in erster Linie um das Ergebnis (ein Projekt) geht, sondern um die pädagogischen Inhalte eines verantwortungsbewussten Umgangs mit Geld und Hilfe. Dabei ist der Prozess der Entscheidungsfindung ein wesentlicher Schwerpunkt der anschließenden Reflexion.
- In der Umsetzung bedeutet dies, dass die Konfirmanden den „Brot für die Welt" Gottesdienst besuchen, anschließend frühstücken und danach in den oben geschilderten Prozess eintreten. Im Anschluss wird über die Entscheidungsfindung in einem Gespräch reflektiert.
- Die Konfirmanden übernehmen hierbei *keine* tatsächliche Verantwortung, so dass auch keine weiteren Absprachen erforderlich sind.

Möglichkeit 3:
- In vielen Gemeinden werden die Projekte schon frühzeitig festgelegt, um entsprechende Informationen in Schaukästen, Gemeindebriefen ... anzukündigen.
- Die Konfirmanden bekommen vom Kirchengemeinderat/-vorstand die Aufgabe übertragen, in seinem Namen ein Projekt für die diesjährige Aktion „Brot für die Welt" festzulegen.
- Die Entscheidung wird dann in einer Sitzung des Gremiums von einer Konfirmandengruppe vorgetragen und begründet.
- In dem „Brot für die Welt" Gottesdienst kündigen die Konfirmanden ebenfalls dieses Projekt an (s. Möglichkeit 1).
- Das Konfifrühstück ist nicht an den 1. oder 2. Advent gekoppelt. Die Ablaufstruktur erfolgt wie sonst üblich (Gottesdienstbesuch, Frühstück, Aufgabe, siehe Möglichkeit 1).

Ziele: Förderung von Verantwortungsbewusstsein und Entscheidungsfähigkeit im Dienste einer Gemeinschaft, Entwicklung von Ausdrucksfähigkeit und Überzeugungskraft, Selbstbewusstsein

Material: 6 Projektmappen „Brot für die Welt", Aufgabenblatt

Thema: *Gottesdienstform*

In diesem Früstück sollen die Konfirmanden zwischen verschiedenen Gottesdienstformen vergleichen. Die Konfirmanden sollen erfahren, dass es auch andere Gestaltungsarten für Gottesdienste gibt (Familiengottesdienste, Jugendgottesdienste, Festgottesdienste, Gottesdienste im Grünen ...), die trotzdem die gleichen Grundinhalte transportieren.

- Alle Konfirmanden sollen (vor dem Konfirmandenfrühstück) einen Sondergottesdienst (Familien-, Jugend-, Festgottesdienst) besuchen und die einzelnen Elemente und deren Reihenfolge für sich aufschreiben.
- Der Vergleich kann, wie schon beim Thema Gottesdienstablauf, mit Hilfe des Tageslichtprojektors und eines Ablaufmusters erfolgen.
  - Der Ablauf des „normalen" sonntäglichen Gottesdienstes wird vorgegeben (erste Spalte des Arbeitsblattes, s. Anhang).
  - In der zweiten Spalte wird die Entsprechung und in der dritten Spalte die Gestaltung festgehalten, z.B.: Spalte 1: Predigt; Spalte 2: Meditation; Spalte 3: Bilder, Text, Musik. *Oder:* Spalte 1: Eingangslied; Spalte 2: Begrüßung; Spalte 3: Anspiel
- Der Vergleich kann wieder in Form eines Wettbewerbs geschehen. Dabei ist die zusätzliche Schwierigkeit zu beachten, dass zu dem ein oder anderen Abschnitt im sonntäglichen Ablauf keine Entsprechung im Sondergottesdienst gegenübersteht.
- Die einzelnen Elemente des Sondergottesdienstes werden im Vergleich zum Sonntagsgottesdienst bewertet. Dafür werden die einzelnen Teile des Sondergottesdienstes auf Karten geschrieben und an der Wand befestigt. Hierauf kann die Bewertung mit Hilfe von Klebepunkten nach folgenden Kriterien vorgenommen werden:
  - Roter Punkt = nicht gefallen
  - Grüner Punkt = gefallen
  - Gelber Punkt = nicht verstanden, worum es ging.
- In einem *kurzen* Ergebnisgespräch wird das einzelne Ergebnis als auch der Gesamteindruck unter den Fragen reflektiert:
  - Welche Gründe gibt es für die Einzelbewertung von Teil XY?
  - Warum wird der Sondergottesdienst so positiv/negativ gegenüber dem normalen Gottesdienst erlebt?

Ziele: Differenzierung zwischen Gestaltungsform und Inhalt, Entwickeln eigener Einstellungen zu bestimmten Formen und Gestaltungsweisen, Sensibilisieren für Vorurteile gegenüber alten Formen und Traditionen

Material: Ablauftabelle für die Auswertung (Folie), Kartonstreifen, Edding, Klebepunkt (3 Farben), Tesakreppklebeband

***Thema:** Gottesdienstcollage*

Dieses Konfifrühstück verlangt Kreativität: Eine Collage soll nach dem Gottesdienst unter dem Motto „Mein Eindruck vom Gottesdienst" angefertigt werden. Gottesdienste sind in der Regel sprachliche Ereignisse. Das Lernvermögen des Menschen beträgt bei rein sprachlicher Verarbeitung nur 20 %. Um unserem ganzheitlichen Ansatz gerecht zu werden, sollen die Konfirmanden ihren Eindruck plastisch vermitteln.

- Die Konfirmanden bekommen die Aufgabe, ihren Eindruck vom Gottesdienst plastisch darzustellen. (Bei großen Gruppen können hier auch Arbeitsgruppen gebildet werden.)

- Als Ausdrucksmittel können Zeitungen oder in dreidimensionaler Form Ton, Naturmaterialien, Styropor o.Ä. verwendet werden. Ein billiges, aber deshalb nicht schlechtes Material ist der (saubere) Hausmüll: Plastikbecher in allen Formen und Farben, Korken, Alufolie ... Der Vorteil daran ist, dass übriggebliebenes Material umweltfreundlich ohne größeren Aufwand entsorgt werden kann.

- Viele Jugendliche haben Schwierigkeiten, ihr *Ein*drücke *aus*zudrücken. Es kann hilfreich sein, wenn Sie den Konfirmanden eine Liste mit Adjektiven über Tageslichtprojektor zur Verfügung stellen. Die Konfirmanden suchen sich die für ihre Eindrücke passenden Wörter heraus und können so leichter an die Umsetzung ihrer Aufgabe gehen.

- Ist evtl. mehr Hilfe nötig, können Sie *einige* Gestaltungsvorschläge für *einzelne* Wörter unterbreiten, z.B.: *hohl = Toilettenpapierrolle* oder *verwirrend = bunte Fäden durcheinander auf einem Haufen ...*

- Die entwickelten Produkte müssen ausreichend in der Gruppe gewürdigt werden. Nachfragen und genauere Erklärungen zu den einzelnen Gebilden sollen möglich sein.

- Am Schluss geben die Konfirmanden ihrem Objekt noch einen Titel.

- Es kann noch gemeinsam die Überlegung angestellt werden, diese Eindrücke (wer mag, anonym) in einer Ausstellung der Gemeinde zur Verfügung zu stellen, sozusagen als Spiegel. Dazu kann ein Meinungskasten aufgestellt werden, in den die Gemeinde ihrerseits Stellung (Lob, Anregung, Kritik, Ergänzung) zu den Aussagen und Objekten der Konfirmanden nehmen kann.

Ziele: Förderung von Ausdrucksgestaltung eigener Aussagen, Entwicklung eines eigenen Ausdrucks und Standpunkts, Selbstbewusstsein gegenüber anderen Beteiligten (Gemeinde)

Material: Zeitungen, Ton, Naturmaterialien, Styropor, Recycling-Wertstoffe (Müll), verschiedene Klebstoffe, Farben, Tonkarton als Untergrund.

Thema: *Eigener Gottesdienst im Vergleich*

Diesem Konfifrühstück geht die Erfahrung eines durch die Konfirmanden selbst vorbereiteten und durchgeführten „normalen" Gottesdienstes voraus (s. Arbeitseinheit 6.1.6). Dieses Schwerpunktthema sollte möglichst das letzte Konfirmandenfrühstück sein. Hier kommen die bisher gesammelten Erfahrungen mit Gottesdienst und seinen Formen, Schwierigkeiten und Inhalten zum Tragen, wenn der selbstgestaltete Gottesdienst ausgewertet wird.

Die Schwierigkeiten, einen Bibelabschnitt oder eine Botschaft „rüberzubringen", haben die Konfirmanden selber erlebt. Sie können einen Gottesdienst im Zusammenhang mit Zweck/Ziel und dem Erreichen dessen neu einordnen.

Die Auswertung bzw. der zusammenfassende Rückblick im Vergleich wird wie nachfolgend beschrieben gestaltet:

• Als Auswertungsbild dient eine Waage. Jeder Konfirmand hat mit seiner Aussage Gewicht. Dieses Gewicht wird symbolisiert mit einem Zweipfennigstück (es geht jede andere Größe auch).

• Bei jeder gestellten Auswertungsfrage entscheidet sich jeder Konfirmand für eine der beiden Antwortmöglichkeiten. Z.B. könnte die Einstiegsfrage sein:
Welcher Gottesdienst hat euch besser gefallen? Euer selbst gestalteter oder der sonntägliche vom Pastor?
Vermutlich werden sich die Konfirmanden für ihren Gottesdienst entscheiden. Dann kann die nächste Frage weiterführen:
Auf welcher Seite habt ihr euch wohler gefühlt bzw. wärt ihr lieber gewesen: auf der Besucher-/Zuschauerseite oder auf der handelnden/Predigerseite?
Vermutlich werden die Konfirmanden sich auf der Zuschauerseite wohl gefühlt haben. Das stellt in gewissem Sinn eine Diskrepanz dar. Selber etwas verändern und gestalten macht zwar Spaß, heißt aber auch, sich anderen Meinungen und Kritik auszusetzen – das wiederum ist unangenehm. Andererseits bedeutet Passivität, also nicht verändern, auch Langeweile und Frust.
Diesen Erkenntnisschritt sollte der Teamer benennen. Dies von den Konfirmanden zu fordern, würde bedeuten, sie zu überfordern. Aber als Aussage formuliert kann es sie zu weiteren Gedanken anregen (jeder für sich oder gleich in der Runde).

• Die Entscheidungsfragen können vorher auf einem Plakatkarton benannt werden. Dabei stehen diese sich gegenüber. Dazwischen ist die Waage dargestellt. Nach der Entscheidung kann hier der Pendelausschlag farbig eingezeichnet werden. So bleiben Entscheidungen sichtbar und stehen die ganze Zeit zur Verfügung.

• Die Entscheidungsfragen sollten sich auf eine konkret benannte Stelle im Gottesdienst *oder* auf eine bestimmte Wirkung beziehen.

• Miteinander in Beziehung stehende Elemente und Wirkungen sollten einzeln erfragt werden. Zu komplexe Auswertungsfragen führen zu Verwirrung und dadurch zu Interessenverlusten.

- Die von den Teamern benannten Erkenntnisse werden ebenfalls schriftlich festgehalten, um den ganzen Prozess über zur Verfügung zu stehen.

Ziele: Förderung von Differenzierungsfähigkeit, Entwicklung eines eigenen Standpunktes zu Arbeitsergebnissen, Wert- und Selbstbewusstsein

Material: Ablaufvergleich von normalem Gottesdienst und Konfirmandengottesdienst, Karton, Edding, Bügelwaage, Klebepunkte

6.4.2 Anhang zu den Konfirmandenfrühstücken

Auf den folgenden vier Seiten befinden sich Materialien, die für den oben angeführten Ablauf benötigt werden. Sie können im Kopierer auf DIN A 4 vergrößert werden.

PUZZLESCHLANGE

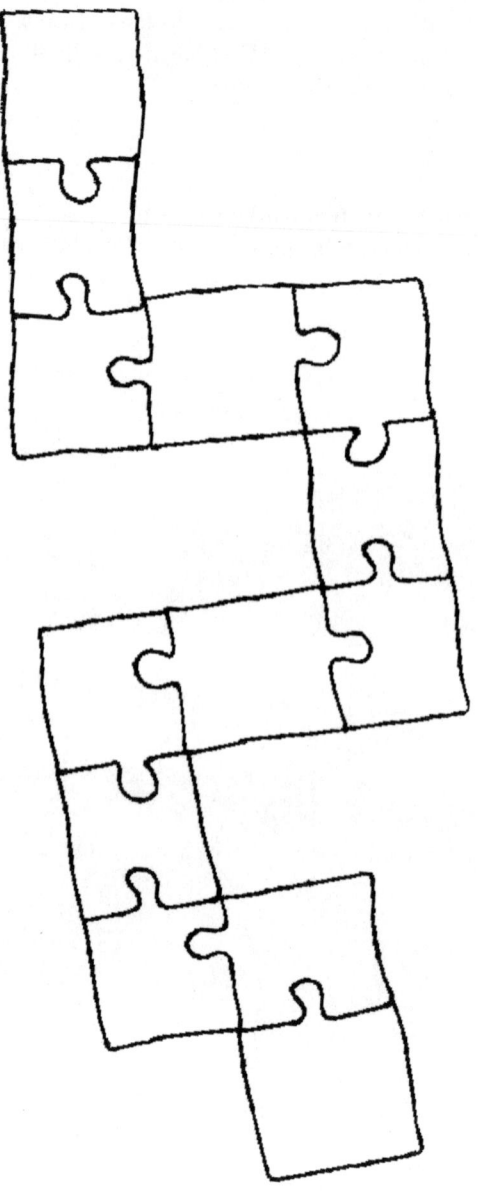

TEXT ZUR TAUFE

1. Wasser ist lebenswichtig, Gottes Geschöpfe brauchen Wasser zum Wachsen. Viele Menschen haben Durst nach Freude.
   Wir bitten für den Täufling, dass er/sie nicht nur das Traurige im Leben sieht, sondern vor allem das, was froh macht. Wir bitten um Menschen, in deren Nähe er/sie sich gerne aufhält, die ihn/sie aufmuntern und bei denen er/sie aufatmen kann.
   Wir gießen das Wasser der Freude in das Taufbecken.

2. Viele fragen nach dem, was das Leben lebenswert macht.
   Wir bitten für den Täufling, dass der Glaube seinem/ihrem Leben Sinn gibt. Wir bitten, dass er/sie Menschen entdeckt, die ihn/sie brauchen und eine Aufgabe finden, die ihn/sie erfüllt.
   Wir gießen das Wasser der Liebe in das Taufbecken.

3. Gott hat das Leben geschaffen. Er will, dass wir es schützen und bewahren. Als Getaufte haben wir die Aufgabe, sorgfältig mit Gottes Gaben umzugehen.
   Wir bitten für den Täufling, dass er/sie Gottes Schöpfung bewahren hilft.
   Wir gießen das Wasser der Verantwortung in das Taufbecken.

4. Viele Menschen haben Angst. Wir bitten für den Täufling, dass er/sie in seinen/ihren Sorgen einmal nicht untergeht.
   Wir bitten, dass er/sie Gottes Nähe erfährt und durch ihn neuen Mut bekommt.
   Wir gießen das Wasser des Vertrauens in das Taufbecken.

5. Viele Menschen wissen nicht, woran sie sich halten sollen in ihrem Leben. Sie vertrauen niemandem mehr, sie sind zu oft enttäuscht worden. Was sie glauben sollen, ist ihnen schleierhaft.
   Wir bitten für den Täufling, dass Gott ihm/ihr einen Glauben schenkt, der ihn/sie durchs Leben trägt.
   Wir gießen das Wasser des Glaubens in das Taufbecken.

AUFGABE ZUR OPFERBESTIMMUNG

In jedem Jahr wird das Opfer in den Gottesdiensten über Weihnachten für ein Projekt von BROT FÜR DIE WELT gespendet.

➢ Ihr seid heute die Stellvertretung des Kirchengemeinderates / Kirchenvorstandes und sollt ein Projekt (aus den Projektmappen) auswählen, für das die Spenden verwendet werden sollen.

➢ Ihr müsst eure Wahl der Gesamtgruppe vorstellen und begründen können.

➢ Gemeinsam entscheidet Ihr Euch in der Gesamtgruppe für *ein* Projekt (keine Wahlen).
Dieses Projekt stellt ihr dann im Gottesdienst vor und begründet Eure Auswahl.

Denkt daran, dass es um die Vergabe von einigen tausend Mark geht, und Ihr verantwortlich damit umgehen müsst.

VERGLEICHSTABELLE FÜR GOTTESDIENSTE

„normaler" Gottesdienst	„Sonder-" Gottesdienst	Gestaltungs- form

6.4.3 Gottesdienstprojekte

„Gottesdienstprojekte" sind all*sonn*tägliche Aufgaben, wie z.B. Gebete sprechen, Evangelientexte lesen etc., die von einzelnen (oder kleineren Gruppen) Konfirmanden im Gottesdienst übernommen werden. Es geht um das Erleben von persönlichem Glaubensinhalt im öffentlichen Raum. Wie fühlt sich dies an? Welche Auseinandersetzung damit befürchtet oder ersehnt „man"? Es bedeutet Aufregung, aber auch Herausforderung, wenn das eigene Gebet zum Gebet der Gemeinde wird.

Und für Konfirmanden, die den besonderen Kick lieben: Warum nicht mal „das Priestertum aller Gläubigen" leben und eine Predigt halten. Diese Form der Beteiligung von Konfirmanden am Gottesdienst fordert und *fördert* eine Gemeinde mehr, als die selbstverständliche (ruhige) Anwesenheit der Konfirmanden beim sonntäglichen Geschehen.

Viele Abläufe und wiederkehrende Inhalte sind den Konfirmanden deshalb fremd, weil sie sich damit nicht in Verbindung bringen (können). Mit Hilfe dieser Projekte sollen die Konfirmanden einen näheren und eigenen Bezug entwickeln. Dies kann aber nur im Umfeld einer freiwilligen Entscheidung durch die Konfirmanden geschehen.

Die Möglichkeit von Gottesdienstprojekten sollte ihnen schon bei der Anmeldung als attraktive Erfahrung von Gottesdiensten angeboten werden. Natürlich wäre es schön, wenn im Laufe des Jahres alle einmal diese Erfahrung machen können. Allerdings gehört auch zur Freiwilligkeit eine gehörige Portion Motivation der Konfirmanden durch Sie dazu.

Haben aber die Ersten einmal eine positive Erfahrung gemacht und auch den Reiz und die Herausforderung positiv erlebt, so werden sich sicher mehrere Konfirmanden dafür finden. Allerdings sollte nicht die Erwartung aufgestellt werden, dass sich alle dafür bereit erklären.

Für den Pastor/Diakon bedeutet dies eine größere Belastung und Flexibilität in der Vorbereitung.

- Die Gruppe der Konfirmanden, die sich beteiligen, sollte nicht größer als drei Personen sein.
- Die Vorbereitungszeit für die Konfirmanden sollte ca. zwei Wochen betragen, nicht viel mehr, da sonst der Bezug verloren geht, aber auch nicht weniger, da sonst unnötiger Druck entsteht.
- Die zu vergebenden Aufgaben müssen klar umgrenzt und einmalig sein. Also nicht: *Alle* Gebete oder die Begrüßung und dann noch zwei Liedansagen und ...
- Der übergeordnete Sinngehalt der Aufgaben sollte klar sein. Das heißt z.B.: *Formuliert einen Text für die Begrüßung der Gottesdienstbesucher.* oder: *Formuliert ein Fürbittengebet.* etc.

- Für die „gewitzteren" Konfirmanden (manch einer wächst vielleicht auch an seiner Aufgabe) sind eher Aufgaben geeignet, die einen Rahmen (Fürbitte) vorgeben, aber selbst mit Inhalt gefüllt werden müssen. Für gehemmtere oder schwächere Konfirmanden eignen sich Lesungen oder Liedansagen, wobei die Lieder von Ihnen herausgesucht werden könnten.
- Ein „Bonbon" oder eine besondere Herausforderung könnte z.b. die Beteiligung und Einbeziehung von Konfirmanden in die Predigt sein. Hier könnten dann auch kreative Formen, wie z.b. Rollenspiel, eingebracht werden. Kreativität sollte auch bei anderen Inhalten möglich sein. Hier muss man die Bereitschaft der Gemeinde, sich auf „Neues" einzulassen und das Vermögen der Konfirmanden an eine erhöhte Anforderung sorgfältig einschätzen.
- Für die Mitarbeit sollten zwei Treffen vereinbart werden, das erste zu Beginn der zwei Wochen Vorbereitungszeit, das zweite am Ende.
- Den Konfirmanden sollte am Schluss des Gottesdienstes für ihre Beteiligung gedankt werden.
- Als Möglichkeit, wie die Gemeinde auf die Beteiligung der Konfirmanden reagieren kann, bietet sich der *Kommentar-Briefkasten* an. Hier könnten Gemeindemitglieder am Schluss des Gottesdienstes kurze Mitteilungen, Anregungen und Kritik einstecken. Diese Zettel sollten dann aber in jedem Fall gemeinsam von Pastor und Konfirmanden ausgewertet werden. Ohnehin wäre eine kurze Frage nach dem Wohlbefinden der Konfirmanden im Anschluss an den Gottesdienst eine positive Anerkennung.
- Für den Pastor/Diakon als Hauptverantwortlichen für den Ablauf bedeutet es, sich auf Pannen, Missverständnisse, Kritik etc. einzulassen. Das sollte nicht unterschätzt werden. Andererseits ist es aber nach unserem Verständnis der Konfirmandenarbeit – nämlich dem der Begleitung – unsere Aufgabe, den Konfirmanden solche Räume der Erfahrung zu ermöglichen und ihnen den Rücken freizuhalten.

Wir denken, dass eine positive Erfahrung bei der Mitwirkung von Gottesdiensten eine auf lange Sicht wertvollere Wirkung vollzieht als die bloße regelmäßige Anwesenheit. Die Chance, dass sich hier wieder religiöse Praktiken und Inhalte mit Einstellung und Erfahrungen der Konfirmanden verbinden und sich daraus eine zukünftige Bindung entwickelt, ist nicht wertvoll genug einzuschätzen.

Natürlich wissen wir auch, dass dies nicht in einem einmaligen Ereignis vollzogen wird. Aber vielleicht bildet dieses Gottesdienstprojekt den Boden für weitere ähnliche Erfahrungen, z.B. die Mitwirkung bei Jugendgottesdiensten ...

6.5 Konfirmation

6.5.1 Konfirmationspredigt als Dialog[36]

Die Konfirmationspredigt ist eine gute Möglichkeit, die Erfahrungen des Jahres miteinander im Licht der biblischen Botschaft zu thematisieren. In einem Leitungs*team* kann dies natürlich gut mit einem Dialog oder in einem Anspiel gestaltet werden. Folgender Dialog wurde von uns erarbeitet:

Person 1	Person 2
• Otto – find ich gut!	• Ist doch alles *supergut.*
• *Gut* eingekauft?	• Schon und *gut!*
• Gute Nummer.	• Gut gemacht.
• Gut – schrift!	• Gut – gläubig.
• Wird ja alles wieder gut!	• Is' ja gut!
• Lass gut sein!	• Was?
• Diese anderthalb Jahre mit den Konfirmanden.	• Eigentlich kann ich nichts Schlechtes drüber sagen ...
• Eigentlich nicht ... aber ...	• Na gut, ein paar Chaoten und Durststrecken gibt's doch immer.
• Erinnerst du dich noch? Da haben wir doch glatt die Zehn Gebote zweimal durchgemacht, klar, in etwas anderer Form, aber trotzdem – nur ein Einziger von 35 hat's gemerkt!	• Oder die Fahrt nach Ludwigsburg ins Museum: Da versucht man wirklich abwechslungsreich und lebendig zu arbeiten und dann flippen ein paar so aus, dass sie nach Hause geschickt werden müssen.
• Ja, manche hätte ich am liebsten ...	• Ach komm, lass gut sein ...
• Apropos gut: Wir singen hier von dem, was gut ist, und denken nur an das, was nicht gut gelaufen ist ...	• Da sind wir manchen Eltern doch ganz ähnlich ...

- Jetzt lass uns endlich über das Gute reden!

- Von wegen! Wie hieß es im Lied so schön: Viele Menschen, viele Worte, was ist nun tatsächlich gut? ...

- Diese Glaubenszuversicht hätte ich gerne öfter im Unterricht gehabt, nicht jetzt, wo er vorbei ist.

- Mensch, es ist dir gesagt, es ist gut, und es war gut!

- Da konnten wir spüren, der Gottesdienst hat ihnen wirklich gut getan. Warum eigentlich?

- Mensch, es ist dir gesagt, was gut ist!

- Moment, es geht doch weiter: Viele Menschen, viele Worte, doch wer macht mir wirklich Mut? Mut macht mir etwa Psalm 1, wenn es heißt: Wer falsche Ratgeber durchschaut, der ist gut dran, wer sich von schlechtem Verhalten nicht verleiten lässt und nicht Wege geht, die in Schuld enden müssen. Gut ist dran, wer sich nicht zu denen hält, die gedankenlos über Gott daherreden und für den Glauben nur Spott haben, sondern wer nachdenkt über das, was uns helfen kann und dann weiß, was er glaubt und wofür er lebt.

- Ich meinte mit dem Psalm die Ziele unserer Konfirmandenarbeit: Nicht alles zu glauben, was einem vorgesetzt wird. Nicht jedem nachzurennen, der gerade IN ist. Dass ihr Motto werde: Denn sie wissen, was sie tun! Also vorher denken, dann handeln. Dass sie ihren Glauben selber auszudrücken lernen und nicht bloß Auswendiggelerntes runterleiern.
Und ganz wichtig: Dass die Konfis einander anhören lernen und Einstellungen auch im Glauben tolerieren.

- Stimmt. Ich erinnere mich an die erste Freizeit: der Abendmahlsgottesdienst.

- In Worte lässt sich das kaum fassen: Die Atmosphäre war gut. Sozusagen von Mensch zu Mensch, und darin zeigt sich doch Gott, der mit uns geht.

- Der mitgehende Gott: Das ist das Stichwort. Der Bibelspruch geht noch weiter: Es ist dir gesagt, Mensch, was gut ist, und was Gott von dir erwartet: Achte auf das Recht, erweist einander Gutes und geh aufmerksam mit deinem Gott mit!

- Mit Gott auf dem Weg heißt, seinen eigenen Weg mit Gott finden, eben nicht, allen anderen hinterherrennen, eben nicht alles machen, was andere „gut" finden.

- Gut, einfach gut! Vor allem der Schluss gefällt mir sehr gut: Wo's dunkel ist, sollen Christen Licht machen. Ein tolles Bild!

- JA, die finsteren, verdruckten Gestalten können nicht gut zeigen, dass Evangelium FROHE BOTSCHAFT heißt und nicht DROHBOTSCHAFT.

- AMEN.

- Das ist es, was wir einüben wollten: miteinander auf dem Weg sein und zwar ohne dass einer auf der Strecke bleibt oder andere vorausrennen.

- Mensch, es ist dir gesagt, was gut ist ... mit den Worten von Lothar Zenetti heißt das:
Was keiner wagt, das sollt ihr wagen, was keiner sagt, das sagt heraus, was keiner denkt, das wagt zu denken, was keiner anfängt, das führt aus.
Wenn keiner ja sagt, sollt ihr's sagen, wenn keiner nein sagt, sagt doch nein, wenn alle zweifeln, wagt zu glauben, wenn alle mittun, steht allein.
Wo alle loben, habt Bedenken, wo alle spotten, spottet nicht, wo alle geizen, wagt zu schenken, wo alles dunkel ist, macht Licht.

- Helle Menschen, die tun gut, nicht nur helle Köpfe, kluge Denker, nein, mit Leib und Seele etwas vom Glauben rüberbringen, das ist's!

- Noch mehr: Eu angelion heißt wörtlich: Gute Botschaft: Alles Gute kommt eben von oben ... und hier unten, bei uns, muss es gut aufgehen ...

- So sei es ... gut!

6.5.2 Konfirmationspredigt als dialogisches Rollenspiel

Voraussetzung:
*   Programmheft mit Spinnennetz auf der Titelseite, in dem die Namen der Konfirmanden „verwoben" (also eingeschrieben) sind.
*   *Liege*stuhl, in dem Person B sitzt; Stuhl, auf den sich A setzt.

Die *Begrüßung* könnte folgendermaßen aussehen:

Gehören Sie auch zu denen, die Spinnen nicht sonderlich mögen? Dann keine Angst: Wir wollen heute nur ihr Produkt näher ansehen, das heißt: über Netze nachdenken. Sie, liebe Eltern und Paten, haben sicher einige Beziehungsnetze geknüpft seit der Taufe Ihres Kindes. Es wird vielleicht auch so etwas wie Wehmut aufkommen, wenn Sie an all die bisherigen Kontakte oder Knoten denken: geknüpfte, gefestigte, gelockerte oder zerrissene. Wir denken jetzt auch darüber nach, wie unser Kontakt zu dem aussieht, an dem unser Lebensnetz befestigt ist.

Dialogisches Rollenspiel:

Person A	Person B
	(liegt im Liegestuhl und versucht, mit einem Wollband ein Netz zwischen seinen Händen zu spannen)
(kommt mit Bibel in der Hand vorbei)	
• Wunderschönen guten Tag!	
*(setzt sich auf den Stuhl daneben, blättert in seiner Bibel, beobachtet **B** und schüttelt manchmal verständnislos den Kopf. Nach einiger Zeit fragend:)*	
• Was machst du denn da?	• Erinnert dich das denn nicht an etwas?
• Doch, das habe ich als Kind gespielt, lange her!	• Klar, und jetzt als Erwachsener hast du geholfen, dass andere ihre Netze knüpfen können, so wie hier in meinen Händen. Bei der Konfirmandenarbeit zum Beispiel, da war doch für dich immer wichtig, dass die Leute miteinander Kontakt geknüpft haben,

257

- Manchmal hätte ich doch gerne den einen oder die andere der Konfirmanden einfach durchs Netz fallen lassen. Du weißt schon, diejenigen, die das Gemeinschaftsnetz immer wieder zu zerstören suchen.

- Kann ich schon verstehen. Aber das Gute an den Netzen ist, dass sie von vielen gehalten werden, dass es viele Knoten gibt.

- Ich hoffe, dass die Konfirmanden auch gemerkt haben, wie ihr ganz persönliches Lebensnetz mit den vielen anderen Netzen zusammengeknotet war und noch ist. Ihre Netze sind ja Beziehungsnetze. Die Knoten sind die Beziehungen zu anderen Menschen und zu Gott. Diese Knoten machen ihr Leben lebenswert. Nur gemeinsam ist das Leben zu bestehen, nicht als Einzelkämpfer. So einer hat wenig Knoten, an denen andere anknüpfen können. Einzelkämpfer zerstören andere Netze und stehen dann alleine da. Das muss auf Dauer einfach unbefriedigend sein.

- Eben! Und das ist dir bestimmt auch im Laufe der Zeit immer wichtiger geworden: Einzelne nicht einfach fallen zu lassen, bloß weil einem die Beziehungsknoten fehlen. Gott liebt auch alle und lässt keinen einfach fallen, weil die Anzahl der Knoten und Fäden nicht reicht.

- Wenn wir so miteinander umgehen, wie du sagst, dann ist das ein Zeichen dafür, dass Gott bei uns ist. Ich habe da gerade eine spannende Stelle in meiner Bibel gelesen. Moment mal!
(Blättert in seiner Bibel.)
Der 1. Brief des Johannes:
4,12: „Niemand hat Gott jemals gesehen. Wenn wir uns untereinander lieben, so bleibt Gott in uns, und seine Liebe ist in uns vollkommen"

(Pause, nachdenklich)
- Netze können aber auch gefangen halten.

(Begeistert.)
Das ist es! Verstehst du! Wir klagen immer, dass Gott nicht da wäre und so viel zulasse an Unrecht unter uns. Doch wir sollten ihn dort suchen, wo wir unsere Beziehungsnetze geknüpft haben, mitten unter uns!

(Skeptisch.)
• Wie meinst du denn das jetzt?

• Manche Menschen stricken ihre Muster von ihrem Lebensnetz so, dass kein Platz mehr ist, um aneinander anzuknüpfen. Deren Netze sind schon so verknotet mit Dingen wie Geld, Karriere, Leistung, Arbeit, Beruf ...

• Jesus will uns aus diesen Netzen herausholen. Davon handelt auch eine bekannte Geschichte aus dem Neuen Testament. Moment Mal ...
(Sucht in seiner Bibel.)
Finde ich so auf die Schnelle nicht. Du weißt schon: Als Jesus anfing zu predigen, sagte er zu ein paar Fischern: Kommt mit! Und die ließen, wie es heißt, ihre Netze liegen und folgten ihm nach. Jesus zeigt damit, dass es Wichtigeres gibt als die Alltagsnetze. In die kann man sich total verstricken!

• Das sind schöne Worte, aber ...
(wird unterbrochen)

(Unterbrechend:)
• Pass auf: Jesus will, dass unsere Beziehungen zu den Menschen um uns und zu Gott die entscheidenden Knoten und Fäden in unserem Netz sind. Ich würde sogar behaupten, dass die Fäden zu den anderen und zu Gott diejenigen sind, an denen unser Lebensnetz letztlich hängt.

• Das heißt: In dieses Netz von Jesus kann ich mich so richtig fallen lassen.
(Lehnt sich zurück.)
Einfach zurücklehnen, wie hier in diesem Liegestuhl.

- Dann pass bloß auf, dass dein Liege-stuhl dabei nicht zusammenklappt.

- Jetzt mal im Ernst: Den Liegestuhl musst du ja auch erst einmal aufbau-en. Und damit er stehen bleibt, braucht er einen sicheren, festen Grund. Au-ßerdem musst du ihn pflegen, sonst ist er bald kaputt. So ist das auch mit Beziehungsnetzen.

- Nimm mal eine Spinne: Die kann sich nicht einfach in ihr Netz fallen lassen. Zuerst braucht sie starke Fäden, die ihr Netz und sie selbst halten. Dann muss sie immer wieder ihr Netz über-prüfen, ob alles in Ordnung ist. Din-ge, die nicht hineingehören, wirft sie raus. Auch das Netz zu Gott musst du pflegen und sorgsam damit umgehen. Und zwar ständig! Du kannst dich also nicht bloß für besondere Ereignisse reinhängen, wie z.B. zur Taufe, Trau-ung oder bei einer Beerdigung.

- Tolle Geschichte! Die sagt doch alles: Die Fäden, die uns tragen, übersehen wir allzu oft, gerade, wenn es uns gut geht, wie vielleicht an so einem tol-len Tag wie heute. Übrigens: Dieser Faden von oben, an dem alles hängt,

(Naiv/fragend:)
- Wieso, der hält doch!?

(Fragend.)
- Netz, Liegestuhl, äh?!

- Du, ich glaube, ich verstehe, wie du das mit dem Netz von Jesus meinst. Ich habe da neulich auch mal was ge-lesen, das passt genau zu dem Netz von Jesus und meinem Lebensnetz. Vielleicht ja auch zu den Netzen der Konfirmanden:
Eine Spinne hat sich an einem wun-derbaren Tag daran gemacht, ihr Netz zu spannen. Sie ließ sich in einem Eck herab von der Decke und begann und rackerte fast den ganzen Tag. Als sie fertig war, wurde sie sehr stolz auf ihr Werk, setzte sich in die Mitte und in-spizierte ihre Fäden und ihre Knoten, die sie geknüpft hatte. Am Ende die-ser Aufgabe sah sie einen Faden, der ihr völlig nutzlos erschien: Er ging einfach nach oben. Sogleich biss sie diesen Faden durch, und ihr Netz klappte über ihr zusammen.

- Wir wollen davon singen, das neue Lied: Jeder knüpft am eignen Netz.

den haben die Juden als SCHALOM
bezeichnet. Das bedeutet mehr, als
unser Wort Frieden sagt. Schalom ist:
heile Beziehungsfäden aufbauen und
pflegen zu denen, mit denen wir leben, und zu Gott, von dem wir leben.

6.5.3 Konfirmationspredigt mit Jonglage durch Konfirmanden

Voraussetzungen:
Drei Konfirmanden (nachfolgend zur Unterscheidung **A, B, C** genannt), wenn dies
nicht möglich ist, drei andere Jugendliche, die mit drei Bällen sicher jonglieren können. Jonglierbälle, davon ein knallfarbener Ball
Hinweis zum Lesen des nachfolgenden Verlaufs:
links: Anweisungen an Jongleure   rechts: von Jongleuren Gesprochenes

Teil 1:

A: ersten Ball hochwerfen

Ich bin ganz gut drauf. Aber: Ich kann nicht warten, weil ich immer alles ...

A: zweiten Ball dazu

... sofort haben muss. Ich bin unzufrieden, wenn meine Wünsche nicht sofort erfüllt werden.

A: dritten Ball dazu

Ich will mehr. Ich brauch mehr.

A jongliert einfach weiter und sieht,
dass B mit drei Bällen auftritt
A schielt hin zu B

Ich bin ein cooler Typ. Aber: Ich kann nicht haben, wenn andere mehr haben.

A greift nach den drei Bällen von B,
alle purzeln zu Boden.

Ich will alles und noch viel mehr.

Christus spricht: Was nützt es einem
Menschen, wenn er die ganze Welt ge-
winnt, dabei aber sich selbst verliert und
Schaden nimmt.

Teil 2:

B jongliert und dreht sich dabei langsam im Kreis.

Ich dreh mich immer nur um mich.
Warum habe ich nicht?
Warum ist die schöner?
Warum kann der das und ich nicht?
Warum, warum, warum ...
ich, ich, ich ...
Wenn ich mich immer nur um mich drehe, dann bewegt sich bald gar nichts mehr.

B hält Bälle fest (z.B. einen unterm Kinn o.Ä.)

Ich bin gefangen in mir selbst.
Ich bin mein eigener Gefangener,
vielleicht ist mir das gar nicht bewusst!
Ich bin gefangen
vom mehr Haben wollen,
mehr fun haben,
mehr action,
einen neuen Kick haben wollen.

Christus spricht: Was nützt es einem Menschen, wenn er die ganze Welt gewinnt, dabei aber sich selbst verliert und Schaden nimmt.

Teil 3:

B bleibt mit den festgehaltenen Bällen stehen. A tritt auf und beginnt mit einem, dann mit zwei, dann mit drei Bällen erst langsam, dann immer schneller zu jonglieren.

Beim ersten Ball:

Also:
Ich drehe mich nicht nur um mich selbst.
Ich engagiere mich. Ich setze mich ein.

Beim zweiten Ball:

Und in der Schule strenge ich mich mächtig an.

262

Beim dritten Ball:	*Überhaupt: Ich bin derart aktiv, aktiver geht's kaum. Und alle bewundern mich.*
Alle drei Bälle immer schneller, bis schließlich alle Bälle runterfallen.	*Ich ... ich bin am Boden zerstört, ich kann nicht mehr!*

Christus spricht: Was nützt es einem Menschen, wenn er die ganze Welt gewinnt, dabei aber sich selbst verliert und Schaden nimmt.

Teil 4:

A, B und C fangen ganz normal zu jonglieren an, möglichst im gleichen Rhythmus, aufgestellt in einem „Dreieck", sich den Rücken zugedreht.

Was nützt es?
Es werden ganz schön viele hier sein,
die sich das schon so manches Mal
gefragt haben:
Was nützt es denn?
Was bringt immer das Gleiche?
Die Arbeit frisst mich täglich auf.
Die Kinder werden immer größer
und fordern ihr Recht,
und dann ist da noch die Ehe ...
Was nützt es?
Irgendwie läuft doch alles immer gleich ab!

Christus spricht: Was nützt es einem Menschen, wenn er die ganze Welt gewinnt, dabei aber sich selbst verliert und Schaden nimmt.

Teil 5:

Ein Ball wird höher geworfen als die anderen, d.h.:
entweder durch Säulen,
Über- oder Untermuster

Endlich einmal ausbrechen,
das wär's doch, den ganzen Krempel
hinter sich lassen und richtig abheben.

Was nützt es einem Menschen?

Manchmal davon träumen auszubrechen, über die engen Grenzen hinaus in den Himmel zu fliegen. Frei zu sein von all den Bindungen, frei wie ein Vogel. Endlich wieder unabhängig, ohne Verantwortung für andere, auch ohne die Sorgen. Manchmal ausbrechen, aber ...
... aber, es ist doch alles nur ein Traum.

Christus spricht: Was nützt es einem Menschen, wenn er die ganze Welt gewinnt, dabei aber sich selbst verliert und Schaden nimmt.

Teil 6:

Die Jongleure jonglieren wieder ganz normal, aber immer noch voneinander abgewandt!

Wenn alle nur vor sich hinträumen, jede und jeder für sich, dann ...
... dann ändert sich nichts. Wenn Menschen sich immer nur um sich selber drehen, dann ist der Wurm im Leben drin, dann geht's letztendlich verloren.

A, B, C wenden sich langsam einander zu, schauen sich jonglierend an.

Gewinnen: Nicht die ganze Welt, bei weitem nicht! Nein, ein, zwei Menschen, mir zur Seite gestellt, ein großer, ein wirklicher Gewinn.

Passing zwischen A und B und C im Kreis.

Das Leben wird reich, nicht bloß abwechslungsreich. Leben wird reich durch andere, mit anderen, nicht auf Kosten anderer. Nein, du musst kein Schwein sein auf dieser Welt! Du kannst Mensch bleiben oder wieder werden. Gemeinde hat mit Gemeinschaft zu tun: Menschen, die alle zusammen und nicht gegeneinander spielen!

Christus spricht: Was nützt es einem Menschen, wenn er die ganze Welt gewinnt, dabei aber sich selbst verliert und Schaden nimmt.

Teil 7:

B und C treten ab.
A versucht, mit drei Bällen zu jonglieren und schafft es nicht: Immer wieder fällt ein Ball auf den Boden.

Manchmal geht alles über meine Kraft.
Ich bin am Ende. Ich bin auf der Verliererseite. Nichts gelingt, fast nichts!
Alles geht schief, fast alles!

B kommt wieder hinzu und hilft, so dass A und B nun gemeinsam mit drei Bällen jonglieren.

Gut, wenn jemand da ist,
der mir unter die Arme greift.
Nicht nur eine helfende Hand,
vielleicht ein offenes Ohr,
ein mutmachendes Wort,
eine zärtliche Umarmung,
ein mitfühlendes Herz.
Manchmal brauchen wir einen Engel,
einen Boten Gottes ohne Flügel
in Menschengestalt: mein Engel,
Gottes helfende, eingreifende Hand.

Christus spricht: Was nützt es einem Menschen, wenn er die ganze Welt gewinnt, dabei aber sich selbst verliert und Schaden nimmt.

Teil 8:

(Vgl. Teil 5.) Alle jonglieren einander zugewandt, eventuell im Kreis.
Wichtig: Ein Ball „kommt" quasi von oben, steigt also höher als die anderen.

Ist es möglich, dass wir einen von oben
einbrechen lassen in unseren Kreislauf,
in unseren Alltag,
in das, was uns belastet
und all das, was sich so eingefahren hat?
Eine Unterbrechung von oben?

Einer, der uns sagt:
Was nützt es dir, wenn du immer weiter kommen willst und am Ende nichts gewinnst, sondern der größte Verlierer aller Zeiten bist. Einer, der mit sich selbst nicht zurecht kommt.

Ich will dir helfen, Mensch,
dich zu ändern.
Mensch, komm doch mal mit mir zur
Ruhe.

Zwei Bälle ruhen (in Händen, unterm Kinn ...), der besondere Ball, der vorher von oben einbrach, wird ruhig hochgeworfen.
A, B und C schauen einander an und werfen einander im Kreis ihren besonderen Ball zu.

Überleg doch mal, was wirklich wichtig ist, und schau auf alle, die ich für dich geschickt habe.

Christus spricht: Was nützt es einem Menschen, wenn er die ganze Welt gewinnt, dabei aber sich selbst verliert und Schaden nimmt.

6.6 Konfirmandenabendmahl

Das Konfirmandenabendmahl haben wir aus dem Konfirmationsgottesdienst ausgegliedert und auf einen Zeitpunkt ca. 3 Monate nach der Konfirmation verlegt. Unsere Begründung dafür ist, dass der Konfirmationsgottesdienst selbst schon durch die Mitarbeit von Konfirmanden und Eltern attraktiv und festlich gestaltet ist, dass es keiner Ergänzung durch das Abendmahl bedarf.
Ein weiterer Grund liegt schlicht in dem Zeitbudget. Ein Abendmahl würde durch die große Zahl von Besuchern den noch erträglichen Zeitrahmen einer Konfirmation sprengen.
Wir nutzen auch die Chance dieser Auslagerung, die Konfirmanden nochmals gewinnend anzusprechen, nachdem der Trubel abgeklungen und der Alltag wieder eingekehrt ist. In der Regel kommen 90 % der Konfirmanden.
Hier kann dann auch eine Einladung zur weiteren Jugendarbeit und/oder Aktionen der Gemeindejugend ausgesprochen werden, ohne dass dies in der Aufregung der Konfirmationsereignisse „hinten runter fällt".
Nach Möglichkeit wird versucht, die ehemaligen Konfirmanden (und Eltern) zur Mitarbeit und Mitgestaltung dieses Abendmahlsgottesdienstes zu bewegen. Die Beschreibung enthält nur den Gestaltungteil des Abendmahls, so dass dieser in den jeweiligen landeskirchlichen Gottesdienstablauf problemlos eingefügt werden kann.

Der eigentlichen Abendmahlsfeier geht eine Besinnungssequenz zur Herkunft des Abendmahls voraus. Zwischen den einzelnen Textpassagen erfolgen kurze musikalische Zwischenspiele.
Konfirmanden lesen einen Text zur Feier des Passahmahles Jesu. Diesem folgt eine meditative Vertiefung der einzelnen Symbole.

Einführungstext:
Im Passahmahl feiern die Juden die Erinnerung an den Auszug aus Ägypten. Die Befreiung aus Sklaverei und Elend durch Gott, den Retter und Schöpfer.
Auch Jesus ist Jude. Die Bitterkräuter sollen an die vielen Tränen in der Sklaverei bei den Ägyptern erinnern. Das letzte geschlachtete Lamm, dessen Blut am Türrahmen vor dem Würgeengel Gottes schützen sollte, muss gegessen werden. Nichts darf zurückbleiben. Das Brot, in Eile ohne Sauerteig gebacken, stellt die Nahrung für die nächsten Wochen der Wanderschaft durch die Wüste dar. Und schließlich der Wein zur Bekräftigung des Bundes, als Erinnerung an vergossenes Blut.
Auch Jesus ist Jude, das Erinnerungsfest wird sein Erinnerungsfest – mit seinem Blut und seinem Leib. Ein Neuanfang für uns – eine Befreiung, ein Auszug aus hoffnungslosem Leiden.

Bitterkräuter
(werden vor/während der Textlesung verteilt: Zitronenmelisse, Basilikum ...)
Kräuter
Gewürz – Kräuter
Heil – Kräuter
Un– Kraut
bitteres Kraut
Geschmack alter Zeiten –
bitterer Geschmack
Erinnerung an
Vergessenes?
Verlorenes?
Verdrängtes?
Bittere Kräuter
schaler Nachgeschmack von erfahrenem Leid.
Brennender Gedanke vergessener Hoffnung.
Bitteres Kraut
hinuntergewürgtes Leben
von Gott – geschenktes Leben
Bitter – Kräuter
Verbitterung am Leben – aber auch
gewachsen am Leben
Bittere Kräuter
un-gewohnt – un-passend – un-fair – Unkraut
Bittere Kräuter
brennend – versalzen – stoßen auf – Gewürzkräuter
Bittere Kräuter
heilend – lindernd – pflegend – Heilkräuter
Bittere Kräuter
von Gott geschenktes Leben
nicht angepasst – Anstoß nehmend – heilend.

Lamm
Wenig Zeit war – schnell musste es gehen.
Mitgenommen konnte nur werden, was lange haltbar war.
Die letzten Bissen in aller Eile hinuntergeschlungen.
Keine Zeit, keine Zeit –
es gab nur noch den einen Gedanken –
Flucht!
– –

Lammfromm –
lief er in die Hände derer,
die ihn vernichten wollten. –
Nichts gelernt aus der Geschichte?
Abgeführt zur Schlachtbank – das Unschuldslamm.
– –

Entronnen der Sklaverei –
Lange wird es kein Festessen mehr geben – kein Fleisch, keinen Wein.
Geführt, beschützt, geleitet in das gelobte Land.
Keine Macht der Welt kann ihnen jetzt etwas anhaben.
– –

Blödes Schaf – warum –
warum überlässt du dich denen? –
Ein Festmahl –
damit *ich* in Freiheit und Vergebung leben kann!

Wein
Wein –
in kleinen Trauben gespeicherte Kraft –
Gottes Kraft!
Eingefangenes Sonnenlicht,
gebündelt und verdichtet,
lebenspendend.
Wein –
Zeichen
von Gottes gebündelter Lebenskraft.
Wein –
Erinnerung –
verbunden mit Tod.
Symbol für Blut –
für Leben –
für Leben im Glauben an Gottes Liebe.
Wein –
Symbol für Freude –
Feier –
Gemeinschaft –
getrunken in Erinnerung an die Gemeinschaft.
Gemeinschaft im Glauben an Gottes Liebe und Leben.
Wein –
süß – wie das Leben

bitter – wie das Leiden und der Tod
Wein –
gebündelter und verdichteter
Geschmack von Erinnerung
an die
Gemeinschaft –
das Leben –
das Leiden –
die Liebe Gottes –
an Jesus Christus.

Brot
Unser tägliches Brot ...
Welches Brot?
Das tägliche Brot gibt es in unzähligen Variationen: Frühstücksbrot, Vesperbrot, Pausenbrot, Abendbrot, Schwarzbrot, Graubrot, Knäckebrot, Vollkorn- oder Weißbrot.
Das tägliche Brot: Mehr als nur eine Brotsorte. Wenigstens Brot bekamen Häftlinge früher: Wasser und Brot. Brot ist mehr – es ist lebensnotwendig. Es wendet die Not hin zum Leben, vom Hunger zur Sättigung, den Hunger, den wir jüngeren nie richtig kennen gelernt haben.
Das tägliche Brot: Ein Symbol für all das, was ich wirklich zum Leben brauche: Wachstum und Pflege, Gedeihen und Ernten, Arbeit und Erholung, Freundschaft und Freude, Liebe und Geborgenheit, Gottes Segen zu mir und meinem Tun.
„Und er brach das Brot." Jesus teilt sich uns aus. Er gibt uns Lebensnotwendiges. Die Not Wendendes hin zum Leben. Nicht das, was ich gar nicht brauche und dennoch im Überfluss besitze!
Nein: die wirkliche Not Wendendes, was meine innere Leere füllt, was meine Unzufriedenheit stillt.
Er gibt, was meine Unruhe beendet, meinen Drang nach immer mehr haben wollen auffängt.
Die Not Wendendes! Christus spricht: „Ich bin das Brot des Lebens. Wer zu mir kommt, den wird nicht mehr hungern, und wer an mich glaubt, den wird nimmermehr dürsten.

Aktion: Brotsorten werden von Eltern vorgestellt
Sechs Eltern stellen „ihr" Brot vor: Je nachdem, was ein Abendmahlsbesucher an diesem Tag für sich oder einen anderen speziell von Gott braucht, richtet sich seine Auswahl. Die Texte zu den Brotsorten (nach einer Idee vom Feierabendmahl beim Kirchentag in Hamburg, 1995):

- Ich bringe *Roggenbrot*. Es ist das Brot von Menschen, die hart arbeiten müssen. Es erinnert uns an die Menschen, die hungern nach einem Leben in Freiheit und Würde. Wir bitten dich, Gott: Segne sie und uns dieses Brot.
- Ich bringe *Vollkornbrot*. Es erinnert uns an alle, denen die Fülle und Ganzheit des Lebens verwehrt wird, die sich erniedrigt fühlen, weil sie arbeitslos sind und ihre Hände, Ideen und Gedanken nicht einsetzen können, um ihr Brot zu verdienen. Wir bitten dich, Gott: Sieh auf ihre Not.
- Ich bringe *Zwieback*. Es ist das Brot für die Kranken, die Hektik und Einsamkeit krank gemacht haben. Es erinnert uns an alle, die für Heilung arbeiten und die Heilung brauchen. Wir bitten dich, Gott: Segne sie.
- Ich bringe *Fladenbrot*. Es ist das Brot, das heimisch geworden ist unter uns durch Menschen aus allen Kontinenten, die bei uns wohnen. Es bereichert unsere Tafel und erinnert uns daran, wie reich uns die Begegnung mit Frauen und Männern aus anderen Kulturen macht. Wir bitten dich, Gott: Segne die Kraft dieses Brotes, dass wir lernen, die Reichtümer dieser Erde unter allen ihren Bewohnern gerecht zu teilen.
- Ich bringe *älteres Brot*. Wer mag davon schon gerne essen? Wir erinnern uns an die alten Menschen, die einsam und traurig sind, die keinen Menschen haben, der sich um ihre Seele sorgt. Wir denken an die Menschen in den armen Ländern, die sich vorkommen wie weggeworfenes, altes Brot – unbeachtet und ungeachtet! Wir bitten dich, Gott: Segne sie, und erinnere uns an die Pflicht, deine Geschöpfe auf der Schattenseite nicht zu vergessen.
- Ich bringe *Milchbrötchen*. Sie stehen für die Kinder, für ihren Hunger nach Verständnis und Wärme, nach tröstenden Armen und einer offenen Tür. Wir bitten dich, Gott: Segne alle, die mit Kindern zu tun haben, und bewahre den Kindern die Lust am Leben und ihren Tatendrang.

Es folgt die eigentliche Feier des Heiligen Abendmahles mit einer Einleitung. Die Einsetzungsworte werden von allen gemeinsam gesprochen.

Einleitung
Beim Gang zum Abendmahl hat jede und jeder eigene Bedürfnisse: Einer braucht Nähe, ein anderer denkt an Menschen, die ihm nahe stehen, eine dritte weiß nicht weiter!

Deshalb überlegen Sie sich, welches Brot Sie nehmen wollen, welches Brot Ihnen Gott nun schenken soll, weil Sie es brauchen. Roggenbrot, Vollkornbrot, Zwieback, Fladenbrot, älteres Brot, Milchbrötchen.

Wer heute nicht zum Abendmahl möchte, traue sich, Platz zu behalten, ebenso wie die neuen Konfirmanden. Die anderen gehen bitte auf der für sie linken Seite aus den Reihen. Nehmen Sie sich aus einem der Körbchen ein Stück Brot, das Brot, das Sie jetzt brauchen oder jemand, an den Sie jetzt denken!

Auf der Kanzelseite gehen Sie dann bitte zurück zu Ihren Plätzen. Wir wollen zur Ruhe kommen und uns dabei Zeit lassen: Wir hören dazu meditative Musik (z.B. H.J. Hufeisen). Den Abendmahlssaft nehmen wir später gemeinsam ein: Kommt, denn es ist alles bereit! So nehmt und esst vom Brot des Lebens.

Nach dem Brotempfang
Nachdem jede und jeder von dem Brot genommen hat, das speziell für sie und für ihn heute wichtig ist, wollen wir den Saft nun gemeinsam einnehmen.
Jesus gibt uns im Abendmahl nicht nur, was wir ganz persönlich brauchen, er schenkt uns auch Gemeinschaft miteinander, Gemeinschaft trotz mancher Unterschiede! Daher nehmen wir das Abendmahl alle gemeinsam an einem Tisch ein – mit den Einzelkelchen im Chorraum hinter dem Altar.
Bitte kommen Sie nach vorne, nehmen sich einen Kelch und stellen sich um den Tisch auf in einem großen Kreis.
Wenn alle einen Kelch haben, wollen wir zusammen vom Kelch des Heils trinken: Kommt, denn es ist alles bereit!

6.7 Sonstige Materialien

Auf den folgenden Seiten geben wir in Form eines Anhangs Materialien wieder, die bei der Konfirmandenarbeit gebraucht werden. Es sind:

6.7.1 Planspiel: Schuld[37] (S. 274ff)
• Die Geschichte
• Der Arzt
• Die Stadtwache
• Der Zimmermann
• Der Kaufmann
• Der Bürgermeister
• Der Wirt
• Der Schmied
• Die Beteiligten

6.7.2 Planspiel: Kirchenasyl (S. 291ff)
• Ausgangssituation
• Ausländerbehörde des Regierungsbezirks Strontheim
• Materialien für die Ausländerbehörde
• Kirchengemeinderat der Kirchengemeinde Deulhofen
• Materialien für den Kirchengemeinderat
• Eine Welt-Kreis
• Bürgerkreis
• Asylantengruppe
• Materialien für die Asylantengruppe
• Stadtverwaltung Deulhofen
• Presse

6.7.3 Auswertungsbögen (S. 306ff)
• Auswertung des Konfirmandenpraktikums
• Auswertung der Konfirmandenfreizeit
• Auswertung des Konfirmandenjahres

6.7.4 Verbindliche Verpflichtung (S. 312f)

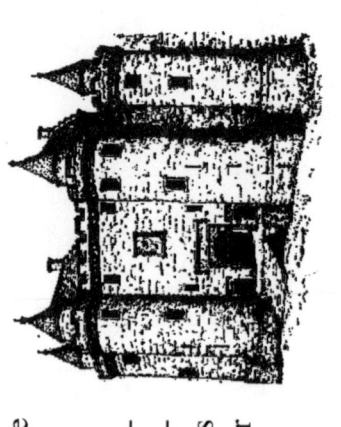

DIE GESCHICHTE

Stellt Euch vor, dass Ihr Bürger einer großen, schönen Stadt seid, die von einer dicken Mauer umgeben ist.

Um Euch herum gibt es fruchtbare Felder, Wald und Wiesen. In Eurer Stadt gibt es allerlei Handwerk, denn der Handel mit anderen Städten in der Nachbarschaft geht gut. Das Korn Eurer Felder gibt gutes Brot, die Schneider fertigen wunderbare Kleidung, das Bier aus der Brauerei „Beim dicken Wirt" ist eines der besten im ganzen Land.

So wohnen und arbeiten in Eurer Stadt auch ein Schmied, ein Kaufmann, ein Zimmermann und natürlich ein Arzt. Damit es Eurer Stadt weiterhin gut geht, habt Ihr einen Bürgermeister. Die Stadttore werden von der Stadtwache verteidigt und bewacht.

Eines Tages nun passiert folgende Geschichte:

Früh am Morgen, übrigens ein Montagmorgen, gerade als die Sonne mit ihren ersten Strahlen die Stadttore berührte, sieht die Stadtwache das gesamte Heer einer der Nachbarstädte vor Eurer Stadt aufziehen.

Sogleich wird der Bürgermeister informiert. Als dieser das Stadttor erreicht, wird ihm auch schon eine Nachricht von einem Boten des gegnerischen Heeres überbracht. Darin steht:

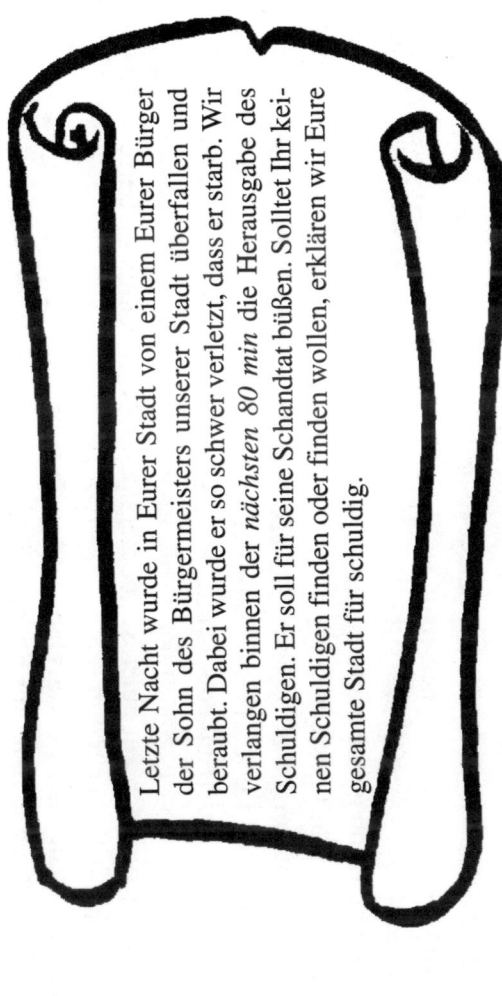

Letzte Nacht wurde in Eurer Stadt von einem Eurer Bürger der Sohn des Bürgermeisters unserer Stadt überfallen und beraubt. Dabei wurde er so schwer verletzt, dass er starb. Wir verlangen binnen der *nächsten 80 min* die Herausgabe des Schuldigen. Er soll für seine Schandtat büßen. Solltet Ihr keinen Schuldigen finden oder finden wollen, erklären wir Eure gesamte Stadt für schuldig.

Rasch lässt Euer Bürgermeister nun die einflussreichsten Bürger der Stadt zusammenrufen, um den Schuldigen zu finden, damit die Stadt verschont bleibt.

Ihr sollt nun in die Rolle eines der Bürger dieser Stadt schlüpfen. Da Ihr in dieser Stadt lebt, habt Ihr vielleicht das eine oder andere mitbekommen. Der Bürgermeister muss den Schuldigen finden, und da ist es vielleicht besser, nicht allzusehr in den Vordergrund zu treten, aber Ihr habt gehört ...

Eure Mitspieler heißen: Wirt, Zimmermann, Arzt, Wache, Bürgermeister, Schmied, Kaufmann

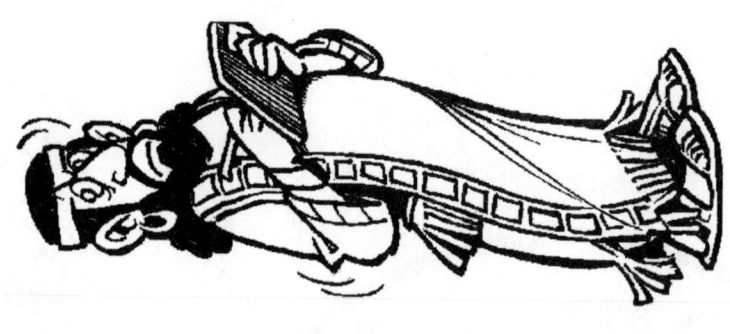

DER ARZT

Ihr seid der einzige Arzt in dieser Stadt und deshalb ziemlich wohlhabend. Alle Leute müssen zu Euch kommen.

Euer Können ist im ganzen Land berühmt. Das macht Euch sehr stolz. Manchmal könnte man vielleicht sagen, dass Ihr auch eingebildet seid. Allerdings arbeitet Ihr auch viel.

Natürlich nicht umsonst, denn die Medikamente, die Ihr Euch von dem Kaufmann mitbringen lasst, sind teuer. Ihr behandelt nur Menschen, die es wert sind und die auch dafür bezahlen können. Menschen, die Eure Behandlung zu schätzen wissen. Herumtreiber, Arbeitslose und Fremde könnt Ihr nicht leiden, denn diese können nie bezahlen.

In der Nacht, als der Überfall passierte, wart Ihr zu Hause und habt ziemlich fest geschlafen. Dann gegen Mitternacht wurdet Ihr von einem betrunkenen Mann ziemlich unsanft geweckt.

Erst wolltet Ihr gar nicht aufmachen. Da aber der Ruhestörer keine Ruhe gab, habt Ihr ihn von Eurem Haus aus mit einer Flinte bedroht und weggejagt. Erst nachdem der Trunkenbold ein zweites Mal zu Euch kam, seid Ihr hinaus und wolltet wissen, was er denn will. Ihr erfuhrt so, dass ein Fremder verletzt irgendwo mitten auf einer Straße liegt. Es bedurfte einiger Überredungskunst, damit Ihr nach ihm seht.

Aber Eile mit Weile. Bis Ihr das Haus verlassen habt, dauerte es noch 1½ Stunden. Schließlich musstet Ihr Euch anziehen und den Arztkoffer zusammen packen. Außerdem schien es gar nicht sicher, ob der Betrunkene die Wahrheit gesagt hat. Schließlich haben Fremde um diese Zeit nichts mehr in Eurer Stadt zu suchen. Und wenn sie doch da sind, haben sie selber Schuld, wenn ihnen so etwas passiert.

Nach einigem Nachdenken erinnert Ihr Euch an den Mann, der Euch in Eurer nächtlichen Ruhe gestört hat. Es war der Zimmermann. Dabei fällt Euch auch wieder ein, dass der Zimmermann erzählt hat, mit wem er die letzte Nacht so ein Saufgelage veranstaltet hat. Erst schien Euch das ja nicht interessant, aber in der jetzigen Situation ist es schon was wert. Der Zimmermann hatte mit der Stadtwache seinen Umtrunk gehalten. Und wahrscheinlich war diese dann wieder so betrunken, dass sie geschlafen hat anstatt zu wachen.

Aber zurück zu Euch. Es stimmt schon, Ihr wolltet den Fremden zuerst nicht behandeln. Aber wer hätte es euch auch bezahlt? Und erst die teuren Medikamente! Die habt Ihr dann ja auch für Euch behalten. Der wird schon wieder gesund, habt Ihr Euch gedacht. Es war aber auch keiner bereit, für den Fremden etwas auszulegen.

Und was hat ein Fremder auch schon mit Euch als Arzt zu tun. Ein Fremder ist Sache des Bürgermeisters, aber der hat sich nicht blicken lassen, wie er es versprochen hatte. Der Kaufmann, der später dazugekommen ist, meinte auch genug getan zu haben und ist gegangen. Wenigstens Geld für die Medikamente hätte er auslegen können, so reich wie der ist!

Wenn Ihr jetzt genau darüber nachdenkt, weiß außer dem Zimmermann niemand, dass der Verletzte keine Medikamente von Euch bekommen hat.

DIE STADTWACHE

Zu Eurer Aufgabe gehört es, Tag und Nacht die Stadttore zu bewachen. Ihr müsst Freund von Feind und Fremde von den Bürgern dieser Stadt unterscheiden können. Welcher Fremde wann die Stadt betritt oder verlässt, habt Ihr in Eurem Wachbuch sorgfältig aufzuschreiben.

Tagsüber ist die Arbeit noch recht abwechslungsreich. Da kommen die verschiedensten Händler und Bürger durch die Tore. Alles müsst Ihr kontrollieren und für das Passieren des Tores den Wegezoll kassieren.

Da Euch niemand etwas zu sagen hat, bestimmt Ihr, wen Ihr mit starkem Zoll belegt und wen Ihr durchgehen lasst.

Nachts ist Eure Arbeit allerdings eintönig. Schon lange ist nichts mehr passiert. Die Tore sind des Nachts sowieso zu, damit sich keiner unbemerkt bei Dunkelheit hineinschleichen kann.

Um wenigstens ein wenig Freude und Wärme in den trostlosen Nachtstunden zu haben, trinkt Ihr zur Abwechslung Schnaps. Der wärmt bei der Kälte der Nacht, und außerdem macht er lustig.

In der Nacht, als der Überfall geschah, war es eine bitter kalte Nacht. Ihr hattet schon einige Flaschen von dem Schnaps getrunken. Leider macht Euch dieser Schnaps immer sehr müde, so dass Ihr ziemlich schnell eingeschlafen sein müsst.

Ihr könnt Euch nur noch daran erinnern, dass Euch zwischendrin Euer Saufgenosse, der Zimmermann, geweckt hat. Der Zimmermann leistet Euch nämlich ab und zu mal Gesellschaft. Mit ihm habt Ihr dann auch gleich noch eine Flasche aufgemacht, bis Ihr dann beide eingeschlafen seid.

Von dem Lärm des Überfalls habt Ihr nichts mitbekommen. Ihr seid auch erst am Morgen aufgewacht und erst im weiteren Verlauf, als das feindliche Heer vor Euren Toren lagerte, von dem Überfall informiert worden.

Eigentlich ist es ja Eure Aufgabe, in der Stadt für Ruhe und Ordnung zu sorgen. Von Eurem hohen Turm aus hättet Ihr den Überfall bestimmt gesehen, wenn Ihr nicht geschlafen hättet. Euren Job wärt Ihr los, wenn der Bürgermeister das mitbekommt. Allerdings weiß ja niemand davon, außer dem Zimmermann natürlich.

Von dem wisst Ihr aber, dass er nicht nur säuft, sondern auch noch ziemlich kräftig spielt. Und in der Nacht hatte er gerade wieder mit dem Kaufmann gespielt. Bei dem Kaufmann habt Ihr wiederum gute Karten, denn dieser erkauft sich bei Euch den Wegezoll mit ein paar Flaschen Schnaps. Außerdem schmuggelt er auch noch, wobei er denkt, Ihr würdet es nicht merken.

DER ZIMMERMANN

Ihr seid ein Mann, der immer lustig ist und gut gelaunt. Zur Zeit jedoch ist Eure gute Laune ein wenig gedämpft, da Ihr arbeitslos seid. Das macht Euch jedoch nichts. Ihr findet immer irgendwo ein klein wenig Arbeit für ein Stück Brot.

Und wenn gar nichts mehr läuft, geht Ihr eben zum Kaufmann, der leiht Euch ab und zu etwas Geld. Ihr seid von Natur aus kräftig und zu allem Blödsinn bereit, das ist stadtbekannt. In der Nacht, da der Überfall geschah, hattet Ihr gerade die Stadtwache verlassen. Gemeinsam hattet Ihr noch einige Flaschen Schnaps geleert. Ihr wisst, dass der Wachmann ein alter Säufer und nachts entweder betrunken ist oder schläft.

Ihr kamt gerade vom Glücksspiel. Zusammen mit dem Kaufmann spielt Ihr manchmal beim Wirt. Wie Ihr also total betrunken durch die Straßen torkelt, trefft Ihr auf den Fremden, wie er verletzt auf der Straße liegt. Sofort seid Ihr wieder nüchtern und überlegt, was zu tun ist. Zunächst wolltet Ihr zum Arzt laufen. Euch fällt jedoch ein, dass der euch nicht glauben wird und außerdem nur Leute behandelt, die bezahlen können.

Euer nächster Gedanke ist, zum Bürgermeister zu laufen. Der soll Euch dann Geld geben, damit Ihr den Arzt holen könnt. Allerdings hat die Sache einen Haken: Der Bürgermeister ist ein sehr treuer Bürger seiner Stadt. Er findet alle Fremden irgendwie merkwürdig. Diese machen nur Lärm und stiften Unruhe. Ihr rennt also zunächst doch zum Arzt, findet dort aber kein Gehör, sondern werdet mit dem Gewehr verjagt. Also geht Ihr doch zum Bürgermeister. Der ist über die nächtliche Ruhestörung allerdings sehr ärgerlich. Als er sich dann endlich von Euch den Grund berichten lässt, schickt er Euch zum Kaufmann. Der soll Euch Geld geben, damit Ihr damit den Arzt holen könnt. Er selbst würde dann schon noch zum Tatort kommen.

Der Kaufmann gibt Euch jedoch kein Geld. Er sei ja schließlich nicht die Bank, und außerdem gehöre das zu den Aufgaben des Bürgermeisters. Also wieder zurück zum Arzt, dem Ihr erzählt, dass der Bürgermeister gleich kommt, und er doch schon mal mit der Hilfe anfangen solle. Diesmal kommt der Arzt mit, wenn auch sehr zögerlich.

Hätte die Stadtwache nicht geschlafen, hätte sie den Überfall mitbekommen. Wären der Arzt und der Bürgermeister nicht so hochnäsig, hätte der Fremde schneller Hilfe bekommen und könnte vielleicht noch leben. Der Kaufmann hätte nicht so auf seinem Geld sitzen müssen. Hättet Ihr allerdings nicht im Glücksspiel all Euer Geld verspielt, hätte der Kaufmann Euch vielleicht etwas geliehen. Wo Ihr doch wisst, dass Glücksspiel bei Strafe verboten ist. Ihr wärt auch glaubwürdiger gewesen, wenn Ihr nicht so betrunken gewesen wärt. Von Eurer Spielschuld weiß nur der Kaufmann, und dass Ihr so viel getrunken hattet, weiß mit Sicherheit nur die Stadtwache.

DER KAUFMANN

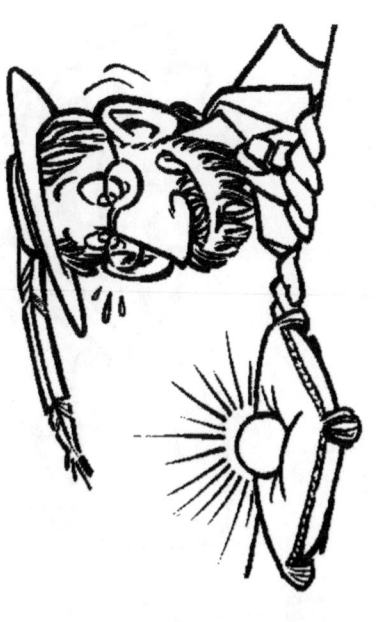

Ihr seid ein geschickter Händler, der aus allem, was er anfasst, Gold macht. In Euren Läden gibt es nur das beste Tuch und den schönsten Schmuck.

Das meiste schmuggelt Ihr unbemerkt an der Stadtwache vorbei. Und für den Rest zahlt Ihr den Wegezoll in billigem Schnaps.

Leider habt Ihr auch ein Laster. Ihr spielt gerne, und zwar um Geld.

In der Nacht, in der der Überfall geschah, hattet Ihr gerade eine besonders glückliche Hand. Ihr habt mit dem Zimmermann gespielt und gewonnen. Zwar wisst Ihr, dass Spielen um Geld bei Strafe verboten ist, aber wer außer Euch und dem Zimmermann weiß schon davon, und der Zimmermann sagt bestimmt nichts.

Ausgerechnet der Zimmermann musste dann mitten in der Nacht nochmals kommen und um Geld bitten. Zuerst habt Ihr gedacht, er würde sich für das verlorene Geld rächen wollen. Doch dann habt Ihr erfahren, dass er Geld für den Arzt braucht. Angeblich läge ein Verletzter in irgendeiner Seitengasse.

Für diese vermutlich erstunkene und erlogene Geschichte gab's natürlich kein Geld. Ihr seid schließlich keine Bank. Dies ist Aufgabe des Bürgermeisters. Nur langsam konntet Ihr aus dem Gelalle erfahren, dass der Bürgermeister den Zimmermann geschickt hat, um das Geld für den Arzt zu borgen. Das hat Euch dann doch sehr gewundert. Der Bürgermeister hat bestimmt selbst Geld im Haus.

Davon wisst allerdings nur Ihr etwas, denn es handelt sich um eine geheime Kasse – für Notfälle, wie er immer sagt. Aber heimlich, ohne dass jemand davon weiß, kauft er seiner Frau davon schöne Kleider bei Euch.

Geld wolltet Ihr zwar nicht rausrücken, aber trotzdem helfen. Gemeinsam mit dem Schmied wolltet Ihr den Verletzten zum Wirt tragen. Beim Wirt könnte man den Verletzten dann säubern. Der Schmied jedoch wollte in seiner Nachtruhe nicht gestört werden. Schließlich gehöre dies zu den Aufgaben der Stadtwache und des Arztes. Außerdem wollte der Wirt keines seiner Zimmer dafür hergeben. Man wisse nicht, wer der Fremde sei, und er sei kein Krankenhaus.

Hättet Ihr dem Zimmermann das Geld gegeben, wäre dieser vielleicht schneller beim Arzt gewesen, und der Fremde könnte noch leben. Auf der anderen Seite, der Bürgermeister hätte ja auch das Geld bezahlen können. Ihr habt ja versucht, für den Fremden zu sorgen, das können der Schmied und der Wirt bestätigen. Der Schmied wird das bestimmt bestätigen, denn sonst erzählt Ihr dem Bürgermeister, woher der Wirt seinen Schnaps bekommt. Nämlich aus der heimlichen Schnapsbrennerei des Schmieds. Der Wirt wollte sein Zimmer nicht frei machen. Wäre die Wunde schneller sauber gewesen, hätte der Fremde vielleicht auch überlebt.

DER BÜRGERMEISTER

Ihr seid das Oberhaupt der Stadt. Dafür habt Ihr auch lange gebraucht. Ihr seid sehr stolz darauf, dass Ihr es geworden seid. Natürlich greift Ihr ordentlich durch, um die Stadt sauber von Gesindel und Ähnlichem zu halten. Dafür habt Ihr extra eine Stadtwache eingestellt.

Für Fremde habt Ihr auch nichts übrig. Wenn sie ordentlich Handel treiben und Geld dalassen, ist es gut. Aber die, die nur zum Trinken herkommen, sind Euch ein Dorn im Auge. Sie stören das Stadtbild und den Frieden. Gerade jetzt, wo Ihr hohen Stadtbesuch habt. Diesen habt Ihr dem Wirt anvertraut und ihm gesagt: dass dieser mit seinem guten Ruf dafür hafte, dass es ihnen an nichts fehlen soll.

Dank Eurer Kassenführung ist Eure Stadt nicht ganz arm. Ihr allerdings auch nicht, denn ein wenig von den Einnahmen zweigt Ihr in eine schwarze Kasse ab. Daraus kauft Ihr dann beim Kaufmann teure Kleider für Eure Frau. Wenn die Bevölkerung davon etwas erfahren würde, wäret Ihr sofort Eures Amtes enthoben und würdet bestimmt nicht wiedergewählt.

In der Nacht, in der der Überfall passierte, wart Ihr gerade in Euren schönsten Träumen. Dann, um Mitternacht, wurdet Ihr von einem riesigen Lärm geweckt. Der Zimmermann stand vor Eurer Tür und wollte Geld für einen verletzten Fremden. Der Arzt würde sonst nicht mitkommen. Zuerst wolltet Ihr Euch das gar nicht anhören, was gehen Euch schließlich die Fremden an.

Als dann der Zimmermann keine Ruhe geben wollte, habt Ihr ihn vertröstet und gesagt, er solle doch zum Kaufmann gehen und sich solange das Geld dort ausborgen. Dann wollte der Zimmermann auch noch ein Schreiben für den Arzt. Das war nun wirklich zu viel verlangt, um diese Zeit. Ihr habt dann versprochen, später selbst zu dem Verletzten zu kommen. Dies könnte der Zimmermann dem Arzt sagen.

Nun, gerade bemüht habt Ihr Euch nicht. Aber eigentlich hätte die Stadtwache doch den Überfall bemerken und verhindern müssen. Dafür ist sie doch da. Dies solltet Ihr klären. Zum anderen sind Ärzte doch verpflichtet, jedem Verletzten zu helfen. Auf der anderen Seite, hättet Ihr das Geld gegeben, wäre der Arzt wahrscheinlich schneller gekommen und der Verletzte hätte auch Medikamente bekommen. Wenigstens das Schreiben hättet Ihr dem Zimmermann mitgeben können. Jetzt ist es zu spät. Jetzt müsst Ihr den Schuldigen finden, und ob das leichter ist als so ein Schreiben?

DER WIRT

Ihr seid eigentlich beliebt in der Stadt. Eure kleine Kneipe läuft sehr gut, und in den letzten Jahren konntet Ihr Euer Anwesen sogar ausbauen. Jetzt könnt Ihr auch kleine Zimmer vermieten. Im Laufe der Zeit habt Ihr auch als Hotel einen guten Ruf erworben.

Allerdings hat Euch das viel Geld gekostet. Dieses Geld versucht Ihr nun wieder aufzutreiben, indem Ihr heimlich ein Zimmer für das Glücksspiel zur Verfügung stellt. Darin spielen mit Vorliebe der Kaufmann und der Zimmermann. Außerdem kauft Ihr dem Schmied seinen Schnaps ab, den er heimlich brennt. Da dieser nicht durch die Stadttore kommt, braucht Ihr auch keinen Wegezoll zu bezahlen.

In der Nacht, in der der Überfall passierte, wurdet Ihr mitten aus Eurem Schlaf gerissen. Wie ein Wilder klopfte der Kaufmann an Eure Tür. Er bat Euch, ein Zimmer für einen blutenden Verletzten frei zu machen. Dieser sei gerade auf der Straße gefunden worden und brauche dringend ein Bett und müsse gesäubert werden. Der Arzt sei auch schon unterwegs.

Da in Eurer Herberge gerade nur hohe Herren wohnen, hättet Ihr einen von diesen bitten müssen auszuziehen. Dies allerdings hätte dann bestimmt auch die anderen vertrieben, und dann hättet Ihr bestimmt auch noch Euren guten Ruf verloren. Außerdem waren dies alles Gäste des Bürgermeisters, der Euch extra aufgetragen hatte, aufs Beste für diese Herren zu sorgen.

Der Kaufmann wollte Euch auch nicht für die entstehenden Kosten aufkommen. Dies sei Sache des Bürgermeisters, der müsse schließlich entscheiden, was ihm wichtiger sei: die Gäste oder der Verletzte. Solange könne der Fremde nun auch noch draußen bleiben. Und überhaupt, wozu war eigentlich die teure Stadtwache da?

Sicherlich würde der Fremde jetzt noch leben, wenn Ihr ihn aufgenommen hättet. Vielleicht wäre dann Euer Ruf ruiniert und Ihr dann pleite. Schließlich hätte der Bürgermeister sich ja bei Euch melden können, wie er es dem Zimmermann gesagt hat. Der Kaufmann hätte genug Geld gehabt, um die Unkosten erstmal auszulegen. Der Schmied hatte es ja auch nicht nötig zu helfen. Wie solltet Ihr denn auf Euer Haus aufpassen und gleichzeitig den Verletzten hineintragen. Und warum hatte der Arzt keine Medikamente verabreicht?

DER SCHMIED

In dieser Stadt seid Ihr der der einzige Schmied. Schon als Junge wart Ihr der Kräftigste in Eurem Alter. Später dann habt Ihr die Schmiede Eures Vaters übernommen. Am Anfang lief auch alles ganz gut. Doch im Laufe der Zeit habt Ihr immer mehr Verlust gemacht, so dass Ihr Euch nach einer anderen Einnahmequelle umsehen musstet.

Dann seid Ihr darauf gekommen, heimlich Schnaps zu brennen. Diesen verkauft Ihr mit gutem Gewinn an den Wirt. Denn dieser erspart sich damit den Wegezoll bei der Stadtwache. Natürlich ist das Schnapsbrennen verboten, sonst würde der Bürgermeister ja kein Geld mehr bekommen. So aber könnt Ihr ganz gut mit dem leben, was Ihr von dem Wirt dafür bekommt.

In der Nacht, als der Überfall passierte, seid Ihr aus allen Wolken gefallen, als plötzlich der Kaufmann an Eure Tür klopfte. Gerade wart Ihr dabei, neuen Schnaps zu brennen. Ihr konntet also unmöglich von der Arbeit weg. Der Kaufmann bat Euch, ihm zu helfen, einen verletzten Fremden in das Haus des Wirts zu tragen. Er selbst sei zu schwach und dürfe dies laut dem Arzt nicht mehr.

Nun musstet Ihr Euch entscheiden,. Nach einigem Überlegen habt Ihr dann dem Kaufmann gesagt, er solle doch den Wirt fragen. Schließlich sei es ja sein Haus, in das der Verletzte kommen würde. Dann könne dieser auch mit tragen helfen. Außerdem müsse erst der Arzt kommen und sich den Verletzten ansehen. Vielleicht ist ja alles gar nicht so schlimm. Wenn dann noch Hilfe gebraucht würde, wäret Ihr natürlich gerne dazu bereit. So konntet Ihr Euch wieder Eurem Schnapsbrennen zuwenden. Woher hättet Ihr sonst das Geld bekommen für Euer Essen und Trinken, für die Familie. Schließlich lebt Ihr ja davon.

Nun vielleicht wäre es ja doch gegangen. Ihr hättet schnell mit angefasst, und das wär's dann gewesen. So ist der Fremde auf der Straße verblutet und an den Folgen der unsauberen Wunde gestorben. Auf der anderen Seite aber hätte der Wirt den Verletzten auch aufnehmen können.

Warum der Bürgermeister dem Zimmermann nicht gleich Geld für den Arzt mitgegeben hat, ist Euch ehrlich gesagt ein Rätsel. Dass der Bürgermeister kein Geld im Haus hat, ist doch merkwürdig, wo er doch laufend einen Teil des Wegezolls bekommt. Und überhaupt, wozu ist denn die Stadtwache da, die von Euren Steuern und Abgaben bezahlt wird? Zumindest sie hätte auch mit tragen helfen können.

Und der Kaufmann, warum hat der nicht das Geld ausgelegt? Schließlich seid Ihr kein Arzt und könnt nichts dafür, wenn der Verletzte nicht so behandelt wird, wie es sich gehört. Dass er daran gestorben ist, ist schließlich nicht Euer Verschulden – jedenfalls nicht in erster Linie.

Ihr habt da so ein Gerücht gehört, dass der Arzt dem Verletzten keine Medikamente gegeben haben soll. Und überhaupt, wenn der Zimmermann nicht so betrunken gewesen wäre, hätte dieser dem Kaufmann und dem Arzt auch helfen können. Allerdings, vielleicht weiß der Zimmermann, woher der Wirt seinen Schnaps bezieht. Das wäre nicht gut.

DIE BETEILIGTEN

Der Bürgermeister:
Oberhaupt der Stadt. Er sorgt für Ruhe und Ordnung. Außerdem ist er auf Fremde nicht gut zu sprechen. Er möchte natürlich bei den Wahlen in diesem Jahr wieder gewählt werden. Er hat auch dafür gesorgt, dass eine Stadtwache eingestellt wird.

Der Arzt:
Er ist berühmt für seine Kunst. Allerdings ist er so teuer, dass ihn sich nur die Reichen leisten können. Jeder weiß, dass er ohne Geld nicht gerne seine Kunst anwendet.

Der Kaufmann:
Sein Laden ist berühmt für allerlei Sachen und feine Tuchwaren. Niemand weiß allerdings, wie er so schnell zu großem Reichtum gelangen konnte. Gleichzeitig gilt der Kaufmann als geizig.

Die Stadtwache:
Sie sorgt für die Umsetzung und Einhaltung des Gesetzes. Außerdem bewacht sie die Stadt des Nachts. Allerdings ist es mit der Sicherheit des Nachts auch nicht weit her. Irgendwie bekommt die Stadtwache eben nicht alle Sachen mit. Sie untersteht dem Befehl des Bürgermeisters und muss an ihn auch den Wegezoll weitergeben.

Der Wirt:
Er gilt als jemand, der gut arbeiten kann. Schließlich hat er erst kürzlich ein Hotel zu seiner Kneipe aufgemacht. Allerdings gilt er auch als ziemlich pingelig. Sein Schnaps, den er verkauft, schmeckt dagegen eher billig. Und den Namen des Schnapses kennt auch niemand.

Der Schmied:
Ein ganz normaler Mann. Sehr kräftig, aber harmlos. Bloß dass seine Schmiede noch nicht pleite gegangen ist, wundert etwas.

Der Zimmermann:
Ein unglücklicher Mensch, seitdem er arbeitslos ist. Irgendwie bekommt er kein Bein mehr auf die Erde. Er ist sehr viel beim Wirt, warum weiß niemand. Ab und zu sieht man ihn auch schon mal betrunken. Woher er das Geld dafür hat, weiß auch keiner.

WER WAR'S?

AUSGANGSSITUATION

Eine Gruppe von Flüchtlingen aus Kamerun, die in einer Asylbewerberunterkunft der Stadt Strontheim untergebracht sind, werden von der Kirchengemeinde der Nachbarstadt Deulhofen zu einem Gemeindefest eingeladen.

Die Ausländerbehörde des Regierungsbezirks, in dem die Asylbewerberunterkunft liegt, verweigert der Gruppe die nötige Erlaubnis, die Stadt Strontheim zu verlassen.

Trotzdem ermutigt der Eine-Welt-Kreis der Gemeinde Deulhofen die Flüchtlinge zum Kommen und erreicht, dass einige von ihnen bei dem Gemeindefest „illegal" dabei sind.

Auf der Rückfahrt geraten sie in eine Polizeikontrolle und bekommen Ordnungsstrafen wegen „unerlaubten Verlassens des zugewiesenen Aufenthaltsbereichs".

Einige Tage später erfährt der Eine-Welt-Kreis, dass die Asylanträge der Gruppe abgelehnt worden sind und sie demnächst abgeschoben werden. Sofort bittet der Kreis den Pfarrer, als Vorsitzenden eine Sondersitzung des Kirchengemeinderates einzuberufen. Als Tagesordnungspunkt steht der Antrag auf Kirchenasyl für die Asylbewerbergruppe.

Die Sondersitzung findet statt.

Inzwischen ist durch einen Presseartikel die gesamte Stadt Deulhofen auf die Problematik aufmerksam geworden, so dass es bald kein anderes Gesprächsthema mehr gibt.

Auch hat sich der Bürgerkreis dieses Themas angenommen. Er ist ein loser Zusammenschluss von Bürgern, die sich für eine attraktive, sichere und saubere Stadt einsetzen. Innerhalb dieses Kreises finden sich auch einige konservative Gemeindeglieder.

Die Lage in der Stadt spitzt sich zu. Jeder wartet auf die nächsten Schritte der Ausländerbehörde oder des Kirchengemeinderates.

Folgende Gruppierungen spielen mit:
- Kirchengemeinderat
- Ausländerbehörde
- Eine-Welt-Kreis
- Presse
- Bürgerkreis
- Stadtverwaltung
- Asylantengruppe

Ihr seid durch Weisung des Regierungspräsidenten daran gebunden, die Erlaubnis zum Verlassen der Stadt für Asylbewerber nur dann auszustellen, wenn zwingende Gründe vorliegen. Dazu gehören: Besuch beim Rechtsanwalt, Termine beim Hohen Flüchtlingskommissar der UNO oder „schicksalhafte Lebenslagen" wie etwa eine schwere Erkrankung eines Asylbewerbers, die außerhalb der Stadt behandelt werden muss, oder schwere Erkrankung oder Tod eines Familienangehörigen. Diese Gründe lagen bei der Einladung an die Asylsuchenden aus Strontheim, an einem Gottesdienst und einer Veranstaltung in Deulhofen teilzunehmen, nicht vor. Ihr habt es darum abgelehnt, den Asylbewerbern die Erlaubnis zu erteilen, nach Deulhofen zu reisen. Ihr seid außerdem der Meinung, dass durch Einschränkung des Aufenthalts auf die Stadt die öffentliche Sicherheit und Ordnung gewährleistet ist. Nach Eurer Meinung gehören zur Sicherheit und Ordnung insbesondere der ungestörte Ablauf des politischen Lebens, die Aufrechterhaltung geregelter Zustände im sozialen und wirtschaftlichen Bereich und einwanderungspolitische Gesichtspunkte.

Die BRD ist nämlich nach der bevölkerungspolitischen Konzeption ihrer wesentlichen Gruppen und ihrer Regierung *kein Einwanderungsland* im klassischen Sinn und somit auch nicht daran interessiert, dass Ausländer sich hier zu jedem beliebigen Aufenthaltszweck und auf unbestimmte Zeit oder gar auf Dauer niederlassen. Im Gegenteil: Im staatlichen Interesse sollen nur Ausländer für eine längere Zeit im Bundesgebiet Aufnahme finden, die zur Deckung eines innerstaatlichen Fehlbedarfs an Arbeitskräften auf *legalem Wege* zum Zwecke der Arbeitsaufnahme einreisen.

Wenige Tage vor dem Gemeindefest ist Euch der Hinweis zugegangen, dass einige Asylbewerber auch ohne notwendige Erlaubnis nach Deulhofen fahren werden, Ihr habt daraufhin die Polizeidienststelle in Strontheim gebeten, am Tage des Gemeindefestes eine Personenkontrolle der dort anwesenden Ausländer durchzuführen.

Da einige der Asylbewerbergruppe schon des öfteren außerhalb des ihnen zugewiesenen Aufenthaltsbereichs erwischt wurden, haben Sie aufgrund des Asylgesetzverfahrens eine Strafverfolgung eingeleitet. Daraufhin wurden einige Asylbewerber zu Freiheitsstrafen verurteilt. Aufgrund dieser und des letzten Vorkommnisses erwägen Sie die Ablehnung der Asylanträge, da Sie den begründeten Verdacht habe, dass sich hier ein ungerechtfertigter Aufenthalt aus wirtschaftlichen Erwägungen heraus erschlichen werden soll.

Außerdem ist es gesetzlich möglich, Ausländer und Asylanten aufgrund von ergangenen Verurteilungen zu Freiheitsstrafen ohne weitere Anhörung aus der BRD abzuschieben. Allerdings ist es etwas unsicher, ob die ergangene Verurteilung eine ausreichende Grundlage für die sofortige Abschiebung darstellt. Bevor Sie die endgültige Abschiebung beschließen, klären Sie in einem Anschreiben an die Asylbewerbergruppe die noch ausstehenden Fragen (s. Briefvorschlag).

MATERIALIEN FÜR DIE AUSLÄNDERBEHÖRDE

Brief an die Asylbewerber

Sehr geehrte Herren,

anbei bitte ich Sie, umgehend dieser Behörde folgende Fragen zu beantworten:

- Warum kommen Sie in die BRD?
- Woher wissen Sie, dass Ihre Familien hier sind?
- Wie lange waren Sie im Nachbarland?
- Warum sind Sie erst dorthin gegangen?
- Sollten Sie dort wieder abgeschoben werden, und können Sie das beweisen?
- Warum haben Sie nicht auf legalem Weg versucht, gegen die Regierung vozugehen, sondern benutzten umstürzlerische Methoden?
- Was genau haben Sie gegen die Regierung gemacht?
- Sind das nicht Verbrechen?
- Wie konkret waren Sie gefährdet?
- Woher wussten Sie, dass Sie gefährdet waren?
- Können Sie die Gefährdung beweisen?

Eine verzögerte oder ausgesetzte Beantwortung dieser Fragen hat eine sofortige Abschiebung zur Folge. In Ihrem Interesse ist es also, schnellstmöglich die gewünschten Auskünfte zu erteilen.

Mit freundlichen Grüßen

Rechtsgrundlagen für Asyl:

Grundgesetz Artikel 16 (2), Satz 2:

„Politisch Verfolgte genießen Asylrecht."

Genfer Flüchtlingskonvention Artikel 1/1:

„Flüchtling ist eine Person, die aus begründeter Furcht vor Verfolgung wegen ihrer Rasse, Religion, Nationalität, Zugehörigkeit zu einer bestimmten sozialen Gruppe oder wegen ihrer politischen Überzeugung sich außerhalb des Landes befindet, dessen Staatsangehörigkeit sie besitzt, und den Schutz dieses Landes nicht in Anspruch nehmen kann oder wegen dieser Befürchtung nicht in Anspruch nehmen will."

Weitere Gesichtspunkte für den Umgang mit Asylsuchenden:

Das Bestreben des Staates muss darin bestehen, den aufenthaltsrechtlichen Status des Asylbewerbers möglichst nicht günstiger zu gestalten, als zur Befolgung des Asylrechtes notwendig ist. Dieses Bestreben ergibt sich aus dem Beweggrund, keinen Anreiz zu unberechtigten Anträgen auf politisches Asyl zu schaffen. Insbesondere gilt es, Anträgen entgegenzuwirken, durch die der Asylsuchende sich lediglich wirtschaftliche Vorteile verschaffen will.

Der Kirchengemeinderat ist schon seit einigen Jahren aktiv. In Euren Beratungen und Sitzungen wollt Ihr immer die Belange aller Gemeindemitglieder berücksichtigen.

Auf Anregung des Eine-Welt-Kreises habt Ihr die Flüchtlinge aus Strontheim offiziell zum Gemeindefest eingeladen.

Nur eine knappe Mehrheit des Kirchengemeinderates war damals dafür, denn einige Mitglieder meinten, das Gemeindefest wäre keine geeignete Gelegenheit, ein solch „bedrückendes" Thema anzusprechen, es könnte die heitere und fröhliche Stimmung dämpfen. Außerdem hatten einige von Euch die Gemeindeglieder im Blick, die sich im Bürgerkreis engagieren.

Als nun die Ablehnung des Besuchs der Flüchtlinge durch die Ausländerbehörde bekannt wurde, erwartete der Eine-Welt-Kreis von Euch, dass Ihr Euch weiterhin für das Kommen der Flüchtlinge einsetzen würdet. Ein Anruf bei der Behörde hatte ergeben, dass nichts mehr zu machen ist, da der Eine-Welt-Kreis die Sache bereits an die Presse weiter gegeben hatte.

Als sich dann auf dem Gemeindefest herausstellte, dass einige Flüchtlinge erschienen waren, und es deutlich war, dass sie illegal in Deulhofen waren, waren einige Gemeindeglieder und Kirchengemeinderäte ziemlich erbost darüber, dass sich der Eine-Welt-Kreis nicht an die deutschen Gesetze gehalten hatte. In einem Brief über diese Missachtung wollen einige Kirchengemeinderäte dem Eine-Welt-Kreis ihr Befremden darüber zum Ausdruck bringen.

Ungeachtet dessen steht jetzt der Antrag des Kirchengemeinderatsvorsitzenden auf ein Kirchenasyl für die Flüchtlingsgruppe auf der Tagesordnung. Wie Euch der Eine-Welt-Kreis mitgeteilt hat, droht der Flüchtlingsgruppe die unmittelbare Abschiebung. Das bedeutet für die Betroffenen u.U. Gefängnis, Folter und Tod.

Ein Kirchenasyl hätte zwar keine aufhebende Wirkung dieser Abschiebung, aber immerhin eine aufschiebende. In der Zwischenzeit könnte die Abschiebung durch ein Erreichen der Wiederaufnahme des Asylverfahrens verschoben werden. Allerdings ist eine Wiederaufnahme des Verfahrens sehr ungewiss.

Im Grunde wisst Ihr nicht viel über die Flüchtlinge, andererseits muss jetzt eine schnelle Entscheidung getroffen werden, da sonst die Ausländerbehörde schneller ist.

Ihr wisst, dass ein Kirchenasyl für Euch evtl. strafrechtliche Folgen haben kann, da Ihr zur Verhinderung der Durchsetzung eines rechtsstaatlichen Urteils beitragt.

MATERIALIEN FÜR DEN KIRCHENGEMEINDERAT

Folgende Informationen habt Ihr von dem Eine-Welt-Kreis über die Flüchtlinge bekommen:
In ihrem Heimatland herrschen Diktatur und Terror. Sie gehören zu einer politischen Gruppe, die für die Herstellung demokratischer Verhältnisse kämpft und auf den Sturz der Regierung hinarbeitet. Wegen der wachsenden Gefährdung haben sie ihre Frauen und Kinder ins Nachbarland geschickt. Lange Zeit haben sie nichts von ihnen gehört. Dann erfahren sie durch Zufall, dass diese in die BRD geflohen sind. Als die Situation auch für die Flüchtlinge zu gefährlich wird, fliehen sie ebenfalls zunächst in ein Nachbarland und reisen dann in die BRD.

Weitere Grundlagen für eine Entscheidung:

2 Mose 23,9:
Die Fremdlinge solltet ihr nicht unterdrücken; denn ihr wisset um der Fremdlinge Herz, weil ihr auch Fremdlinge in Ägyptenland gewesen seid.

3 Mose 19,33f:
Wenn ein Fremdling bei euch wohnt in eurem Land, den sollt ihr nicht bedrücken. Er soll bei euch wohnen wie ein Einheimischer unter euch, und du sollst ihn lieben wie dich selbst; denn ihr seid auch Fremdlinge gewesen in Ägyptenland. Ich bin der Herr, euer Gott.

4 Mose 15,15f:
Für die ganze Gemeinde gelte nur eine Satzung, für euch wie auch für die Fremdlinge. Eine ewige Satzung soll das sein für eure Nachkommen, dass vor dem Herrn der Fremdling sei wie ihr. Einerlei Gesetz, einerlei Recht soll gelten für euch und für den Fremdling, der bei euch wohnt.

Matthäus 25,35b:
Ich bin ein Fremder gewesen, und ihr habt mich aufgenommen.

EINE-WELT-KREIS

Als engagierte Frauen und Männer in der Gemeinde liegt Euch besonders das Interesse an der sogenannten Dritten Welt am Herzen. Euer Einsatz hat Euch auf die „Dritte Welt vor Ort", auf die Asylsuchenden, aufmerksam werden lassen.

Ihr habt die Gruppe der Flüchtlinge zu dem Gemeindefest eingeladen, weil Ihr schon länger Kontakt zu ihnen habt. In Eurer Stadt wohnen keine Flüchtlinge, darum soll die Gruppe aus dem Wohnheim in Stronheim nach Deulhofen kommen. Im Gottesdienst und am Nachmittag sollten die Flüchtlinge über ihre Lebensbedingungen berichten. Ihr hattet veranlasst, dass Euer Kirchengemeinderat eine offizielle Einladung an die Flüchtlinge geschrieben hat.

Gestern habt ihr erfahren, dass die Abschiebung der Flüchtlingsgruppe geplant ist. Ein Grund ist euch nicht bekannt. Ihr befürchtet, dass dieser Vorgang im Zusammenhang mit der „illegalen" Teilnahme an dem Gemeindefest zusammenhängt. Doch ob das der ausschlaggebende Grund für eine Abschiebung sein darf? Mittlerweile ist Euch auch von den Flüchtlingen das Ablehnungsschreiben der Ausländerbehörde im Zusammenhang mit dem Gemeindefest zur Verfügung gestellt worden. U.a. heißt es dort:

„Ihnen die Erlaubnis zu erteilen, abweichend von Ihrer auf Stronheim beschränkten Duldung, sich zur Teilnahme an einem Gottesdienst und Nachmittagsveranstaltungen in Deulhofen aufhalten zu dürfen, vermag ich aufgrund der mir in den § 7 und § 17 des Ausländergesetzes erteilten Ermächtigung nicht zu entsprechen.

... Auch handelt es sich bei der Veranstaltung in Deulhofen nicht um einen Termin, bei dem das persönliche Erscheinen erforderlich ist. Vielmehr kann davon ausgegangen werden, dass die aktive Mitgestaltung des Programms von anderen in Deulhofen lebenden Flüchtlingen wahrgenommen werden kann. Das persönliche Erscheinen der Flüchtlinge aus Strontheim ist daher für den Ablauf des Gottesdienstes und der Veranstaltung allgemein nicht von essenzieller Bedeutung.

... Ich verkenne nicht die humanitäre Absicht der Veranstalter, möglicherweise den Asylanten zu menschlichen Begegnungen zu verhelfen und Gelegenheit zu schaffen, gegenüber interessierten Gesprächspartnern von persönlichen Erfahrungen berichten zu lassen. Jedoch muss diese Absicht hinter dem Bestreben des Staates, den aufenthaltsrechtlichen Status des Asylanten möglichst nicht günstiger zu gestalten, als zur Verfolgung des Asylrechtes notwendig ist, zurückstehen. Dieses Bestreben ergibt sich aus dem Beweggrund, keinen Anreiz zu unberechtigten Anträgen auf politisches Asyl zu schaffen. Insbesondere gilt es Anträgen entgegen zu wirken, durch die der Asylant sich lediglich wirtschaftliche Vorteile verschaffen will."

Kurzfristig habt Ihr den Pfarrer der Kirchengemeinde Deulhofen davon überzeugen können, dass er eine Sondersitzung des Kirchengemeinderates einberuft. Auf der Tagesordnung steht das von Euch vorgeschlagene Kirchenasyl. Es geht jetzt um Leben oder Abschiebung!

Ob dies durchkommt? Schließlich bedeutet dies, dass die Kirchengemeinde eine Straftat, zumindest aber eine gewaltige Ordnungswidrigkeit begeht. Wer soll dafür gerade stehen und vor allem, wie ist so ein Schritt zu begründen? Schon mit der "illegalen" Teilnahme der Flüchtlinge auf dem Gemeindefest habt Ihr einige der Kirchengemeinderäte gegen Euch aufgebracht.

Aber sollten die Flüchtlinge abgeschoben werden, wartet auf sie nur Gefängnis, Folter und vielleicht sogar der Tod. Da seid Ihr Euch sicher.

BÜRGERKREIS

Ihr seid ein ernst zu nehmender und angesehener Kreis von wichtigen Persönlichkeiten. Ihr tretet für Sauberkeit, Ordnung und Sicherheit in der Stadt Deulhofen ein. Innerhalb der Stadt und der Stadtverwaltung fragt man schon mal, wenn auch inoffiziell, nach Eurer Meinung.

Und dann so was! Zuerst fing es damit an, dass der Eine-Welt-Kreis unbedingt diese Flüchtlinge zum Gemeindefest holen wollte. Obwohl Ihr einige angesehene Gemeindemitglieder in Euren Reihen habt, ist es Euch nicht gelungen, dies zu verhindern. Im Gegenteil, es wurde eine, mit einer knappen Mehrheit beschlossene, offizielle Einladung ausgesprochen.

Um eines einmal klarzustellen: Ihr habt nichts gegen Flüchtlinge, aber wenn das erst einreißt, dann stehen bestimmt Ordnung, Sicherheit und Sauberkeit Eurer Stadt auf dem Spiel. *Hat denn die Stadtverwaltung dazu gar nichts zu sagen?* Gefreut hat euch, dass es für das Gemeindefest keine Besuchserlaubnis für die Flüchtlinge durch die Ausländerbehörde gab. Umso mehr wart Ihr entsetzt, dass sie trotzdem kommen wollten und sollten. Da habt Ihr einfach einen kleinen Tipp an die Ausländerbehörde gegeben. An die deutschen Gesetze muss sich ja nun schließlich gehalten werden, soweit kommt es noch.

Der Antrag auf Kirchenasyl trifft Euch hart. *Das ist Rechtsbeugung! Das ist ein Missbrauch von religiösen Gebäuden!*

Das verletzt nicht nur den Rechtsglauben (wozu gibt es schließlich Gesetze), sondern auch das religiöse Gefühl der Gläubigen. Dies ist unter keinen Umständen zu dulden und zuzulassen.

Wie Ihr aus vertraulicher Quelle erfahren habt, laufen gegen einige der Asylbewerber Strafanträge wegen vorsätzlichem und mehrmaligem Verstoß gegen das Asylverfahrensgesetz. Die Asylanten sollen sich mehrmals unerlaubt aus dem zugewiesenen Aufenthaltsbereich entfernt haben. Warum, fragt Ihr. Wird durch das Kirchenasyl vielleicht eine Drogenbande, Terrorgruppe oder die Mafia unterstützt?

Jeder anständige Asylbewerber wird ja wohl solange in seinem Zuständigkeitsbereich bleiben können, bis über ihn entschieden ist. Nicht umsonst ist dies hier ein Sozialstaat, der von einer christlichen Regierung gelenkt wird. Da kann es gar keinem Asylanten so schlecht gehen.

Wenn Ihr Euch das Treiben in der Asylunterkunft so betrachtet (man hört ja so einiges), dann sind die Asylanten keineswegs gewillt, ein ordentliches und sauberes Leben nach geregelten Maßstäben in diesem Land zu führen. Ihr habt von Lärmbelästigungen der Nachbarn, verschmutzten Gehwegen und sogar gestohlenen Blumenkästen gehört.

Hat sich der Kirchengemeinderat dies alles gut überlegt? Wer soll denn die Flüchtlinge während des Kirchenasyls versorgen? Die brauchen doch Betten, Essen und Trinken. Außerdem müssen sie auf die Toilette usw. Und sonntagmorgens zum Gottesdienst muss dann erst einmal gelüftet werden. Eure Einstellung lautet ganz klar: NEIN zum Kirchenasyl! Jetzt müsst Ihr nur noch dafür sorgen, dass die anderen auch so denken.

ASYLANTENGRUPPE

Ihr seid eine Gruppe von Flüchtlingen aus Kamerun und habt schon längere Zeit Kontakt mit dem Eine-Welt-Kreis in Deulhofen. Zu dem Gottesdienst und der Nachmittagsveranstaltung wart Ihr von dem Kreis eingeladen und hattet einen Text vorbereitet, den Ihr dort vortragen wolltet. Kurz vor dem Termin habt Ihr die Ordnungsverfügung der Ausländerbehörde erhalten, in der Euch mitgeteilt wurde, dass Ihr nicht die Erlaubnis bekommt, die Stadt Strontheim zu verlassen, um an dem Gemeindefest teilzunehmen.

Ihr seid trotzdem gefahren und auf der Rückfahrt in eine Polizeikontrolle geraten. Jetzt habt Ihr alle einen Bußgeldbescheid bekommen:

Bußgeldbescheid:
Nach dem Gesetz über Ordnungswidrigkeiten – OWig, in der Bekanntmachung vom 02.01.1975 (Bundesgesetzblatt I, Seite 80) gegen die Asylsuchenden Herrn ...

Wie durch die Fahndungsstelle der Bundesbahndirektion Düsseldorf festgestellt wurde, haben Sie sich am Sonntag in Deulhofen aufgehalten, obwohl die Ihnen erteilte Duldung räumlich auf Strontheim beschränkt ist. Durch Ihr Verhalten haben Sie den Ordnungswidrigkeitstatbestand des § 35 des Gesetzes über Asylverfahren (BGBl. I, Seite 946) erfüllt. Gemäß § 35 Abs. 2 des Asylverfahrensgesetzes kann die Ordnungswidrigkeit mit einer Geldbuße bis zu 5.000,- DM geahndet werden. Es wird daher eine Geldbuße in Höhe von 500,- DM gegen Sie festgesetzt.

Da einige von Ihnen bereits zum wiederholten Mal außerhalb von Strontheim aufgegriffen wurden, haben Sie nach dem Asylverfahrensgesetz eine Straftat begangen, und es droht Ihnen bei einer Amtsgerichtsverhandlung eine Freiheitsstrafe bis zu einem Jahr (der Strafbefehl wurde Ihnen zugestellt)."

Ihr wollt das natürlich nicht einfach hinnehmen und wendet Euch deswegen mit Briefen an den Eine-Welt-Kreis und an die Presse.

Außerdem befürchtet Ihr, dass damit das Aus für Euren Asylantrag gekommen ist, und Ihr abgeschoben werdet. Das würde Euch natürlich hart treffen. Ihr habt bei Eurer Flucht alles zurücklassen müssen. Von Euren Familien habt Ihr auch noch nichts gehört. Was Euch sonst noch in Eurem Land erwartet, weiß niemand.

Hier in Deutschland wollt Ihr nur ein menschenwürdiges Leben führen, jedenfalls nicht unangenehm auffallen. Der Strafantrag irritiert Euch schon gewaltig. Ihr dachtet, in Deutschland kann man frei leben und sich frei bewegen, nicht so wie in dem Land, wo Ihr herkommt.

Vom Eine-Welt-Kreis habt Ihr vom Kirchenasyl erfahren. Darauf setzt Ihr nun alle Hoffnungen. Aber Ihr müsst die Menschen hier von Euren Wünschen, Hoffnungen, Bedürfnissen und Ängsten überzeugen.

MATERIALIEN FÜR DIE ASYLANTENGRUPPE

Grundsätzliche Informationen:
In Eurem Heimatland herrschen Diktatur und Terror. Ihr gehört zu einer politischen Gruppe, die für die Herstellung demokratischer Verhältnisse kämpft und auf den Sturz der Regierung hinarbeitet. Wegen der wachsenden Gefährdung habt Ihr Frauen und Kinder ins Nachbarland geschickt. Lange Zeit habt Ihr nichts von ihnen gehört. Dann erfahrt Ihr durch Zufall, dass diese in die BRD geflohen sind. Als die Situation für Euch zu gefährlich wird, flieht Ihr ebenfalls zunächst in ein Nachbarland und reist dann in die BRD ein.

Verschiedene Lebensläufe der Gruppenmitglieder:
Herr O.K. beantragte seine Anerkennung als Asylberechtigter mit der Begründung, er sei von den inländischen Sicherheitskräften fälschlicherweise der Mitwisserschaft an subversiven, regimefeindlichen Aktivitäten bezichtigt worden. Anlässlich der Verhaftung seines Freundes floh er über Togo, die Elfenbeinküste und Mauretanien zunächst nach Spanien. Dort blieb er einige Jahre als Landarbeiter. Danach reiste er in die Bundesrepublik und stellte einen Asylantrag. In seinem Asylantrag gab er an, dass sein Fluchtziel immer die BRD gewesen sei. In der Anhörung machte er widersprüchliche Angaben.

Herr F.A. ist ein junger Mann (21) und gehört zu einer Bevölkerungsminderheit, die von der Armee tyrannisiert wird. Einige junge Männer seines Bekanntenkreises gehören einer Untergrundbewegung an, die für die Unabhängigkeit ihres Landesteils kämpft. Weil er diese kennt, ist er wiederholt von Armeeangehörigen verhört und auch geschlagen worden. Er fühlt sich bedroht und der Willkür der Soldaten ausgesetzt. Er ist deshalb in die BRD geflohen.

Herr B.S. ist Mitglied einer linken Partei und Gewerkschaft, die beide verboten sind. Die konservative Landesregierung wird durch das Militär stark beeinflusst. Nach zwei kurzen Inhaftierungen wegen des Verteilens von Zeitungen wurde er bei einer Ausweiskontrolle verhaftet und in ein Militärgefängnis gebracht. Er erlitt zwei Wochen lang schwere Folter, Schläge, Elektroschocks und Vergewaltigungen, weil die Sicherheitsbehörden von ihm Informationen über seine Parteifreunde erhalten wollten. Nach zweieinhalb Jahren Haft unter unmenschlichen Bedingungen wurde er zum ersten Mal vor ein Gericht gestellt und während des Verfahrens wegen Haftunfähigkeit entlassen. Da er ständig von der Polizei vorgeladen, beleidigt und durch Verhöre gequält wurde, versteckte er sich. Als er erfuhr, dass er in Abwesenheit verurteilt worden ist und wieder inhaftiert werden sollte, floh er.

STADTVERWALTUNG DEULHOFEN

Ihr als Stadtverwaltung, also Bürgermeister und Mitarbeiter, müsst Euch notgedrungen mit Fragen wie Unterbringung, Versorgung usw. von Asylbewerbern befassen. Zwar sind Euch durch die Ausländerbehörde noch keine Asylbewerber zugewiesen worden, das kann aber jederzeit möglich sein. Noch dazu, wenn die schwierigen Verhältnisse in Strontheim weiter zunehmen und der dortigen Bevölkerung keine weiteren Asylbewerber mehr zugemutet werden können.

Euch ist dieser Bereich eher lästig, und ganz privat meint Ihr, dass die meisten der Asylbewerber sowieso nur aus wirtschaftlichen Gründen nach Deutschland gekommen sind, um hier Sozialhilfe zu bekommen. Aber diese Meinung dürft Ihr als Verwaltungsbeamte nur verdeckt äußern.

Und obwohl ja Deulhofen noch keine Asylbewerber hat, kommt es jetzt zu einem Streit, der auch immer weitere Kreise in der Bevölkerung zieht. Leider bleibt es dabei nicht bei sachlichen Diskussionen und Meinungsverschiedenheiten. Ihr müsst feststellen, dass aufgrund von Lärmbeschwerden und tätlichen Auseinandersetzungen in Deulhofen die Polizeipräsenz verstärkt wurde. Dies entspricht zwar dem Sicherheitsbedürfnis der Bürger, doch leider vermittelt es kein schönes und friedliches Bild Eurer Stadt nach außen.

Es ist auch nicht so, dass es in Deulhofen keine Ausländer gibt. Die meisten leben schon seit Jahren hier. Doch in letzter Zeit häufen sich die Konflikte im Zusammenhang mit ihnen. Wer daran mehr Anteil hat, die Bevölkerung oder die ausländischen Mitbürger, lässt sich nicht sagen.

Der letzte Zwischenfall mit den Asylbewerbern auf dem Gemeindefest hat Wellen geschlagen. Das Hilfsmittel des Kirchenasyls könnte zwischen der Bevölkerung und den ausländischen Mitbürgern für neuen „Sprengstoff" sorgen.

Rein formal habt Ihr damit nichts zu tun. Es könnte Euch egal sein, aber den Bürgern Eurer Stadt ist es das nicht, und damit seid Ihr mitten drin. Insbesondere denkt Ihr an den seit Jahren aktiven Bürgerkreis. Dieser hat sich besonders um die Verbesserung des Rufs dieser Stadt eingesetzt.

Mit der Kirchengemeinde pflegt Ihr ein ausgeglichenes Verhältnis. Viel habt Ihr auch nicht miteinander zu tun. Aber das Kirchenasyl betrifft irgendwie alle Bürger. *Die Frage wird sein, wie Ihr reagieren könnt: Mischt Ihr Euch ein? Unterstützt Ihr? Verurteilt ihr? Oder lasst Ihr alles auf Euch zukommen und vielleicht über Euch zusammenbrechen? Schließlich seid Ihr gewählte Vertreter dieser Stadt, die die Verantwortung für die Aufrechterhaltung von Sicherheit und Ordnung übertragen bekommen haben. Da kann man sich wahrscheinlich nicht raushalten.*

Aber wie reagieren, hier geht es ja schließlich auch um Menschen. Ob Ihr mal unauffällig Kontakt mit dem Kirchengemeinderat aufnehmt?

PRESSEGRUPPE

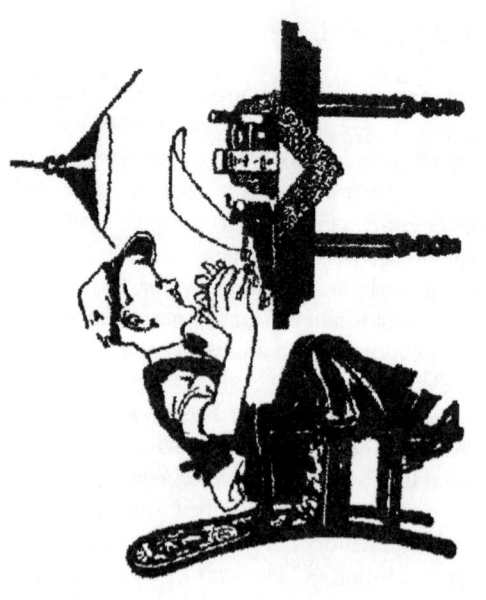

Vor einiger Zeit hat Euch der Eine-Welt-Kreis Informationen über die Ereignisse in Deulhofen zugeschickt, die Ihr in folgender Pressemitteilung veröffentlicht habt:

Strontheimer Kreisblatt –
überregional und überparteilich

Reiseverbot für Asylbewerber

– Flüchtlinge aus Strontheim durften zum Gemeindefest und zum Gottesdienst der Kirchengemeinde Deulhofen nicht nach Deulhofen fahren –

Wieder einmal hat die Ausländerbehörde gegenüber einer Gruppe von Flüchtlingen statt Herz Kleinlichkeit bewiesen. Sie waren zu dem Gemeindefest in dem wenige Kilometer entfernten Deulhofen eingeladen worden. Obwohl Deulhofen zum gleichen Kirchenkreis wie Strontheim gehört, dürfen Flüchtlinge die Stadt Strontheim nicht ohne Erlaubnis verlassen. Um diese Erlaubnis hatten sich die Flüchtlinge bemüht, sie aber trotz der Unterstützung des Kirchengemeinderates aus Deulhofen nicht bekommen. Auf Anfrage teilte der Leiter der Ausländerbehörde mit, dass in dem vorliegenden Fall kein zwingender Grund für eine Erlaubnis vorgelegen hätte.

Eigentlich wolltet Ihr aus dem Ereignis eine längere Geschichte machen, aber der lokale Chefredakteur hatte Euch geraten, sich nicht auf einen Konflikt mit der Ausländerbehörde einzulassen.

Ihr selbst seid dem Anliegen der Flüchtlinge gegenüber aufgeschlossen, wisst aber nicht, wie Ihr weitere Informationen veröffentlichen könnt, ohne in Konflikt zu kommen oder Konflikte mit Lesern herauf zu beschwören. Ihr denkt dabei an den Chefredakteur wie auch an die zum Teil sehr konservative Leserschaft, die sich oft genug mit ärgerlichen Briefen zu Ausländerfragen Gehör verschafft hat.

Ihr habt natürlich auch von dem möglichen Kirchenasyl gehört, wisst aber nichts Genaueres und wie es begründet ist. Das ist natürlich eine ganz große Chance für Euch, sozusagen der Knüller. Selbst Euer Chefredakteur wäre davon begeistert – vorausgesetzt, Ihr habt gute Informationen.

D.h.: Wie kommt es zu so einem Schritt? Wer kann ihn beschließen oder durchführen? Wo liegt die Begründung? Wer betreut die Asylbewerber? etc.

Außerdem ist es natürlich wichtig, ausgewogen zu berichten, d.h.: Was sagt die übrige Bevölkerung, die Stadtverwaltung oder Ausländerbehörde dazu? Und ganz wichtig ist, dass die Leser natürlich wissen wollen, wer wird denn da unterstützt, ist das überhaupt gerechtfertigt?

Ihr müsst zwar aufpassen, dass Ihr nicht Eure persönliche Meinung in den Presseartikeln allzudeutlich durchscheinen lasst, aber Ihr könnt natürlich durch gezielte Veröffentlichung von Informationen Meinungen manipulieren.

AUSWERTUNG DES KONFIRMANDENPRAKTIKUMS

Gruppe: _____

Umkreise bitte die Punktzahl der Wertung, die Du abgibst.
Zähle am Schluss alle Punkte zusammen.

1. *Zum Inhalt der Präsentation:*
   Hast Du etwas von dem vorgestellten Arbeitsgebiet/-bereich mitbekommen und etwas Neues erfahren?

0	1	2	3	4
nein	wenig	einiges	viel	sehr viel

   Wie wurde von den Referenten auf Fragen reagiert?

0	1	2	3	4
gar nicht	schlecht	es geht	gut	sehr gut

2. *Zur Präsentation:*

Wurde Dein Interesse für dieses Arbeitsgebiet/-bereich geweckt,
und würdest Du Dich damit näher beschäftigen wollen?

0	1	2	3	4
nein	kaum	vielleicht	wahrscheinlich	auf alle Fälle

Wie würdest Du die Qualität der Präsentation bewerten?
Die Präsentation war ...

0	1	2	3	4	5	6	7	8
einfach schlecht	mager	nicht so toll	es ging	in Ordnung	anspre- chend	gut	sehr gut	super

3. *Die Gesamtpunktzahl beträgt:* —————— *Punkte*

AUSWERTUNG DER KONFIRMANDENFREIZEIT

1. *Wie ist es Dir mit der Gruppe und der Gemeinschaft ergangen?*

    ☐ sehr gut   ☐ gut   ☐ normal   ☐ schlecht   ☐ sehr schlecht

    Weil:

2. *Hast Du das Gefühl gehabt, dass Du ernst genommen wurdest?*
    (von Leitern, Konfirmand/innen, Aufgaben, Spielen ...)

    ☐ ja, immer   ☐ manchmal   ☐ selten   ☐ nie

    Weil:

3. *Was hat Dich gefreut, hat Dir gefallen, hat Dir Spaß gemacht?*

4. *Was hat Dich gestört oder sogar geärgert?*

5. *Was hast Du als anstrengend empfunden?*

6. *Hast Du das Gefühl, etwas von dem Wochenende mit nach Hause zu nehmen?*

☐ sehr viel ☐ viel ☐ einiges ☐ wenig ☐ nichts

Weil:

AUSWERTUNG DES KONFIRMANDENJAHRES

Bitte nimm Dir die Zeit, um die Fragen zu beantworten. Du hilfst uns damit, die Konfirmandenzeit für Deine Nachfolger so zu gestalten, dass sie Spaß macht. Danke für Deine Hilfe!

1. Welche Inhalte oder Erlebnisse fallen Dir noch spontan aus dem zurückliegenden Jahr ein?

2. Was von dem, was Du erlebt oder gelernt hast, ist Dir auch *nach* der Konfirmandenzeit noch wichtig?

3. Wenn du zurückdenkst, was würdest Du noch einmal wiederholen oder erleben wollen (Spiel, Erlebnis, Aufgabe, Gruppensituation ...)?

4. Was ist für Dich während des Konfirmandenjahres schlecht gelaufen? Was würdest Du *nicht* noch einmal wiederholen wollen?

5. Wenn Du so tun könntest, als wärst du ein Lehrer, der seinem Schüler am Ende des Jahres eine *ausführliche und begründete* Beurteilung für Mitarbeit, Vorbereitung, Hilfestellung, Betragen ... schreiben müsstest, wie würde diese Beurteilung für das Leitungsteam ausfallen?

VERBINDLICHE VERPFLICHTUNG

der Konfirmanden und Erziehungsberechtigten für die Zeit der Konfirmandenarbeit

Ich, Konfirmand/in ...., *verpflichte mich*, an den Terminen der Konfirmanden-arbeit *regelmäßig und pünktlich* teilzunehmen.

In Kenntnis der folgenden Termine von Konfirmandenarbeit verpflichten wir (Erziehungsberechtigte) uns, unser Kind *regelmäßig und pünktlich* daran teilnehmen zu lassen. Bei einer Verhinderung sind *rechtzeitig* die Betreuer der Konfirmandenarbeit *schriftlich oder telefonisch zu benachrichtigen.*

Folgende Termine gelten für .... und sind *verpflichtend:*

Datum	Tag	Uhrzeit	Ort

Datum	Tag	Uhrzeit	Ort

Bei unbegründetem und unentschuldigtem Fehlen behält sich das Konfirmandenteam nach Absprache mit dem Kirchengemeinderat vor, die Konfirmation aufzuschieben und eine Wiederholung der Konfirmandenarbeit zu verlangen.

Die Begründung einer Fehlzeit ist im Voraus mit den Betreuern der Konfirmandenarbeit abzusprechen.

- - - - - - - - - - - - ✂

Wir erkennen die uns ausgehändigten Bedingungen für die Teilnahme an der Konfirmationsarbeit an und verpflichten uns, für deren Erfüllung und Einhaltung Sorge zu tragen.

_____
Unterschrift Konfirmand/in

_____
Unterschrift Erziehungsberechtigte/r

7. Literaturliste

Nicht alle der hier angegebenen Bücher wurden zur Beschreibung und Ausgestaltung des Konzeptes genutzt. Manche stellen eine Erweiterung dar, dies gilt insbesondere für die Spielebücher.

- Arbeitsgemeinschaft Missionarische Dienste (Hrsg.), Aufwachsen und Christ werden II, Verlag Diakonisches Werk, Stuttgart 1991
- Bauer, Hans G., Erlebnis- und Abenteuerpädagogik. Eine Literaturstudie, Rainer Hampp Verlag, 5. erg. Aufl., Stuttgart 1996
- Bätz, K., Schmidt, H. (Hrsg.), 33 Unterrichtseinheiten für den Religionsunterricht 9. und 10. Klasse, Calwer Verlag, Stuttgart 1980
- Frör, Hans, Spielend bei der Sache, Kaiser/Gütersloher Verlag (TB 58), Gütersloh 11/1993
- Gilsdorf, R., Kistner, G., Kooperative Abenteuerspiele, Verlag Kallmeyer, Seelze-Velber 2/1995
- Grom, B., Methoden für Religionsunterricht, Jugendarbeit und Erwachsenenbildung, Patmos Verlag / Vandenhoeck & Ruprecht, Düsseldorf 9/1992
- Gier, E., Häberle, G., Häberle, K., Schweitzer, O. (Hrsg.), Fontäne in blau, Schriftenniederlage des Ev. Jugendwerks Württemberg, Stuttgart 2/1994
- Kliebisch, U., Kooperation und Werthaltungen und Kommunikation und Selbstsicherheit, Verlag an der Ruhr, Mülheim a.d. Ruhr 1995
- Korte, R., Neue Symbolgeschichten für junge Leute, Don Bosco Verlag, München 2/1994
- Korte, R., Bindels, L., Symbolgeschichten für junge Leute, Don Bosco Verlag 2/1990
- Küstenmacher, W., Himmlische Bilderbögen, München 9/1986
- Müller, Else, Du spürst unter deinen Füßen das Gras, Fischer TB, Frankfurt a.M. 1992
- Reiner, Annette, Praktische Erlebnispädagogik, Fachhochschulzeitschriften Sozialarbeit in der Wende 8, Prof. Dr. J. Sandmann, München 3/1993
- Schilling, J., Methodenbuch Jugendarbeit. Band 1, Kösel Verlag, München 1982
- Veigt, H., Mit Konfirmanden einsteigen – Ganzheitliche und integrierte Konfirmandenarbeit, ejw-Praxishilfe 7, Schriftenniederlage des Ev. Jugendwerks Württemberg, Stuttgart 1996
- Woesler, D.M., Spiele, Feste, Gruppenprogramme, Fischer TB, Frankfurt a.M. 1993

Zeitschriften:
- Hans G. Lubkoll (Hrsg.), Pastoral Blätter, Kreuzverlag, Stuttgart 135. Jahrgang, 7/97
- Ev. Landeskirche Württemberg (Hrsg.), Ev. Gemeindeblatt für Württemberg, Stuttgart Nr. 25/96
- Ev. Missionswerk Südwestdeutschland e.V. (Hrsg.), darum, Heft Nr. 4, Juli 1996
- Pädag.-theol. Zentrum der Ev. Landeskirche Württemberg, anknüpfen, Band 1, Stuttgart 1997

Adresse:
- Dienst für Mission, Ökumene und Entwicklung, Reutlinger Str. 53, 74074 Heilbronn

Auf Ebene der EKD erteilt Auskunft über ähnliche Institutionen:
- Ev. Missionswerk in Deutschland, Normannenweg 17-21, 20537 Hamburg

8. Anmerkungen

[1] Hans Veit, Mit Konfirmanden einsteigen, Ganzheitliche und integrierte Konfirmandenarbeit; ejw-Praxishilfe 7; Stuttgart 1996

[2] Vgl. u.a. Hans Veit, Praxis der Konfirmandenarbeit, Christlichen Glauben und christliche Lebensentwürfe für Konfirmanden erlebbar machen, in: Lebendige Gemeinde 2/96, S. 21-23. Die erste "Säule einer Konfirmandenarbeit" hat bei Veit die Überschrift „Katechese".

[3] Vgl. u.a. Evangelisches Gemeindeblatt für Württemberg Nr. 25/96; Heilbronner Stimme vom 11.7.96, Kreisumschau

[4] aus: W. Küstenmachers Himmlische Bilderbögen, 9. Aufl. München 1986

[5] Vgl. das TIKI-Bild unter 2.1.

[6] Die „Erinnerung" an die eigene Konfirmandenzeit rufen wir nicht beim Vorstellungsabend zur Anmeldung hervor. Dazu kommen in der Regel viel zu viele Eltern. Wir geben vielmehr einen Termin für interessierte Eltern zum Auszeit-Treffen (s. 4.7.2) bekannt. Am Anfang dieses Treffens steht die Vorstellung der Teilnehmer/innen mit Hilfe zweier Schuhe: ein Schuh, der zu klein ist, der also drückt und mit dessen Hilfe erzählt wird, wo in der eigenen Konfirmandenzeit der Schuh gedrückt hat. Ein Schuh ist bequem und passt prima: Er verhilft zur Mitteilung all der Dinge, die am eigenen Konfirmandenunterricht passend waren.

[7] Vgl. dazu die interessanten Ausführungen unter dem Stichwort „Balanceakt Konfirmation" in der Zeitschrift darum, Juli 1996, Nr. 4, hrsg. v. Evangelischen Missionswerk in Südwestdeutschland e.V., vor allem den Beitrag von Martina Waiblinger „Zwischen Luther und Jugendweihe – Konfirmation in Thüringen", S. 10ff.

[8] Hans G. Bauer, 1996, S. 20, vgl. Hauptwerk von J. Dewey, 1916: Democracy and Education

[9] J. Dewey, 1986, Erziehung durch und für Erfahrung, S. 141, in: Hans G. Bauer, 1996, S. 21

[10] Vgl. M. E. P. Seligman, Erlernte Hilflosigkeit, München, Wien, Baltimore 1983, in: Hans G. Bauer, 1996, S. 72

[11] D. Snedden, 1916, S. 420f, zit. nach Nelson / Bossing, 1977, in: Hans G. Bauer, 1996, S. 18

[12] K. Hahn, Hopes and fears. An Address, 1945, nach: Hans G. Bauer, 1996, S. 31

[13] Hans G. Bauer, 1996, S. 72

[14] Vgl. D. Kamper, Der Körper und der Geist der Zeit, in: Westermanns pädagogische Beiträge 6/1981, in: Hans G. Bauer, 1996, S. 63

[15] In: H. Röhrs (Hrsg.), Bildung als Wagnis und Bewährung. Eine Darstellung des Lebenswerkes K. Hahns, Ratingen 1966, in: Hans G. Bauer, 1996, S. 30

[16] Hans G. Bauer, 1996, S. 21

[17] Hans G. Bauer, 1996, S. 73

[18] Hans G. Bauer, 1993, S. 16

[19] Kurt Hahn, Erziehung zur Verantwortung, Stuttgart 1958, S. 83 in: Hans G. Bauer, 1996, S. 26

[20] Vgl. dazu die Ausführungen von Florian Geith und Jürgen Leonhard: Vom Erlebnis zur Pädagogik, Einsatz- und Wirkungsmöglichkeiten erlebnispädagogischer Elemente in Gemeinde- und Religionsunterricht, in: Deutsches Pfarrerblatt 7/97, S. 346-350

[21] Vgl. dazu die Ausführungen von G. Martin in "Aufwachsen und Christ werden II, Neue Lebenszusammenhänge, Hrsg.: Arbeitsgemeinschaft Missionarische Dienste, Stuttgart 1991, S. 12ff

[22] Vgl. Karl Ernst Nipkow, Erwachsenwerden ohne Gott? Gotteserfahrung im Lebenslauf, München 1987, S. 54, wo aufgezeigt wird, dass Jugendliche in konkreten Notlagen beten.

[23] Karl Ernst Nipkow, a.a.O., S. 11f

[24] Bernhard Grom, Methoden für Religionsunterricht, Jugendarbeit und Erwachsenenbildung, Patmos Verlag, Düsseldorf 1976, S. 74ff

[25] Vgl. Grom, Bernhard: Methoden für RU, Jugendarbeit und EB, S. 64

[26] Von: A. Paul Weber, Grafik: Georg Stalling Verlag, Oldenburg

[27] In Anlehnung an Udo Kliebisch, Kooperation und Wertehaltungen, S. 98

[28] Nach Lutherbibel, revidierte Fassung 1964, 5 Moses 6ff

[29] Von W. Küstenmacher, Himmlische Bilderbögen

[30] Auszüge entnommen der Filmbeschreibung aus dem Katalog

[31] In Anlehnung an Hans Frör's „Belagerte Stadt" in: Spielend bei der Sache, S. 67, Nr. 77

[32] Bei Bernhard Grom, Methoden für RU, Jugendarbeit und EB, S. 49

[33] Angelehnt an: Udo Kliebisch, Kooperation und Werthaltungen, S. 31

[34] Angelehnt an: Udo Kliebisch, Kooperation und Werthaltungen, S. 37

[35] Hans Frör, Spielend bei der Sache, S. 73

[36] Veröffentlicht in: Pastoralblätter 135. Jahrgang, 9/1995, S. 531ff

[37] Angelehnt an: Hans Frör, Spielend bei der Sache, Kaiser Taschenbücher, 1993[11], S. 77: „Belagerte Stadt"

Die Autoren

Sven-Olaf Lütz, Jahrgang 1966, Diakon, ledig, Wiener Straße 28, 30519 Hannover

1983 – 1986	Ausbildung zum Maschinenschlosser
1989 – 1993	Studium der Religionspädagogik (Diakon), Mitentwicklung eines Gemeindekonfirmationsmodells in der Kirchengemeinde Badenstedt/Hannover
1993 – 1994	Seelsorge in der Jugendstrafanstalt Hameln (Anerkennungsjahr)
1992 – 1994	Fortbildung in Gesprächsführung
1994 – 6.1997	Gemeindediakon in der Kirchengemeinde Möckmühl (Württemberg) mit Schwerpunkten Konfirmandenarbeit, Gemeindejugend- und Offene (Aussiedler) Jugendarbeit, Kinderarbeit, Jugendseelsorge, Entwicklung und Durchführung des *MÖ*ckmühler *MO*dells
Seit 1997	Beratung, Durchführung und Entwicklung erlebnispädagogischer Konfirmanden- und Jugendarbeitskonzepte; Beratung von Gemeinden; Kooperation mit dem Verein Erlebnispädagogische Jugend- und Sozialarbeit; Zusammenarbeit mit verschiedenen Institutionen (Ev. FH Hannover, Religionspädagogisches Institut Loccum)
Seit 1998	Projektleiter des Projekts „GAST-GEBERschaft zur EXPO 2000" des Ev.-luth. Stadtkirchenverbandes Hannover

Andreas Quattlender, Jahrgang 1959, Pfarrer, verheiratet, 4 Töchter
Johann-Sebastian-Bach-Str. 28, 74219 Möckmühl

1979 – 1986	Studium der Ev. Theologie in Neuendettelsau, Hamburg, München und Tübingen
seit 1992	Pfarrer in den württembergischen Kirchengemeinden Möckmühl und Ruchsen. U.a. zuständig für die Kinderkirchen, die Kinder-, Jugend- und Familienarbeit
	Fachbereichsleiter Evangelische Religion an der Realschule Möckmühl, Mentor für PH-Studierende, Prüfungsvorsitz bei Abschlussprüfungen, Veröffentlichungen in Fachzeitschriften (Pastoralblätter, anknüpfen, entwurf), Jährliche Veröffentlichungen im Losungskalender „Licht und Kraft"
seit 1994	Kirchenbezirksverantwortlicher für die Konfirmandenarbeit
	Fortbildungsveranstaltungen im Pädagogisch-Theologischen-Zentrum der Württembergischen Landeskirche in Stuttgart-Birkach
seit 1997	Entwicklung und Erprobung des *MÖ*ckmühler *MO*dells zusammen mit einer ehrenamtlichen Kraft (Grund- und Hauptschullehrerin); zusammen mit einer Realschullehrerin Entwicklung und Durchführung des Möckmühler Projektunterrichts an der Realschule Möckmühl
	Referententätigkeit für den Schulamtsbezirk Heilbronn

Fotos und Folien

**Hans-Martin Lübking:
Fotos und Folien für
die Konfirmanden- und
Gemeindearbeit**
48 s/w Fotos, 8 Farbfotos,
12 Folien und ein
kommentierendes Begleitheft,
Karton
ISBN 3-491-76272-3

Die Fotos und Folien bieten Aktuelles und
Symbolisches, zeigen menschliche Grundsitua-
tionen, enthalten informierende Karten und
katechetische Bilder. Sie sind thematisch offen,
leicht zu handhaben und schnell einsetzbar.

Patmos Verlagshaus
www.patmos.de